公司法务部

揭开公司法务的面纱

第二版

陶光辉 著

CORPORATE
LEGAL
DEPARTMENTS

法律出版社 LAW PRESS·CHINA
北京

图书在版编目(CIP)数据

公司法务部：揭开公司法务的面纱 / 陶光辉著. --2版. --北京：法律出版社，2022(2025.11 重印)
ISBN 978-7-5197-6401-2

Ⅰ. ①公… Ⅱ. ①陶… Ⅲ. ①公司法-基本知识-中国 Ⅳ. ①D922.291.91

中国版本图书馆 CIP 数据核字(2022)第019966号

公司法务部:揭开公司法务的面纱(第二版)
GONGSI FAWUBU:JIEKAI GONGSI FAWU DE MIANSHA (DI-ER BAN)

陶光辉 著

责任编辑 朱轶佳
装帧设计 马 帅 臧晓飞

出版发行 法律出版社
编辑统筹 司法实务出版分社
责任校对 王 丰 李景美
责任印制 胡晓雅
经　　销 新华书店

开本 710毫米×1000毫米 1/16
印张 20.75 **字数** 360千
版本 2022年3月第2版
印次 2025年11月第4次印刷
印刷 北京科信印刷有限公司

地址:北京市丰台区莲花池西里7号(100073)
网址:www.lawpress.com.cn
投稿邮箱:info@lawpress.com.cn
举报盗版邮箱:jbwq@lawpress.com.cn

销售电话:010-83938349
客服电话:010-83938350
咨询电话:010-63939796

书号:ISBN 978-7-5197-6401-2
定价:72.00元

序言（第二版）

公司法务的力量

自本书2016年出版以来，企业法务的工作已然发生巨大变化。首先，法务的工作内容更加丰富，合规、内控等职责逐渐加入法务工作清单。其次，法务的工作理念更加综合，从法律支持到法律监督，法务的地位似乎进一步提升。再次，法务的工作方式更加有效，法务管理信息系统、法律大数据运用等，进一步促进法务效率提升。最后，法务的工作价值更加"专属"，公司法务逐渐发挥出不同于社会律师的特有价值。

笔者非常欣慰地看到法务界的上述变化，在个人的日常工作中，也深刻感受到公司法务的确不同于过去了。现在的公司法务，不再是简单地强调要具备商业思维，而是在思考如何培养商业思维，商业思维又如何与法律思维进行融合等问题了。可以说，这几年，笔者切切实实地体会到"公司法务的力量"。

虽然，笔者的职业已从法务行业转型到律师行业，从法务管理转型到合规律师服务。但也许正因如此，笔者接触到了更多的法务同仁，学习了不同的法务管理经验，对于法务的认识当然也应该是更加全面、更加清晰了。鉴于此，在一些忠实读者的鼓励下，笔者决定对《公司法务部——揭开公司法务的面纱》一书进行再版。

第二版的内容与第一版相比，主要的修改之处有：一是新增近两年非常热门的合规管理等相关内容；二是随着《民法典》《个人信息保护法》等法的颁布及一些法律的废止，更换了书中对应表述；三是对一些章节内容进行了较大的删减和增加；如删掉"法务联盟"这种原以为对未来法务发展很重要但事实证明其实没那么重要的内容；再如，增加"风险知识"等时下法务部门最为稀缺的知识内容；四是对于一些文字表述、语句表达等重新进行了修改，以增加本书的可读性。

总体而言,第一版的精华,再版当然保留。个别过时的内容,一删了之。对于新理念、新内容,则大幅增加。五年前,第一版出书之时,我们注意到了“法务正在崛起”;而站在五年后的第二版出书之际,我们切实感受到了“公司法务的力量”。祝福中国所有的法务们!

陶光辉

2022 年于北京

序言(第一版)

法务正在崛起

随着中国经济进入“供给侧结构性改革”的新时代,企业内部要素的校正配置成为中国企业再次腾飞的助推器。“企业家精神”“创新”等成为企业良性运行的关键。在这种经济和制度环境下,法务因其特有的工作理念和高度的价值支撑,正显示出日益壮大的影响力。如果说,从20世纪60年代到21世纪初,是发达国家企业内部法律顾问风头正盛的时期,那么,在当今中国,企业法务也正在崛起,成为帮助企业适应变革、适应创新的骨干力量。

自中国共产党第十八次全国代表大会以来,法治在各个领域的重要性不断加强。在国家层面,党的十八届四中全会提出“全面推进依法治国”的重大决定;在政府层面,国务院提出“知识产权强国建设”“法治政府建设实施纲要”;随后,在企业层面,国有资产监督管理委员会提出“全面推进法治央企建设”。“法律+”俨然已成为新常态下重要的经济与社会治理方式。

依法治国,必然要求依法治企。这是法务人员在当今中国能迅速崛起的内在背景和根本原因。企业要实现法治,不仅是企业股东、管理层的事,而且是企业全体员工的事。法务作为企业员工中最具法治思维和法治精神的人员,对于推动和执行依法治企,可谓责无旁贷。

企业的设立与运营、投资与并购,及企业间的竞争与合作等行为,在依法治国的背景下,越来越多地依赖于法律支撑等企业软实力。法治能力逐渐成为企业的另一种核心竞争力。法治企业也成为企业品牌提升、社会责任形象塑造的另一条捷径。作为法律支撑的“供给方”,法务人员发挥越来越大的价值,其在企业的地位上升,也必然是种趋势。

这既是法务人员的机会,也是法务人员面临的挑战。

作为一名从事多年法务工作的资深人士,笔者曾四处搜寻有关提升法务技能、规范法务管理的书籍,但很遗憾地发现,市场上除了一本引进的美国律师写的法务管理书籍以外,居然一本纯粹探讨“法务管理”的书籍都没有。

有感于此,大概三年前,笔者即着手本书的构思、撰写。但因平时工作太忙,撰写了第一章之后就几乎停滞下来。直至2015年5月才下定决心,重启本书的写作,并坚持了下来。终于用了6个月时间完成本书初稿的写作。

本书从法务的职业、专业、管理三个视角,全面探讨了公司法务部的职业特征、部门管理、专业工具、业务管理、客户关系管理、知识管理、外聘律师管理、法务文化与法务战略等,并采用系统阐述加案例解析的方式,以达到完全揭开法务部这个“黑箱”的目的,从而使外行能了解法务,现任法务能更有效地工作。

笔者希望通过本书的出版,让更多的现正在从事企业法务工作的人员看清工作大局和工作重点;让执业律师、法官、仲裁员、法学研究者能了解法务的工作原理;让法学院毕业生能将法务职业作为择业的优选;让公司其他职能部门如财务、投资、人力资源等人员能理解法务工作;让企业的高层管理者能主动认同法务工作的价值。

期望中国的法务人员能像美国马萨诸塞互惠人寿保险公司首席法务官Mark Roellig先生在2014年提出的“让法务部成为企业的战略资产”一样,成为各自所在企业的中坚力量。

陶光辉

2016年于北京

目　　录

第一章　法务总监

第二章　法务部管理

第三章　法务部的工具

第四章　业务管理

第五章　客户关系管理

第六章　知识管理

第七章　外部律师管理

第八章　法务的现在与未来

典型示例索引

第一章

法务总监

第一节 法务总监的内涵

法务总监是公司、企业法务部的负责人,是法务部的核心人物。可以说,法务总监的专业技能和工作理念,决定了一家公司法务部所能发挥的价值大小。因此,讨论法务部的第一步,可从讨论法务负责人——法务总监开始。关于法务负责人,目前存在各种说法,如总法律顾问、首席法务官等。法务总监是对法务负责人的一种较为常见的说法。对法务总监与其他称呼的相同和不同之处进行剖析,对于准确界定法务总监的角色职责,是非常有益的。但不管怎样,本书用“法务总监”指代所有公司、企业法务部的负责人。

一、法务负责人的各种说法

公司、企业内部专职负责法律事务的最高管理人员,基于企业规模和性质的不同,目前有多种说法,如“法务总监”“总法律顾问”“法务部总经理”“首席法务官”等。“法务总监”是其中的一种。这些说法虽然都指代了企业法务部门的负责人,但其运用的“场景”却略有不同。

区分这些说法的运用场合及其背后的内在理念,有助于从不同的角度理解“法务负责人”——这个在现代公司中具有重要地位的管理岗位。

总法律顾问,在中国通常用于指称中央企业、国有企业——往往是规模较大的央企、国企、国企控股企业——内部专职的法务负责人。在过去一段时间内,或出于相关专业人才暂缺的原因,或出于提升本岗位地位的需要,总法律顾问在央企、国企中往往由副总裁或主管副总经理兼任。然而现今趋势越来越明显,央企、国企的法律事务逐渐由具有法律专业背景的人员来专职掌舵。总法律顾问顺其自然地成为央企、国企中不可缺少的高管人员,有的已进入公司最高管理层。

法务部总经理,是站在大型企业集团的组织架构角度来称呼的。在这类企业中,法务部与财务部、投资部、运营部等同属于一级职能部门,共同为集团下属各事业部和独立法人单位提供各项职能服务。法务部总经理是企业总经理领导下的职能部门管理者。很多大型民营集团公司和那些已经越来越中国化的外资公司,具有设置法务部总经理的偏好。

首席法务官,原是舶来品。首席法务官(Chief Legal Officer,CLO)、首席财务官(Chief Financial Officer,CFO)、首席执行官(Chief Executive Officer,CEO)等都属于首席某某官系列的。自从 CEO 这个词语引进中国,成为很多一般人所尊敬的对象后,C×O 系列就风靡企业界。越来越多的 C×O 出现,一方面表现了企业内部职能分工的细化,另一方面也反映了现代公司将内部某项专门权力和职责归拢并交由某个岗位集中负责的趋势。CLO 的出现,是企业法律事务资源集中配置的结果。

因为缺少统一的命名规则,对企业与其他组织的法律事务负责人的称谓,还出现了其他一些说法,如"法务部部长""首席法律顾问""法规处处长""法制办主任"等。随着市场经济的深化发展,有的说法已较少用到现代公司法务部门当中了,它们可能更多地用在政府机关、非营利组织、管理相对传统的国企等组织当中。例如,当前也有极少的国有企业会设置或保留一个法规处,任命一位称为"法规处处长/主任"的人来掌管本组织的全部法律事务。

二、"法务总监"一词的含义

法务总监,是对企业法务负责人的一种称谓。也许是目前除央企、国企以外的其他公司、企业中用到最多的一种说法了。法务总监,与英语中的 Legal Director 基本是"对应"的。之所以说基本对应,是因为 Legal Director 有时也被翻译成"法律董事"。在英语国家中,Legal Director 有其固定的含义。同样地,"法务总监"一词在中国一旦被很多公司企业用于表达其内部某项与法律有关的专业岗位时,"法务总监"一词也应具备相对固定的含义,原则上它只能指代一种性质的人和岗位。

统计现行国内各人才招聘网站、猎头公司对企业法务负责人岗位的命名,可以发现,大部分企业均称招聘“法务总监”,而不称招聘“首席法务官”“法务部总经理”。在指“企业法务负责人”的时候,法务总监也可以说是用得最多、最广。这是本书为什么愿意和坚持把企业的法务负责人称为法务总监的主要原因——遵从大多人的叫法,以便于有效的交流。因此,本章所要讨论的对象——法务总监,是对所有类型、所有性质的公司或企业内部专职负责法律事务的最高负责人和管理者的统一称呼。

这里的法务总监还要区别于某些集团公司向下属成员企业派驻的财务总监、人力资源总监等总监岗位的人员。虽然都称为“总监”,但财务总监、人力资源等总监岗位更多的是执行上级公司的制度与上级公司管理层的指令,而在管理创新方面可发挥价值的空间不大;本书所说的法务总监,是一个独立的公司及企业内部全部法律事务的独立管理者,非上级公司派驻的,他(她)有权处理本企业的一切法律事务,包括进行创新性的法律工作。

三、法务总监与总法律顾问

总法律顾问制度是国内有关企业法律事务管理岗位领域“立法”相对完备的制度。目前涉及总法律顾问制度的相关国家层面文件有 7 个,[1] 均属于部门规章性质。近年,各省市国资委也陆续发布了一些推进各省国有企业总法律顾问制度建设的政策文件。回顾中央及地方国企总法律顾问制度的“立法历程”,我们可以看出国家关于企业法律事务管理岗位的“制度路径”。

企业总法律顾问第一次正式出现在官方文件里是 1997 年。当时,原国家经济贸易委员会(以下简称国家经贸委)发布的《企业法律顾问管理办法》第 6 条规定,“大型企业可以设置总法律顾问”。从该年起,总法律顾问制度在中国的企业内部开始试点。2002 年,主管机关又专门颁发了两个关于展开总法律顾问制度在国家重点企业试点工作的文件。到 2004 年《国有企业法律顾问管理

---

〔1〕 这七个相关文件分别是:(1)原国家经贸委 1997 年 5 月 3 日发布的《企业法律顾问管理办法》;(2)原国家经贸委办公厅 1997 年 6 月 6 日发布的《关于贯彻实施〈企业法律顾问管理办法〉的通知》;(3)原国家经贸委 2002 年 3 月 27 日发布的《关于进一步做好企业总法律顾问试点工作的通知》;(4)原国家经贸委、中共中央组织部等部门 2002 年 7 月 18 日发布的《关于在国家重点企业开展企业总法律顾问制度试点工作的指导意见》;(5)国务院国资委 2004 年 5 月 11 日发布的《国有企业法律顾问管理办法》;(6)国务院国资委 2004 年 5 月 14 日发布的《关于在国有重点企业加快推进企业总法律顾问制度建设的通知》(已失效);(7)国务院国资委 2007 年 2 月 16 日发布的《关于进一步加快中央企业以总法律顾问制度为核心的企业法律顾问制度建设有关事项的通知》(已失效)。

办法》发布时,"大型企业设置企业总法律顾问"纳入正式规定。随后至 2007 年,国有资产主管机关先后颁发了两个相关文件,其精神分别为"加快推进"和"进一步加快"总法律顾问制度。[1] 从中可以看出,总法律顾问制度是企业法律顾问制度的核心,已得到法律法规明确。

从"试点"到"设置""加快推进",再到"进一步加快",一方面是市场经济纵深发展的迫切需要,另一方面可以看出政府监管部门对企业总法律顾问制度越来越重视。因此,与目前存在于央企、国企的总法律顾问相比,广泛存在于各种类型公司、企业中的法务总监,应当也会越来越重要。法务总监这个职业,在当今中国称得上是一个有大量需求的"朝阳职业"。

《国有企业法律顾问管理办法》第 16 条规定:"本办法所称企业总法律顾问,是指具有企业法律顾问执业资格,由企业聘任,全面负责企业法律事务工作的高级管理人员。企业总法律顾问对企业法定代表人或者总经理负责。"据此,总法律顾问的含义和职责已由法律、规章予以明确。但是,搜遍所有法条,法务总监的含义和职责却缺少法律、规章,甚至是政策性文件的规定。本书认为,法务总监与总法律顾问都是对企业法务负责人的称呼,但经仔细辨别,两者还是存在以下区别:

1. 运用场合方面。如前所述,法务总监更多地运用在除央企、国企以外的其他企业。总法律顾问目前适用于央企、大型国企的特定场合。当然,不排除有其他属性的企业会模仿国企,也称其内部法律事务负责人为总法律顾问。

2. 职业门槛方面。"法务总监"职务目前缺少有关法律、规章的规定,没有官方所指的职业门槛。各企业在招聘法务总监时,一般会列举必要的法律和管理方面的经验能力、教育背景等,作为法务总监应聘的必要条件,通常也会要求应聘者具备法律职业资格或企业法律顾问资格。然而,这些都不是必要的,只要应聘者有相应的经验和能力,都有可能成为法务总监。不同的是,总法律顾问却有较为严格的准入门槛。《国有企业法律顾问管理办法》规定,总法律顾问应符合具有企业法律顾问执业资格,在企业中层以上管理部门担任主要负责人满 3 年的;或者被聘任为企业一级法律顾问,并担任过企业法律事务机构负责人等硬性条件。

3. 执业环境方面。根据企业对法律事务重视程度的不同,法务总监可能会在不同的环境下工作。企业对法律事务与风险防范工作非常重视,法务总监即

---

[1] 该两个文件为《关于在国有重点企业加快推进企业总法律顾问制度建设的通知》《关于进一步加快中央企业以总法律顾问制度为核心的企业法律顾问制度建设有关事项的通知》,均已失效。

具有良好、有效的工作环境；如果企业对法律事务重要性缺乏深刻认识，也未有充足的预算，则这种环境下的法务总监就不能充分发挥作用、体现价值，可以说其执业环境受到了限制。总法律顾问的执业工作环境，则受到国有资产监管部门的高度重视。例如，在已失效的国务院国资委 2007 年颁发的《关于进一步加快中央企业以总法律顾问制度为核心的企业法律顾问制度建设有关事项的通知》中明确规定，要努力为包括总法律顾问在内的企业法律顾问创造良好的工作环境。

4. 工作理念方面。因为缺少相应的法律规范，加上企业对法律事务的重视程度不一，各个企业法务总监的实际工作理念是千差万别的。如企业领导重视法律事务，则法务总监能发挥出价值。而企业一旦看到通过法务总监创造了不同于以往的经济价值，企业就会更加重视法律事务，这是一种良性循环。这种良性循环的出现，必须由企业法务总监来促成。因此，虽然各种企业面临的具体情况千变万化，但法务不仅是用来防范风险的，更重要的是用来创造价值的，这样一种理念是法务总监应有的基本工作理念，也是本书所倡导的法务总监应有的正确工作理念。另一方面，总法律顾问是在央企、国企加强法律风险防范机制建设、适应经济全球化的竞争环境变化，以及保障国有资产安全、实现国有资产保值增值的迫切需要的背景下提出来的。因此，总法律顾问的工作理念必须是站在国有资产安全、保值增值的角度，对企业的运营与发展提出合理的法律意见，采取合理的法律行动，安全与风险防范是总法律顾问的核心工作理念。这一点，与法务总监工作理念中对价值创造的强调则稍有不同。

典型示例 1

▶ 某集团公司总法律顾问制度实施办法

第一章　总　　则

第一条　为建立健全以总法律顾问制度为核心的企业法律顾问工作制度与法律风险防范机制，加强法律事务机构职能建设，依据国务院国资委《国有企业法律顾问管理办法》等法规、规章的规定，制定本办法。

第二条　某集团有限公司（以下简称集团公司）以及集团公司下属重要成员企业，应当设立企业总法律顾问，并设置承担企业法律事务工作的职能部门。

第三条　本办法所称“总法律顾问”是指具有相应专业技术资格和管理工作经验，经过规定程序聘任的，全面负责本企业法律事务管理工作的高级管理人员。

第四条　企业总法律顾问对本企业董事会及总经理负责。

第二章 总法律顾问设置及职责

第五条 集团公司设总法律顾问一人,根据需要,亦可设副总法律顾问一至三人。副总法律顾问协助总法律顾问工作。

第六条 集团公司总法律顾问和副总法律顾问由总经理提名,经总经理办公会决定聘任,并将聘任情况报集团公司董事会及国务院国资委备案。总法律顾问的任职要求如下:

(一)总法律顾问每届任期三年,可连聘连任;

(二)总法律顾问任期届满,应继续履行职责直至继任总法律顾问到任;

(三)总法律顾问退休或因其他原因辞职的,应由总经理提名新人选履行聘任程序;

(四)总法律顾问职务出现空缺时,由副总法律顾问主持日常工作;

(五)董事长和总经理不得兼任总法律顾问。

第七条 担任总法律顾问应同时具备以下条件:

(一)拥护、执行党和国家的基本路线、方针和政策,秉公尽责,严守法纪;

(二)熟悉企业经营管理,具有较高的政策水平和较强的组织协调能力;

(三)精通法律业务,具有处理复杂法律事务的经验和能力;

(四)具有企业法律顾问执业资格,或丰富的企业法律事务管理经验,并担任过企业法律事务机构负责人。

第八条 具有下列情形之一的,不得担任总法律顾问:

(一)曾因渎职或工作失误给所在单位造成重大经济损失,并受到单位经济处分的;

(二)曾被判处刑罚或受过党纪政纪处分的;

(三)法律、法规禁止担任国有企业、国有控股公司高级管理人员的情形之一的。

第九条 总法律顾问工作中遇见下列情形的,应主动回避:

(一)在重大项目投资、招投标、对外经济合作等工作中,涉及与本人及本人亲属利益的;

(二)总法律顾问本人作出的经营性决定,需要对该决定出具意见或审批的;

(三)集团公司有关制度认为应当回避的其他情形。

第十条 总法律顾问履行下列职责:

(一)全面负责法律事务和法律风险防范工作,统一协调处理决策、经营和管理中的法律事务;

(二)建立、健全集团公司及所属企业法律事务管理机构,组织、领导法律事务管理机构的工作;

(三)参与重大经营决策,保证决策的合法性,并对相关法律问题提出意见和建议;

(四)组织制定和实施总法律顾问工作的发展规划和制度规定,组织法律业务培训;

(五)组织制定和实施法律风险防范规划,开展法律风险评估、警示和整改;

(六)组织制定和实施普法工作规划和安排;

(七)组织制定和实施合同管理工作规划和安排;

（八）审批职能部门及所属企业要求法律事务管理机构办理法律事务的申请；

（九）决定公司外聘律师；

（十）对经营中违反法律、法规的行为提出纠正意见；

（十一）对涉及公司重大权益的纠纷，作出和解、调解、仲裁、诉讼的决定；

（十二）其他应当由公司总法律顾问履行的职责。

第三章　法律事务管理机构

第十一条　集团公司总部设置法律事务部，作为承担法律事务管理工作的职能部门（以下简称法律事务机构），由总法律顾问直接领导。

第十二条　集团公司法律事务部及其负责人履行下列职责：

（一）正确执行国家法律、法规，对企业重大经营决策提出法律意见；

（二）起草或参与起草、审核企业重要规章制度；

（三）协调指导集团下属成员企业法律事务职能管理工作；

（四）具体落实合同管理，审核格式合同和重大合同，参加重大合同的谈判和起草工作；

（五）参与分立、合并、破产、解散、投融资、担保、租赁、产权转让、招投标及改制、兼并重组、公司上市等重大经营活动，处理有关法律事务；

（六）办理工商登记、法定代表人授权委托等有关法律事务；

（七）组织开展法制宣传教育工作；

（八）提供与经营有关的法律咨询；

（九）开展法律风险防范工作，对违反法律、法规的行为提出纠正意见，监督或者协助有关部门予以整改；

（十）受法定代表人委托，参加诉讼、仲裁、行政复议和听证等活动；

（十一）联系外聘常年或专项律师，并对其工作进行监督和评价；

（十二）办理其他法律事务及总法律顾问布置的工作任务。

第四章　法律事务管理原则和制度

第十三条　总法律顾问和法律事务管理机构依法维护本公司合法权益，坚持以事前防范法律风险和事中法律控制为主、事后法律补救为辅的原则。

第十四条　总法律顾问和法律事务机构按照相关规定行使职权，任何组织和个人均不得违反程序进行干涉，其他职能部门及所属企业应积极配合工作。

第十五条　集团企业发生涉及本单位重大权益纠纷或存在此类风险的，应按程序及时向集团公司法律事务机构通报；法律事务机构应及时将相关信息报告总法律顾问。

第十六条　集团公司及下属企业应根据有关法律法规及本企业业务发展的要求，制定并不断完善法律事务管理方面的规章制度，形成相对完备的法律事务管理制度体系。

第五章　监督和检查

第十七条　对集团公司总法律顾问和法律事务部的监督和检查依照国务院国资委的要求和集团公司有关规定进行。

第十八条　监督检查的主要内容:

(一)遵守国家法律、法规、规章的情况;

(二)总法律顾问、法律事务机构设置和人员配备情况;

(三)总法律顾问制度建设情况;

(四)法律事务管理和法律风险防范工作开展情况;

(五)其他需要监督检查的事项。

第六章　奖励与处罚

第十九条　总法律顾问和法律事务机构有下列情形之一的,给予表彰和奖励:

(一)促进公司依法经营,对生产经营管理提出法律建议,为公司避免重大经济损失或者依法经营做出重要贡献的;

(二)通过诉讼或非诉讼方式,为公司或本单位避免或者挽回重大经济损失的;

(三)为公司防范法律风险、实现国有资产保值增值做出重要贡献的;

(四)工作业绩突出获得国务院国资委及其以上级别国家机关表彰的;

(五)其他为公司或本单位做出重要贡献的。

第二十条　对总法律顾问和法律事务机构的表彰和奖励,采取以下形式:

(一)授予荣誉称号;

(二)给予单项奖励;

(三)按照挽回经济损失金额的一定比例给予奖励;

(四)计入年终绩效考核成绩。

第二十一条　总法律顾问未按照国家法律、法规规定和公司规章制度规定开展工作,给公司造成重大经济损失的,按照公司有关规定进行处罚。

第二十二条　总法律顾问玩忽职守、滥用职权、牟取私利,并触犯法律的,依法追究其法律责任。

第七章　附　　则

第二十三条　本办法由集团公司法律事务机构负责解释。

第二十四条　本办法自下发之日起执行。

四、法务总监与律师事务所主任

很少有人会拿法务总监去和律师事务所主任(以下简称律所主任)对照,大家都认为两者没什么可比之处。但实际上,挖掘法务总监与律所主任某些方面的共同点,对于理解法务总监的工作内涵以及做好法务总监管理方面的工作是非常有帮助的。

法务部成员组在一起,相当于一个内部律师事务所,作为负责人的法务总监,相当于一名律所主任。法务总监与律所主任都需要组建和领导一个团队,这个团队的成员均是受过法律教育,具备法律知识与技能的专业人士。

律所主任对本所律师的激励与沟通方法,可以用来帮助法务总监提高对本部门的法务成员进行激励和沟通的技巧。通常来说,律所主任会认为,一名执业律师的工作是独立的和自主的。[1] 因此,律所主任与律师进行业务沟通时,以帮助其提高专业能力为主要目的,以帮助其自觉反省为主要手段。双方沟通以平等讨论、启发诱导为主,而不是依靠因行政等级而产生的权力。一名法务总监如果能发现这一点,借鉴律所主任的方式,采取通过平等讨论帮助法务人员自我反省,以帮助其提高专业能力的方式进行沟通,这对于提升团队积极性以及团队成员的专业能力将大有裨益。

一个律师事务所的专业分工与选择的方式,对法务总监分配下属法务人员的工作职责也具有参考作用。合格的律所主任往往根据每个律师的专业和资源强项,让其优先发展对其来说是效益最优的专业领域。律师选择某个法律领域作为主攻方向,一方面是市场选择的结果,另一方面也会基于律所主任的主动指定。因为一旦律所主任觉得某位律师在某个领域具有别的律师没有的优势,律所主任就应该让这个律师更多地参与该领域所有的相关案件,以更好地利用其优势。同样的,法务总监也可以在下属法务人员中发现他们各自的专业优势,从而有效分配各法务人员的岗位职责。

五、法务总监与合规负责人

出于控制特定风险的需要,有时是出于法律、法规的直接命令,一些企业,特别是一些金融企业、上市公司等,经常会设置一个合规部门,以承担企业管理的职责。这个合规部与法务部的职能会有很多交叉的地方。甚至在很多企业中,两个部门被合并为一个部门——法律合规部。从控制风险、促使企业合规经营的角度看,法务总监与风险合规负责人的职责可以说殊途同归,但两个岗

---

〔1〕 此处理由可参见笔者的一篇论文:《律师事务所的组织行为研究——兼评〈律师事务所管理评价体系〉》,载《中国司法》2009 年第 6 期。

位的具体重点工作领域还是不一样的。当然,本书的重点不在于阐述法务总监与合规负责人的区别,而是想通过对比两者的不同点,帮助读者更全面地了解法务总监的工作,理解法务总监的全部内涵。事实上,目前的趋势是越来越多的企业将合规管理的职责交给法务部,法务总监(总法律顾问)兼任或主管企业的合规管理职责。

一般来说,法务总监聚焦于法律风险的防范,合规负责人则关注合规风险的预防与控制。从工作领域来看,法务总监以法律知识与技能为基础,以合同审核、法律咨询、法律意见等为工具展开工作;而合规负责人以法律和管理知识为基础,以接受国资、政府和司法等各监管部门的指引为主线,以流程梳理、制度制定、合规报告等为表现形式来展开工作。

风险,是上述两个岗位所共同关心的。在法治社会,一切风险最终都有可能转化为法律风险,而风险最严重的可能后果是引发刑事法律风险。合规负责人基于自身对合规义务和管理控制等的了解,对企业面临的风险性质、大小进行独立判断,对于可能引发法律风险后果的事件,应加以特别关注,这需要相应的法律知识与技能。同样的,企业法务总监的工作,是尽可能地提前辨识交易过程或诉讼过程中的权利义务问题,并采取相应的应对措施,而要达到这一目的,就必须事先熟悉、理解企业的运营过程、商业模式等。

从以上阐述可以看出,随着市场经济的深化发展,合规部需要法务的大力支持;而法务要发挥最大价值,又必须了解、运用合规的技能。在某种程度上,两类工作的融合已是一种趋势。法务部的工作内容,目前也逐渐把合规管理包括在内。因此,一个优秀的法务总监,必须站在企业运营的高度,懂得从企业全面风险管理的角度,将其掌握的法律知识、管理知识及风险知识转化为能服务于企业整体战略的有效手段。

第二节　法务总监的职责

一、法务总监的职责概述

法务总监是企业法律事务的负责人,其工作范围和内容代表了整个法务部的工作范围和内容。法务部是处理企业法律相关事项的职能部门,与企业财务部、人力资源部、投资部等同属于某种专业职能部门。在不同类型和风格的公司、企业中，法务部的工作职责（包括对应的工作职权）有时相差很大，主要取决于公司管理层（尤其是CEO）对法务部的态度。这是因为，对法务工作的评价，不像对生产、营销等工作的评价那样指标明确、责任清晰，管理层更多地只能借助主观判断。当然，管理层对法务部工作的态度也不会是一成不变的，在很大程度上受法务部在公司中展现出来的责任边界与价值大小的影响。

在有些企业，法务总监可能仅相当于一名行政经理，其主要工作范围仅包括日常合同审核、不良应收追缴、工商注册登记、员工法律知识培训等；在另一些企业中，法务总监的工作范围可能会涉及企业战略选择的法律论证、帮助企业应对反垄断审查，或确保公司行为符合某个国家的证券监管法规及某个证券交易所的特别要求等。

从以上可以看出，同样是法务总监岗位，工作职责会存在较大的差别。因此，要论述法务总监的工作职责，只能从普遍意义上、从有代表性的企业实践角度来说明。

作为企业法务职能部门的负责人，法务总监要完成其全部工作，至少应当包含以下三个方面：(1)在企业特定的组织环境和商业环境中，从事与本企业相关的法律业务工作；(2)考虑如何组建和领导团队去完成第一项工作；(3)在特定的企业文化内，考虑如何与管理层、其他部门进行沟通以传递法务工作的成果，展现法务工作的价值。以上三个方面加在一起，即构成法务总监的应负职责。本书认为，鉴于法务工作的综合性、复杂性、时效性，还应加上“如何持续改进、提高这三方面工作的能力”这样一个职责——学习职责。学习，对法务部来说不能仅仅是法务总监个人的自觉行为，它更应是项工作职责。企业应当为此提供相应的组织保障、经费支持、制度保证。

综上所析，在总结代表最佳法务实践的基础上，法务总监的职责分为以下四类：业务管理职责、内部管理职责、沟通管理职责、学习职责。本节逐一简要述之，本书以下章节将详细论述。

二、业务管理职责

业务管理职责是法务总监的第一职责，也是最基础的职责。作为专业职能部门，法律相关业务是法务部在企业立足的基本要求。公司设置法务部的目的,在于运用法务部的法律业务知识和技能,来确保企业合法、合规经营,为企业防范风险,创造价值。

法务总监的业务管理职责,就在于保证法务人员能有效完成企业法律相关业务工作。

从企业法律业务的专业知识领域来看,法务总监的业务管理职责可分为合同管理、投融资法务管理、法律风险及合规管理、知识产权管理、劳动关系法务管理、诉讼管理等。在一些企业内,出于特定业务集中管理等因素的考虑,法律风险及合规管理、知识产权管理等法律相关业务可能交给其他部门负责管理,法务部仅为其提供法律咨询。但本书认为,法律风险管理、知识产权管理本质上是法律事项,应当由企业法务部来主导完成,法务总监的职责应涵盖法律风险管理、知识产权管理等业务。对于合规管理,根据其现行内容,也基本上由法务部来推动,因此也属于法务总监的业务管理范围。

从企业法律业务的发生时间形态来看,法务总监的业务管理职责可分为常规法务管理、项目法务管理。前述法务管理职责都可以说是常规法务管理;但在股权并购、IPO上市、改制重组、破产清算等事项发生时,按项目进行法务管理有助于提高工作效率。

业务管理职责强调了法务总监应对企业业务的绩效后果负责,这就要求法务总监必须熟悉各业务领域的知识。法律教育与法律职业资格考试只是部分地帮助解决了这个问题。例如,法学院一般都会开设民法、公司法、证券法、专利法、商法等课程;在法律职业资格考试时,也是按照这些部门法来设置考题的,但企业的法务实践却远远不止这些部门法。以合同为例,一次合同审查运用到的知识绝不仅仅是合同法律制度能解决的,它可能需要审核人掌握民法、商业流程、行业规则、交易商务目的等多方面的知识和信息。因此,对于合同管理来说,合同法律制度仅仅是其中一部分,而且是极为微小的一部分,有时甚至根本与合同法律制度本身无关,要求的是法务总监的综合素质。其他业务管理同样如此,法律知识只是一部分。法务总监要履行好业务管理职责,要掌握的更多是法律以外的知识与技能。

典型示例 2

▶ 审核一份采购合同需要的知识

采 购 合 同

甲方(需方):北京 A 商业有限公司

地址:北京市朝阳区 A 大厦

联系人:王经理

乙方(供方):北京 B 广告有限公司

地址:北京市朝阳区 B 号院

联系人:陈经理

甲、乙双方在平等自愿、互利互惠的基础上,经友好协商,就甲方向乙方购买相关产品事宜达成如下协议:

一、产品基本情况

品　名	型　号	配　置	款　式	数　量	单　价	总　价
壁挂式广告机	GQ－888	单机版	超薄	100 台	15600 元	1560000 元
备　注	此价格含税和运费					

二、付款、交货及验收

1. 付款方式:款到发货。

2. 本合同生效后乙方在 1 ~ 2 个工作日内,须将该批产品发送至甲方指定地点。

3. 收货人:　　　　电话:　　　　　收货地址:

4. 在甲方安装调试时,如发现产品质量、型号等不符合约定时,由乙方自付费用在 3 个工作日进行更换。

三、包装、质量标准及安装

1. 乙方按标准保护措施进行产品包装。包装须适应于远距离运输并具有防潮、防震、防锈功能。

2. 产品质量标准应符合国家相关规定,符合乙方宣传的产品参数、功能及特点。

3. 产品安装由甲方负责安装,但乙方具有指导安装、调试的义务。

四、售后服务

1. 甲方收到乙方提供的产品,自开箱之日起一个月内,如有质量问题,乙方免费包换同等型号产品。

2. 甲方在产品安装调试期间,乙方有义务通过电话或网络等形式进行指导安装。

3. 乙方为甲方提供的质保期:质保 3 年,整机 1 年免费保修,后两 2 年成本维修。

4. 关于免费保修

(1)免费保修期限从乙方开具的正式发票之日开始起计算或者按机器上面的保修质保签日期计算。

(2)在免费保修期内,乙方负责对其提供的硬件设备、软件和系统进行维护或维修。

(3)免费保修期内维修服务所发生的硬件费用均由乙方承担,乙方不得向甲方或甲方客户收取费用,保修期内不属于免费保修范围内的损坏,乙方收取人工费及材料工本费。

(4)免费保修期内,由乙方产品质量问题引起维修中的运费由乙方承担。

(5)免费保修期内若不属于保修范围或人为损坏的运费由甲方承担。

5. 非免费保修情形

对于下列情形,乙方不承担免费保修义务,由甲方选择乙方或者他方提供有偿服务:

(1)超出免费保修期时。

(2)由于使用环境超出产品说明规定使用范围、不可抗力因素损坏,以及人为损坏的。

(3)由于用户故意或者重大过失造成的产品损毁,包括但不限于用户自行运输、搬运时跌落、碰撞、不按说明书使用或操作而造成的损毁。

(4)由于用户自行对产品进行改装及其他使用不当引起的损毁。

6. 维修服务要求

(1)如果采购物品在免费保修期内出现质量问题,乙方收到甲方维护要求后,在24小时内做出响应及回复。

(2)若通过电话或网络等方式不能解决的,保修期内乙方需提供免费上门服务,乙方应当在接到甲方维修通知之日起2个工作日内上门进行维修。乙方在2个工作日内不能完成维修的,乙方需提供备用机供甲方使用。

7. 有偿服务收费标准

(1)对于保修范围外,乙方将收取费用,收费标准为技术服务费加更换零件费等。

(2)保修期结束后乙方依然负责对所售设备进行维护或维修,其间产生的费用由甲方承担。

8. 关于保修,若本合同未有约定的,依照国家有关规定执行。

五、产品责任

1. 如因采购产品的缺陷而发生了损害甲方或使用产品的用户等第三人的人身或财产的事故,乙方应当承担全部赔偿责任。

2. 在甲方向因采购产品遭受损害的第三人赔偿损失,且该损害是因采购产品的缺陷而引起时,乙方有义务最终承担该损害赔偿金以及其他费用,并根据甲方的要求直接支付给甲方或第三人。

六、违约责任

1. 如乙方未按本合同约定的时间或数量交货,每逾期1日,应向甲方赔偿迟交产品总额的5%的违约金,如超过10日,甲方有权单方解除本合同并要求乙方支付合同总金额20%的违约金。

2. 因任何一方违约,守约方可单方解除合同,由违约方承担由此导致的损失。

七、不可抗力

1. 本合同所指不可抗力包括地震、火灾、水灾、台风、罢工、暴动、瘟疫、战争、意外事件或其他非双方所能预见并且控制或避免的事件。

2. 如果发生不可抗力,受不可抗力影响的义务的履行期限在不可抗力期间自动中止,并应自动延长,延长期间为中止的期间,受不可抗力影响的一方无须为此承担责任。

3. 如发生不可抗力事件,一方应当及时通知对方,并采取合理、必要的努力降低不可抗力对双方履行合同造成的不利影响。

八、保密

在本合同有效期内及合同终止后1年内,若事先未得到对方的书面认可,任何一方不得以任何方式泄露本合同内容以及在双方履行本合同过程中所得到的对方的各种信息(包括但不限于产品价格、产品清单、产品配置、客户清单、客户关系等)。

九、其他

1. 合同及其附件替代并终止双方就本合同中的相关内容所做所有早期的、书面或口头的合同或协议。对本合同的未尽事宜或相应修改,须经双方进行协商并签订补充协议,否则对本合同的更改无效。

2. 合同在履行中出现的一切问题,甲、乙双方应先协商解决;协商不成的,应向北京市朝阳区人民法院提请诉讼。

3. 本合同经双方签字盖章之日起开始生效。

4. 合同一式四份,甲乙双方各执两份,具有同等法律效力,传真件有效。

附件:廉洁合作协议(略)

甲方(盖章):　　　　　　乙方(盖章):

法定代表人(签字):　　　　　　法定代表人(签字):

日期:××××年××月××日　　　　　　日期:××××年××月××日

本书说明:

以上《采购合同》系实际工作中一份普通的"甲方立场"合同,姑且不论该合同质量的好坏,要完成对该份《采购合同》的审核,至少应掌握以下信息及知识:

1. 合同基础知识。关于合同的基本条款,包括合同标的(合同目的、合同范围)、合同价格、支付与结算方式、违约责任、合同生效等,涉及本合同第一、二、六、七、八、九条等。对于该部分的审核,应当保证内容明确、表达无异议,符合双方的商业本意。如关于第二条第一款与第二款之间,即可能存在冲突的地方。第一款说"款到发货";第二款又说"合同生效后乙方在1~2个工作日内,将该批产品发送至甲方指定地点"。如果在合同生效后1~2个工作日内,甲方并未付款,那么乙方是否该发货?这就是条款内容不明确,瞻前不顾后地表达所造成的。对本合同进行审核时,即必须将不明确的地方、可能存在异议的地方予以修改。

2. 合同实践知识。《民法典》第470条规定:“合同的内容由当事人约定,一般包括下列条款:(一)当事人的名称或者名称和住所;(二)标的;(三)数量;(四)质量;(五)价款或者报酬;(六)履行期限、地点和方式;(七)违约责任;(八)解决争议的方法。当事人可以参照各类合同的示范文本订立合同。”《民法典》虽以法条的形式规定了合同必备条款,但实践中合同是多样的,内容是千变万化的。实践中,对于不同类型的合同,企业也会总结出一些法条之外的“必备条款”。如买卖合同中的产品知识产权条款、产品售后服务保证条款等。本合同即缺少知识产权条款,可在第五条增加第三款“乙方应保证对所出售产品享有合法知识产权,如因产品侵犯他人知识产权而导致甲方受损的,乙方应承担该损失,并按本合同约定承担违约责任”。

3. 财务与税务知识。对于本合同项下的买卖交易,双方各自应缴纳的税收以及对应的发票种类、税率等知识,也应有个大致了解。在第一条“备注”中,所述“本价格含税和运费”。在合同审核时,应知晓在现阶段税法体系下该行为涉及的税种、税率等,并进一步约定“乙方出具发票的时间及如未按约出具的相应责任”。

4. 产品与技术知识。本合同第四条涉及大量的质量维修与保修内容,可以说是本合同的审核要点之一。双方之所以用多达七款的描述,来规定产品维修与保修,说明该产品以前经常出现质量问题和因维修而发生的争议问题。因此,如站在甲方立场,必须明确保修的期限、保修的费用承担、保修的服务响应等内容。

5. 法律诉讼知识。本合同第六条约定了违约责任,第九条约定“传真件有效”等。这些条款涉及诉讼时的违约金的计算以及特殊情况下合同的效力等问题。第六条第一款约定“乙方未按本合同约定的时间或数量交货,每逾期1日,应向甲方赔偿迟交产品总额的5%的违约金,如超过10日,甲方有权单方解除本合同并要求乙方支付合同总金额20%的违约金”,首先,合同未明确具体的交货时间,如前所述,交货时间的约定存在冲突;其次,合同对于未按约定数量交货的责任不明确。是否等同于未按约定时间交货?少交付1台与少交付5台的违约责任是否一致?再次,传真件有效,是指什么样的传真件?是一方签字盖章之后的传真件?还是双方都签字盖章之后的传真件?因为传真件的操作,不同于纸质文件,只能是一方签字盖章完后传真另一方,如果都签完便丧失传真件的意义了。

6. 企业行为的商业意图。甲方审核人员必须明白公司此次采购的“局势”,即公司管理者对本次采购时间、产品质量、产品用途等有所了解。本次采购产品是自用,还是转售,或是一个项目的一部分。如果是转售,那么特别要注意知识产权条款;如果是一个项目的一部分,那么要配合该项目的其他产品运用,在合同中可增加乙方的配合调试义务等。

7. 企业内部反腐败、反商业贿赂等合规政策。双方内部,特别是采购方,关于工作人员廉洁自律、禁止不正当竞争的合规要求,如有违反,不仅要承担违反合规要求的法定不利后果,还要承担双方就此约定的违约后果。

三、内部管理职责

法务部的工作量往往巨大,绝非法务总监一人能完成,必须依靠一个法务团队共同努力。法务总监的内部管理职责,即涉及法务总监如何带领法务部的全体成员完成既定和未定工作的问题。

要实施有效的部门管理,法务总监必须持有明确和清晰的法务工作理念,否则法务部的投入与产出就无法得到有效控制,其价值也就无从得以展现,法务部也将游离于企业边缘。就法务部而言,工作理念有两个层次:一是法务部在企业中存在是因为它能提供价值,即法务部为什么而存在,这是法务部门管理的基本出发点。二是法务部是企业的一个费用中心,还是一个利润中心,还是两者兼有,即法务部应是一个创造价值的部门。

作为企业的一个专业职能部门,法务管理意味着部门负责人以某种工作理念来组织和管控本部门人员,这便是法务部的部门管理。

组织,是指法务总监在认识法务工作本质和法务人员特性的基础上组建法务团队,具体包括法务部人员的分工、分级。分工是法务总监对法务人员的专业分工及其调整。法务总监根据法务人员各自不同的知识、技能,将不同法务专业的职责分配给法务部的人员。如将擅长诉讼事务的法务人员安排在诉讼管理岗位,将具有理工科背景的法务人员安排在知识产权管理岗位。分级是法务总监对法务人员的职权大小进行配置与调整。法务总监根据法务人员的工作经验、综合素质,将法务人员设置成法务副总、法务经理、法务主管、法务专员等。分工与分级的目的均在于优化法务人力资源配置,使得合适的人才处于恰当的岗位。

管控,是指法务总监在法务部预算、法务人员薪酬、法务业绩评价及法务工作质量控制等方面所做的内部管理。法务部预算应当与企业的整体预算协调一致,但法务总监可考虑本部门预算应体现出部门的特色,如充分考虑定期的法务培训费用。法务人员的薪酬与法务人员工作积极性、流动性密切相关。相比执业律师而言,法务人员取得的薪酬可能会比执业律师的薪酬要低一些。为更好地吸引法务人才,平衡法务职业收入,笔者建议企业适当提高法务人员的薪酬。另外,法务人员的业绩评价,不像职业律师那样,以服务收入为主的较客观的绩效评价标准,更多地取决于法务总监及公司薪酬管理层的主观感觉。

法务总监的另一个重要内部管理工作,是对法务部提供的工作成果的质量进行全面的控制。

除了正式的组织、管控相关的制度、流程之外,非正式层面的管理,如部门文化、法务文化,对法务总监引导法务部创造高效的工作绩效,有时是更关键的因素。因此,法务总监在履行内部管理职责时,必须同时关注非正式的管理。

典型示例3

▶ 三种常见的法务部组织结构图

结构一:

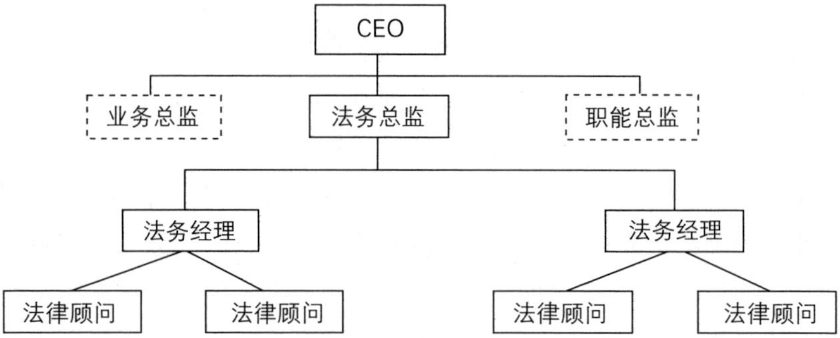

结构二:

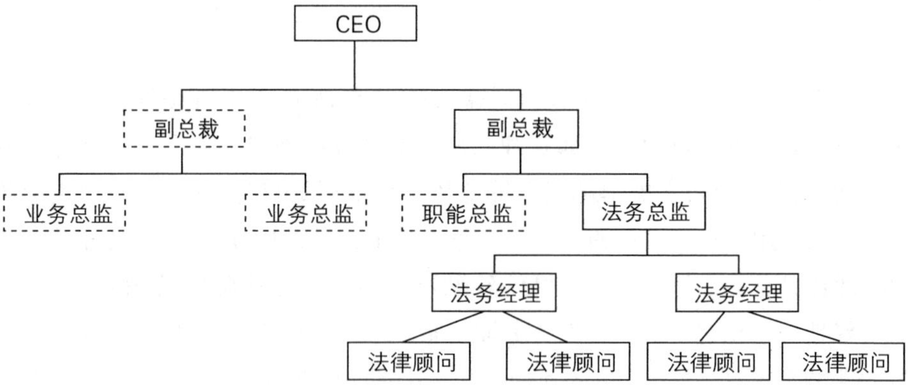

结构三：

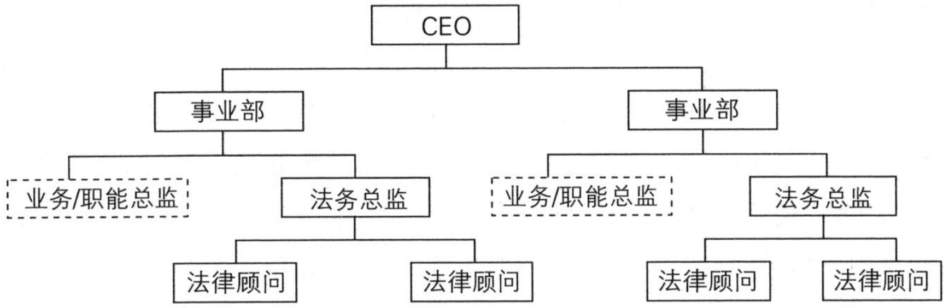

四、沟通管理职责

法务部的工作成果，需要传递给企业其他部门和企业的外部客户。法务总监在履行管理职责时，最为重要的工作之一便是保证法务部的工作成果能正确且及时地传递给企业其他部门及企业外部相关者，并保证工作成果能被接受。这就是法务总监的沟通管理职责。

法务总监的沟通管理，可从沟通目的、沟通原则、沟通方式三个方面进行分析。

沟通目的，是法务总监首先要思考的问题。法务总监的沟通，可分为对内沟通与对外沟通。对内沟通，是法务总监与法务部下属员工、企业其他人员，包括从公司最高领导 CEO 到普通员工之间的沟通。对外沟通，是法务总监与企业的供应商、顾问、投资人、合作伙伴、银行、司法机构、政府等之间的沟通。很明显，内部沟通的目的就在于传递工作成果和表达法务总监的"价值观"。这是因为，企业内部人员的相关工作需要建立在法务部的工作基础上。他们是法务部提供法律服务的对象，是法务部的客户。法务总监代表法务部与之进行交流，以满足企业内部人员的工作需要。对外沟通，是法务总监代表企业或企业的某个部门，与外部人员就相关的法律与商务问题进行专业上的交流、谈判、确认等，本书认为，其实质仍然是为间接满足本企业其他部门的工作需要。因此，法务总监的全部沟通工作，均在于满足企业其他部门的工作需要，即为其他部门提供法律支持及服务。

法务沟通是满足企业其他部门的工作需要。这就提示，法务总监的沟通管理原则，首先应当是以企业其他部门——法务部的核心客户——为中心，用客户能理解的方式进行沟通。但鉴于法律工作的特殊性，在沟通时，法务总监同时又应当坚持合规底线,独立思考和决策,不受其他部门的不当影响。这是法务总监的一种特殊沟通,这类沟通将成为企业越来越重视的合规沟通。

以客户为中心,站在客户对法律专业理解的角度,用他们能听得懂的话,向他们解释法务部的工作,并阐明他们的业务可能面临的法律风险。唯有如此,才容易被客户所接受。为了取得更多的支持,达到更好的沟通效果,法务总监必须了解客户的业务特点、客户的思维习惯。但理解客户,不等于完全听信客户,也不等于依赖客户。法律总是有底线的。客户为获得某项利益,有可能触犯法律。如某项投资明显存在法律风险,但投资部门为完成部门年度投资计划而不顾一切地推进,这时法务总监就应当以企业整体利益为出发点,坚持己见,不受客户的影响。

法务总监有效沟通的原则,是在服务与独立之间取得平衡。法务总监的沟通方式,分为口头沟通与书面沟通。沟通方式与沟通的工具密切相关。在日常法律咨询或形成正式工作成果之前,法务总监与客户之间大量使用口头沟通,如电话、当面交谈、会议讨论等。但进入正式合同审核、协议起草、法律报告等阶段时,法务总监则会运用书面沟通方式,如合同审核意见单、法律意见表等。法律咨询回答、法律谈判、法律意见书、法律方案,乃至诉讼代理词等,均是法务沟通的不同方式,也都是法务总监与客户的沟通工具。

法务总监借助前述口头或书面形式,与客户建立起沟通的桥梁。每种沟通工具运用的场合各异,如能形成规范的统一形式,对于提高法务总监沟通效率,控制法务部工作成果的质量将非常有帮助,本书第三章将专门论述。

五、学习职责

法务总监应把学习当作自己的工作职责,是本书特别提出的一个观点,主要原因有以下三个:(1)现代企业面临越来越多的制度约束,最为明显的便是环境的不断演化。法务总监作为企业法律事务的专业管理者,应当认识和辨别这些演化给企业带来的影响,并有针对性地提出应对策略,以供企业最高决策者参考。要认识和辨别这些影响,需要不断地学习,理解和吸收最新相关法律知识。(2)法务总监把学习当作职责,是提高法务工作产出效率所需。企业法律工作具有复杂性、时效性及经验性等特点,只有持续地学习、吸取他人经验,才能知道哪里可能出现风险,哪里可能需要改变。法务总监必须不断地提高工作投入的质量,才能提高工作的产出效率。(3)现代企业流行的管理工具——平衡计分卡,也验证了学习作为一种工作职责的正确性。平衡计分卡从财务、客户、内部运营、学习与成长四个角度制定了企业绩效考核标准。学习与发展是其中重要的一个方面。从这个意义上说,任何一个以专业知识与技能为基础的管理者,都应当把学习作为自己的工作职责之一。

法务总监学习的内容,也是应当重点考虑的问题。它与法务工作的特点密切相关。

本书认为,首先,法务总监应以掌握体系性的法律知识为学习的基础。通过学习,保持对最新颁布的与企业业务相关的法律、法规的敏感性,保持对最新发生的与企业商业相关案例的知晓。其次,法务总监应熟悉财务、内控、审计、管理、风险、技术等专业知识。通过不断学习,法务总监在这方面的知识与技能至少应达到能与财务人员、管理人员、风险管控人员等就某个专业问题进行一般性交流的程度。再次,法务总监应了解所在企业的商业模式、所在产业的现状及发展趋势等商业与行业知识。通过学习,法务总监能理解企业组织结构变革的原因或者企业战略制定的初衷等相关"管理路径"。最后,法务总监可以通过学习,深刻理解历史、哲学等社会科学知识。作者认为,作为一个优秀的法务总监,还应有着深厚的人文情怀和洞悉事务本质的观察能力。多学习历史和哲学对提高这方面能力很有帮助。

法务总监的学习方式同样是值得关注的问题。作为企业部门领导,法务总监往往有很大一部分工作时间用于企业内部的沟通、协调、汇报等。工作时间被碎片化,很难有整块的时间用于安静地学习。因此,高效的时间管理技巧,也是法务总监提高学习效率、保持学习热情的基础。

在学习时间有保证的基础上,学习方式依据法务总监的学习内容而定。要获得法律专业知识和最新资讯,参加专业培训、购买专业的法律信息服务是很好的学习方式。但该方式成本较高,很多企业并没有相关预算,只有靠法务总监自己承担相关费用。

要学习财务、内控、审计、风险管控等领域内的知识,本书认为,可以先由法务总监先行自学该领域的基础知识和框架结构,然后在工作中向该领域的同事请教,必要时再去参加相关专业培训。

要理解行业和产业知识,本书认为最为有效的办法便是坚持阅读行业资讯。选定 1 ~ 2 个行业专业网站、报纸,与企业发展或规划部门的同事进行不定期交流,日积月累,法务总监也能成为熟悉本行业的专业人士。

要学习历史、哲学等人文知识,本书提倡法务总监业余时间阅读经典人文著作,对于法务工作思路将大有裨益。

法务总监的学习内容和方式,是因人而异的。各企业法务总监,可以选择自己熟悉或喜欢的任一方式去学习。作为企业法务工作的管理者,学习职责的原则其实有三:第一,学习目的是提高法务专业工作的产出效益。第二,学习与沟通密切相关。学习要方便提高沟通效率,学习的手段也应借助于沟通。第三,学习不仅是法务总监的个人职责,也是整个法务团队的职责。法务总监应当把法务部全体下属的学习与发展作为头等大事,竭尽全力为团队成员创造学习的机会。

第三节　法务总监任职要求

一、法务总监的工作分析

根据现代企业人力资源管理理论,要分析某个职位的任职要求,其前提是对该职位进行工作分析,也叫职位分析。工作分析包括工作流程、职位设置目的、职责与职权等内容。

工作分析,首先是对该职位的工作流程进行客观描述,并归纳该职位工作的特点。法务总监的工作流程,用人力资源管理领域内的模型进行解释,可描述如下〔1〕:法务总监在领导本部门全部人员的基础上(指法务总监的部门管理),接受其他部门的信息输入(指企业法律事项转到法务部,如合同审核、尽职调查请求、商业交易要求等),与他人相互作用(指法务总监的沟通、协调、确认等),通过运用脑力过程(指法务总监的专业管理,如合同管理、合规管理、知识产权管理等),输出工作成果(指法务总监的审核意见、法律建议、法律谈判等)。从法务总监的上述工作流程,可归纳出法务总监的工作特点:一是专业性。法务总监需要把输入的庞杂信息加工,转化成法律专业信息,并用企业其他部门人员能理解的方式,将法律专业信息所形成的法务工作成果输出。二是独立

〔1〕 该描述模型参见[美]加里·德斯勒:《人力资源管理》,刘昕译,中国人民大学出版社2012年版,第141页。

性。法务总监只能根据事实情况和法律规定,独立进行判断。三是经验性。法务总监接收的信息繁多,如何从这些信息中甄别有用的信息,并辨识出哪些信息可能给企业带来风险,很大程度上取决于法务总监的个人经验或个人所能吸取的他人经验。

工作分析,其次是指职位设置的目的分析。企业设置法务总监职位的目的是确保企业能在现行法律环境下持续地合法、合规经营。现代社会任何一个行业中的企业,均已进入包含软实力在内的各个方面的全面竞争时代。设置法务部,可以有,也应有更高一层次的目的。法务部可以成为企业核心竞争力之一。在其他条件相同的情况下,优秀的企业法务部甚至可能成为企业的战略资产,[1]从而成为企业的核心竞争力。涉及法务部及法务总监的价值与定位,下一节将详细论述。

对法务总监进行工作分析,还在于分析该职位的职责与职权。本章第二节已描述过法务总监的四大职责。但是,光有职责是不够的。为履行职责,必须有配套的职权。如果缺少职权,包括安排预算、命令与监督下属、指示相关人员、内部调查等方面的权利,法务总监就无法履行其对应职责,其工作也将无法开展。

法务总监的职业发展路径,也是对其工作分析中所必不可少的一部分。有人认为,企业法律顾问的职位发展走向,转为公司管理人员已成为一种趋势。[2]法务总监在企业中的位置,必然会延伸到法务管理之外,如担任企业副总裁、总裁。实际上,精通法律的高级管理者,相对于由其他专业职能部门上升的管理人员,是很有优势的。在董事会中,由具有法律背景的人员占有一定席位,对于董事会的治理也是非常有必要的。

对法务总监的工作分析,还涉及对法务总监职位的工作绩效考核标准进行确定的问题。这是法务总监的工作分析的难点。法务总监职位的绩效标准,较一般岗位的绩效标准更难确定,涉及对法务总监的绩效评价,下文将详细论述。

对法务总监的工作分析,是法务总监展开工作的一系列约束条件,为描述法务总监的任职要求提供了前提。

---

〔1〕 参见[美]Mark Roeling:《让法务部成为企业的战略资产》,载《法人》2011 年第 3 期。

〔2〕 参见[美]卡罗尔·巴斯里等:《公司法律部》,本书译委会译,法律出版社 2010 年版,第 38 页。

二、法务总监的关键胜任素质

通过对法务总监的工作分析,我们熟悉了该职位的工作内容和其面临的各种约束性条件。下一步便是讨论在这些约束性前提下完成该工作所需要的个人内在素质与能力。这就是法务总监的关键胜任素质。它揭示了担任法务总监职位的内在要求。

关键胜任素质是人力资源管理领域中的重要概念。根据相关理论,关键胜任素质是决定并区别某个岗位绩效差异的个人特征。对于关键胜任素质的含义,没有统一的说法,但一般认为,它包括表象素质和潜在素质两大类。表象素质是可被人观察到的行为、拥有的知识和技能等。潜在素质则是指不易被人观察到的个人持有的深层次动机、愿望与价值观、思维方式等。根据实践论证,潜在的素质对工作绩效更为重要,更具有决定性意义。[1] 当然,潜在素质与表象素质本身既是紧密相连的,也是相互作用的。

法务总监的关键胜任素质也可从表象和潜在两个层面进行观察与分析。本书认为,法务总监的关键胜任素质包括:从事法务总监工作的强烈愿望;企业法务工作的思维方式;法务总监工作的特有技能;企业法务工作的系统知识。前两项是潜在素质,后两项是表象素质。具体说明如下:

1. 从事法务总监工作的强烈愿望。愿望是人类思考和行动的驱动源泉。理论上说,强烈的愿望可以造就一切事情。法务总监是企业法务负责人,管理着企业的全部法律事务。如果缺乏从事法务总监工作的愿望,一名从事法律工作的人要么转行做外部执业律师,要么可能在法务经理、法务主管的职位上停滞而难以得到升迁。外部执业律师拥有企业法务人员所没有的工作优势,如工作时间的自由安排、薪酬大幅提升的可能,工作成果及时得到反馈所带来的成就感等。这些优势随时可能会吸引法务人员转向律师职业。因此,如果没有想从事法务总监工作的强烈愿望,在职业的选择上就不会走向担任法务总监的道

---

[1] 事实上,对于关键胜任素质一直存在两种著名的形象说法:一是素质冰山模型。即把关键胜任素质中的行为、知识与技能比喻成浮于水面之上的冰山表面(表象的);而把动机、个性、自我形象、价值观等特质比喻成水面之下的冰山底部(潜在的)。根据自然界的冰山的实际情况,水面以下的冰山体积显然比同一冰山水面以上部分的体积要大得多,且深藏不露。二是素质洋葱模型。洋葱的表面是知识与技能,逐层剥下去,依次才是自我形象、价值观、动机、愿望等。洋葱的内部是不易观察的,只有在辨识外在行为,理解其内在原因、驱动力等之后,才得以看到洋葱的全貌。

路。即使已经是一名法务总监，也会因总是想着职业律师的发展道路，而不会把全部精力投入法务总监工作上来。法务经理、法务主管如果没有想从事法务总监工作的强烈愿望，不是以积极的法务管理心态去做每一件法律事务，仅把手头上的法务工作当作一项任务去完成，那么很难达到法务总监岗位的要求高度，从而很难得到升迁。因此，从事法务总监工作的强烈愿望，是法务总监岗位胜任素质的根本内在特质，是“冰山”的最底部、“洋葱”的最内层。

2. 企业法务工作的思维方式。企业法务工作思维，是一种有特殊要求的思维。它是由企业法务工作的特点所决定的，不同于企业财务思维、企业营销思维。本书认为，企业法务思维至少应包括三个方面：一是合法合规性思维。对于企业欲从事的任何一项商业事项，首先要判断是否合法合规。如一个企业事项，是建立在不合法、不合规的基础上的，那么即使表述再完美、用语再精确，其中的法务工作也是不称职的。二是风险思维。企业经营从投资某个项目、采购某套设备到销售某项产品，无时无刻不在面对风险。对于投资、采购、销售等过程中涉及的各类事项，法务总监必须有风险意识。通常，业务部门以某事项按计划进行企业将获利多少的思维方式推动事项进展。但企业法务工作的思维方式正好相反。企业法务人员往往会事先设想如果该事项未按预期进展下去、如果交易对方违反约定、如果交易环境发生变化，届时怎么办。对于可能出现的风险，企业法务人员必须予以全盘考虑，并将相关的应对措施反映到出具的法律意见当中，有时甚至应提出不建议进行该项交易的方案。三是证据思维。证据思维是法律工作独有的思维。证据思维对应的是对行为的书面记录。记录的目的在于必要时能还事件的本来面貌。在处理争议或诉讼时，有充分的记录对于解决纠纷有极为重要的意义。因此，证据思维应作为法务人员的重要思维方式之一。另外，法律工作中特有的思维方式——程序思维，是否应属于法务人员的特有思维方式之一呢？笔者认为，它是司法裁判时运用的，除非企业法务人员主持内部调解或申诉，否则对于企业法务人员日常工作并不是特别需要。当然，它是企业法务人员参与诉讼或仲裁时必须运用的思维方式。

3. 法务总监工作的特有技能。法务工作技能是可被观察到的外在行为表现。基于法务工作的特性，本书认为，法务总监工作的核心技能应包括四个方面：一是梳理交易流程，洞悉交易本质的技能。任何一项企业法律事务，都是以某项特定的商业交易为基础的。每项商业交易，都可以看作买方和卖方在一定的交易结构下，随着空间和时间的推移，交换某种约定的经济利益的过程。交易的本质,决定了交易一方应采取怎样的行动以及用什么方式控制风险,以达到双方交易的目的。因此,法务总监作为风险控制的主导者,必须熟悉涉及事项的交易本质。洞悉交易本质,有利于法务总监站在企业高层的角度,对交易可能涉及的风险采取有效措施进行规避、降低或排除。二是倾听式沟通的技能。法务工作要求必须有高超的沟通技能,特别是倾听式沟通技巧。法务工作的本质是将法律制度、规则运用于协议、方案、交易当中。这种运用要求法务总监必须在充分了解企业其他部门的真实需求的基础之上开展工作。充分理解其他部门的意图,离不开倾听,离不开沟通。三是说服他人的技能。通过运用法律知识与技能,法务总监将企业面临的某项交易转变为一个风险可控制的交易结构。转变后的交易结构可能改变业务承办部门初步设计的交易流程,也可能在原交易流程上增加了控制环节。这给业务部门在与交易对方谈判时增加了难度,可能遭到业务部门对交易结构调整的抵制。这就需要有效的说服他人的技能。四是快速学习的技能。法务总监的工作是在理解其他部门的工作的基础上,进行法律条款的设计与安排。其他部门的工作涉及各种背景知识、专业知识,要在短时间内理解,而且能出具法律意见,则必须有快速学习的能力。

4. 企业法务工作的系统知识。法律知识是法务总监工作的基础。知识由显性的专业知识和隐性的经验知识组成。显性的专业知识是法务总监的必备知识,又包括体系性的法律知识和综合性的其他专业知识,如财务、管理等领域内的知识。隐性的经验知识是由法务总监自己积累以及借由他人经验领悟到的知识。经验对于法务总监来说,有时是至关重要的。可以说,丰富的法律事务处理经验和综合性专业知识,是法务总监胜任岗位职责的关键素质要求之一。

对关键胜任素质进行分析和总结,在于为提高法务总监工作绩效建立可供参考的模型,同时表明了法务总监的最佳任职要求。

三、法务总监的任职资格

任职资格是对某职位候选人在知识、技能、能力、经验等方面的基本要求。一般认为,任职资格是对职位外在的要求,胜任素质是对职位内在的要求。但很显然,两者有重合和交叉的地方。本书中描述的法务总监的任职资格,意图说明法务总监职位的一般性要求。它是担任法务总监的门槛性要求,是做好法务总监工作的基本前提。当然,每家企业的法务工作环境不同,对法务总监的任职资格的具体要求也会有所不同。

为描述法务总监任职资格的一般性要求，笔者从国内三家招聘门户网站随机选择了若干份“法务总监职位招聘表”作为样本进行分析。以下是其中三例法务总监的任职资格说明。

1. 某集团公司法务总监的任职资格说明：(1)全日制大学本科以上学历，具备司法人员资格；(2)8 年以上法律相关工作经历，其中 3 年以上大型集团公司同等岗位工作经验；(3)熟悉公司、合同、劳动、投融资法规以及公司对外投融资、上市等方面的法律法规，具备诉讼知识和经验；(4)为人正直，具有极强的沟通协调能力及亲和力，能够承受一定的工作压力；(5)具有高度的责任心、系统的专业知识、严密的逻辑思维能力和正确的判断力；(6)身体健康，五官端正，拥有良好的道德品质和职业操守。

2. 某地产集团法务总监的任职资格说明：(1)学历及专业背景要求：法律相关专业本科及以上学历，有律师资格证者优先。(2)经验要求：33 岁以上，具有 10 年以上法律工作经验，5 年以上房地产企业法律工作经验。(3)精通地产战略法务，精通企业收并购或土地一级开发业务相关法务工作。(4)专业知识及专业技能要求：熟悉国家、地方法律法规，尤其是房地产相关政策法规；熟练掌握诉讼技巧；掌握一定管理审计理论和方法。(5)熟悉房地产企业整个业务流程体系；掌握一定的房地产企业工程、成本、营销等专业知识。

3. 某外商投资公司法务总监的任职资格说明：(1)40 岁以上，法律或相关专业硕士以上学历；(2)通过法律职业资格考试，取得律师执业证优先，精通法律法规及法律流程；(3)5 年以上执业经验，10 年以上同等岗位集团化公司从业背景；(4)英语听说读写流利；(5)具有良好的谈判技巧、社会关系及社会资源；(6)具有良好的职业道德，出色的沟通能力，抗压能力强。

国务院国资委发布的《国有企业法律顾问管理办法》第 18 条规定，企业总法律顾问应当同时具备下列条件：(1)拥护、执行党和国家的基本路线、方针和政策，秉公尽责，严守法纪；(2)熟悉企业经营管理，具有较高的政策水平和较强的组织协调能力；(3)精通法律业务，具有处理复杂或者疑难法律事务的工作经验和能力；(4)具有企业法律顾问执业资格，在企业中层以上管理部门担任主要负责人满 3 年的；或者被聘任为企业一级法律顾问，并担任过企业法律事务机构负责人的。

通过对法务总监(包括总法律顾问)任职资格的实例说明，可以看出，法务总监的任职资格一般会从以下几个方面进行要求:一是年龄。一般要求 35 ~ 45 岁,工龄为 8 ~ 12 年。二是学历。一般应是本科以上,所学专业最好为法律,特别是经济法、民商法等。三是资质。一般会要求有律师资格证,国企会要求有企业法律顾问执业证。四是经验,包括诉讼经验、专业经验、行业经验。五是综合素质。往往要求有良好的沟通能力、职业道德品质、抗压能力以及外语能力等。六是综合知识。往往要求同时具备合规、财务、审计、管理等知识体系。

法务总监的任职资格只是担任法务总监职位的门槛,要做好法务总监工作,还需从锻炼与培养法务总监的关键胜任素质着手,如此才能真正达到法务总监的任职要求。

典型示例 4

▶ 某集团法务总监《职位说明书》

<table>
<tr><td colspan="6">一、基本信息</td></tr>
<tr><td>职位名称</td><td>法务总监</td><td>所属部门</td><td>法务部</td><td>管理层级</td><td>管理层</td></tr>
<tr><td>职位序列</td><td>管理序列</td><td>直接下属</td><td>法务经理</td><td>直接上级</td><td>总经理</td></tr>
<tr><td colspan="6">二、职位目标</td></tr>
<tr><td colspan="6">依法维护公司合法权益,防范集团法律风险,监督和检查集团内部各项不合规行为。</td></tr>
<tr><td colspan="6">三、工作沟通</td></tr>
<tr><td>类别</td><td>沟通对象</td><td colspan="3">沟通内容</td><td>沟通能力</td></tr>
<tr><td rowspan="3">组织内部沟通</td><td>CEO</td><td colspan="3">文件审批</td><td>普通</td></tr>
<tr><td>业务/职能部门总监</td><td colspan="3">业务或项目内容</td><td>普通</td></tr>
<tr><td>下属人员</td><td colspan="3">协议修改、法律意见审核</td><td>专业</td></tr>
<tr><td rowspan="2">组织外部沟通</td><td>司法部门</td><td colspan="3">诉讼</td><td>专业</td></tr>
<tr><td>律师事务所</td><td colspan="3">法律事务</td><td>专业</td></tr>
<tr><td colspan="6">四、工作职责</td></tr>
<tr><td colspan="6">1. 参与集团内部事务及战略保障
(1)为公司长远发展规划提供法律保障;
(2)参与公司的投资并购、产权转让、招投标及重组等重大经济活动的决策,并处理有关法律事务;
(3)处理公司重大经济纠纷案件;</td></tr>
</table>

续表

(4)向公司业务部门、下属产业公司提供有关法律咨询; (5)为各部门提供法律咨询,确保各项流程符合法律法规,维护公司员工的利益。 2. 完善集团法律风险管理 (6)及时完成合同起草或审核,防范风险、维护公司利益、规范管理; (7)加强员工法律意识的培养,严格遵守相关法律和各项规章制度; (8)做好公司各类案件的诉讼和应诉工作,降低公司因仲裁、诉讼而产生的损失; (9)加强公司内部法律事务管理人员的培养,结合本公司的特点和实际情况建立适合本公司的法律风险防范体系; (10)配合销售系统做好应收账款的催款工作,以及账务风险预警机制。 3. 外联工作 (11)代表公司联络公检法机关和律师事务所,与相关部门建立良好的社会关系。 4. 团队建设 (12)做好本部门员工的培训与考核工作,对部属进行日常的业务辅导; (13)负责本部门整体专业水平的提升,完成公司的各项法律作业。 5. 完成上级主管交办的其他工作。			
五、任职资格			
1. 基本要求			
学历	本科及以上	专业	法律类专业
工作经验	8 年以上工作经验,其中 3 年以上企业法务管理经验	性别	不限
资格证书	法律类从业资格	年龄	35 ~ 45 岁
2. 知识要求	精通《公司法》《民法典》《劳动法》《知识产权法》等		
	懂得企业战略管理知识、人力资源知识和财务知识		
	熟练操作计算机,精通 Office 及其他办公软件		
3. 技能要求	具有较强的逻辑思维能力和谈判诉讼能力		
	具有较强的监控能力和洞察力		
	具有较强的沟通能力		
4. 素质要求	具有较强的进取精神和敬业精神		
	具有一定的抗压力		

六、签字确认

职位任职者		日期		直接上级		日期	
生效审批		日期		人力资源部		日期	

第四节　法务总监角色定位

定位的概念,起源于营销学。定位是处于竞争环境下的个人或组织,挖掘自身资源优势,并将其与市场某种需求结合起来,从而达到扩大知名度、提高产品或服务效益目的的过程。据此,笔者认为,关于工作角色的定位,是指某个主体在某种系统环境下,基于其在组织中的职责和职权,所刻意追求的某种相对不可替代的效果的过程。“法务总监”这个角色,既是法务总监职责与职权的展现,也是法务总监所追求的外部形象表现。它可以从法务总监面临的系统环境、角色分工、角色定位的内容、角色定位的价值等几个方面进行描述。

一、法务总监面临的系统环境

法务总监总是身处一定的系统环境下进行工作。法务总监能否认识到自己在什么样的系统环境下工作,是法务总监思考其角色定位的前提。

法务总监面临的系统环境,可从宏观、中观、微观三个层次进行观察。

从宏观上看,法务总监面临的工作环境,是法务总监所在企业面临的经济大环境。这与经济发展、法治进程密切相关。现代企业普遍要应对以下几大主题:(1)如何持续应对无处不在的风险,包括法律风险、合规风险、市场风险、交易对手风险等;(2)如何保证合规经营,以适应越来越严格的法规,以及监管政策、制度;(3)如何快速变革,以应对战略发展和转型发展的需要;(4)如何保持发展,以在激烈的市场竞争中仍能占有一席之地等。风险、合规、变革与发展,是企业面临的主题,也是企业法务总监工作面临的宏观环境。法务总监一方面要深刻认识到企业可能遭遇的风险,另一方面也要认识到企业必须不断变革、发展。

从中观上看,法务总监面临的工作环境,是企业内部各部门与法务部的互动关系。企业中,从管理层到基层员工,都会与法务部发生“业务关联”。他们如何看待法务部,既是法务部门,尤其是法务总监是否能顺利工作的前提,也是法务部门工作所产生的结果。即法务总监受中观环境直接影响,同时又会直接改变中观环境。

从微观上看,法务总监面临的工作环境,是法务团队自身的结构与配合问题。法务团队各成员,是否充分理解法务总监的工作理念,是否与法务总监站在同一立场上考虑法务问题,是法务总监所必须考虑的微观环境因素。

法务总监身处宏观、中观、微观系统环境中,其工作成果既是环境的产物,同时也会影响环境。实践中,很多法务总监往往认为自己只是在微观、中观环境下进行法律工作,对于企业整体所处的宏观环境关注较少,导致这类法务总监工作的局限性。即其仅仅是企业法律的专业信息提供者,而不是着眼于企业整体战略的实施、系统性风险的防范等角度。因此,扩大工作的系统边界,关注“身外系统”对工作的影响,是法务总监角色定位的重要前提。

二、法务总监的角色分工

法务总监是企业法律服务需求的提供者。这一点上,法务总监与律师没有角色差异,都以满足企业法律服务需求为己任。如果外部律师能以更优的成本、更好的产出来满足企业的法律需求,法务总监和法务部就没有存在的必要。但现实中,大量企业专门设置法务部,且法务部发挥的作用越来越大,表明企业法务的存在是有价值的。即便是在律师业极为发达的美国,企业内部法务仍有存在的必要。在市场经济发展的某些年代,美国的企业内部法律顾问甚至有超越律师的趋势(指在企业法律服务方面)[1]。企业法务作为企业的专业职能部门之一,其起源与发展,均是法治环境下市场主体应对市场竞争、市场秩序的必然结果。企业法务有其存在的客观需求,但外部律师同样有其存在的需求。由外部律师进一步为企业提供法律服务,可以看作企业法律工作的外包。某项知识资源,是由企业自身提供,还是由外部市场提供,取决于企业对该资源成果的成本与收益的比较。如果由企业法务来提供某项法律服务,其成本与收益之差即效益,比由律师来提供同等质量的法律服务的效益要高,则该法律事项,当然是由企业法务来完成为佳。那么,如何判断某项法律事务交给企业法务来完成是“最优的”? 这就是法务总监必须思考的问题。它也是法务总监与外部律师角色分工的关键。

关注成本与效益,永远应作为内部法律服务提供者应当重视的第一要务。成本与效益,也是法务总监作为管理层成员应当持有的观念。因为管理层的首

---

〔1〕 参见[美]卡罗尔·巴斯里等:《公司法律部》,本书译委会译,法律出版社2010年版,第1页。

要职能,即是提高企业经济绩效。[1] 法务工作虽然不能直接创造经济利润,但肯定是为创造经济利润服务的。协助提高经济绩效、创造经济价值应当成为法务总监工作定位的根本。在这一点上,律师的工作则做不到。律师工作方式的着眼点,主要是作为约定的受托人,完成委托人所委托的法律事项。律师对企业商业运作的过程与结果,往往缺乏足够的了解和关注。律师与企业的关系,只是受委托与委托的关系。但企业法务却是企业的一名成员。企业荣,则法务荣;企业损,则法务损。因此,企业法务与外部律师之间不同的角色分工,是法务总监角色定位的基础。法务总监应当在最优的环节上集中精力工作,以体现企业法务的独特价值。这一直引导着法务总监的工作理念。

三、法务总监的角色定位内容

法务总监面临的系统环境要求法务总监关注企业所处环境,不断扩大法务总监的"系统视野";法务总监的角色分工要求法务总监关注企业自身,深入企业业务交易过程。另外,法务工作永远是个团队的工作,法务总监一个人是完成不了所有工作的。基于前述环境、业务、团队等要求,法务总监可从关注企业和关注员工两个方面进行角色定位。

从关注企业方面,本书认为,法务总监在企业中可充当如下角色:

1. 风险防范者。如前所述,风险是当今企业面临的主题之一。风险有很大一部分源自企业未及时应对社会环境变化导致的法律、政策变化。当然,也有可能是企业出于成本考虑而采取的规避措施所引发的。法务总监和法务人员,相对于企业其他专业人员来说,是与国家颁布的法律、规章及政策变化距离最近的职业人士。适应法律、政策变化,调整企业行为使之合法,是法务总监和法务人员的当然职责。风险防范,可能是在企业其他部门,如审计部门、监察部门、财务部门的主导下进行的。但是,任何风险,如果放任不管或未及时察觉,最后都可能演化成一次法律风险。因此,无论如何,风险防范是法务总监的角色之一,是毫无疑问的。并且,法务总监不仅应当是企业法律风险的防范者,还应当是企业整体风险的防范者。风险防范,意味着企业或企业的某个部门或个人的行为会受到种种限制,这些限制往往是由企业法务部提出来的。因此,法务总监作为风险防范者,又被形象地称为"踩刹车"的人。

---

[1] 参见[美]彼得·德鲁克:《管理的实践》,齐若兰译,机械工业出版社2006年版,第6页。

2. 交易辅助者。企业的任何经济活动，最终都可看成是一次又一次与外界进行的商业交易。企业就是凭借一次次的交易，将企业的生产要素，如资本、厂房、土地、人力资源等结合起来，产出产品或服务，并将其销售出去，获取收入，以维持其前期运转成本，并尽力获取剩余利润。这一次次的商业交易，由企业的各个业务部门牵头，专业职能部门予以配合。如投资活动，一般是由投资部门主导，法务、财务、技术部门参与。又如采购活动，视采购标的不同而参与部门不同，工程采购即工程发包，一般由工程部组织，各职能部门参与；设计服务采购，由设计部门组织，法务、财务等部门参与；物料采购，是由生产部门组织，法务、财务等部门参与。再如研发，可能会涉及合作开发、技术转让、专利申请等事项，由研发部门组织，其他各职能部门参与。这些交易的最终成果，必须固定下来，且必须受到法律保护。固定的过程体现为：交易前的尽职调查；过程中的合同起草、修改、谈判；最后的合同签订、履行等。这些都是交易的成果。为确保交易在法律规定的框架下进行，法务总监的法律意见和建议必不可少。为促使交易成果能尽量地有利于本企业方，法务总监精心设计交易结构、与交易对手探讨更好的交易办法，是法务总监辅助商业交易的表现。法务总监作为交易辅助者，又被形象地称为“加油门”的人。

3. 合规促进者。企业合规日益成为企业经营发展的“标配”。无论企业的规模大小，所处行业监管的强弱，合规都是企业的底线。法务总监是企业内对源自法律法规的合规要求或合规义务最为熟悉的人员，对于企业合规建设应承担主要的责任。合规是企业自上而下进行推动的，需要有专门的机构或人员负责执行。法务总监对于促进企业合规建设，既有天然的专业优势，也是其必然的职责所在。在这个角度，法务总监成为主要的“合规促进者”。这也是法务总监的角色定位应包含的内容，而且是越来越重要的内容。法务总监作为合规促进者，又被形象地称为“守交规”的人。

4. 战略建议者。企业战略是由管理层来制定的，但战略的实施，却要靠企业的全部人员来共同完成。每个部门，包括职能性质的部门、事业部性质的部门，都是企业战略分解后的实施部门。企业的战略优势，取决于其核心竞争力。而现代企业的核心竞争力，越来越体现在软实力上，体现在知识资源上。当今企业面临的环境越来越复杂、不确定性日益增加，企业法务部基于其处理风险、应对不确定性的工作优势，越来越成为企业软实力的重要表现。因此，法务总监从企业核心竞争力的高度，将自身角色定位为企业战略的建议者,既是企业竞争的需要,也是法务总监工作的最大价值体现。法务总监作为战略建议者,也可被称为"掌握方向"的人。当然是协助企业高层管理者"掌握方向"。

从关注员工方面,本书认为,法务总监在企业中可充当如下角色:

1. 法律知识传播者。法务总监作为企业法律事务的负责人,其对提高企业员工的整体法律意识是有一定责任的。更为重要的是,从风险防范的角度,全员防范是最理想的防范体系。要达到全员防范,提高企业全部人员的法律意识水平和系统法律知识是根本之策。法务总监在企业全部员工中极力进行法律知识的传播,对于建立全员风险防范体系具有相当的促进作用。另外,如企业员工的法律知识得到普及,法律意识得以增强,对于企业法务部门与这些部门的工作沟通,将大有裨益。因此,法务总监作为企业法律知识的传播者的定位,不是为传播法律而传播法律,而是出于全员风险防范、促进与其他部门的沟通等目的。法务总监的这种角色定位,必能提高其工作的效率与效益。

2. 法律技能培训者。法务总监是法务团队的管理者。法务团队是由一群知识型员工组成的。知识型员工的特点是其工作成果很难被定量地测量,倾向于自己管理自己,自觉完成任务。[1] 要想提高知识型团队成员的绩效,帮助他们提高其专业知识与技能是非常有效的激励办法。本章第二节曾提到过,法务总监的职责中包含学习职责。法务总监不仅必须自己学习,而且必须帮助下属学习、对下属进行培训。这同时也是法务总监成为有效管理者的捷径。法务总监将自身角色定位为法律技能培训者,也必将打造一个有效的法务团队,从而提高法务工作的整体绩效。

3. 法治文化宣传者。如今,企业法治建设已进入深水区。2021 年 8 月,中华全国工商业联合会、司法部印发《法治民企行动方案(2021 - 2025 年)》,明确提出"加强企业合规管理,推动企业依法经营、依法治企、依法维权,为民营企业高质量发展筑牢坚实法治基础"。2020 年 12 月,中共中央印发《法治社会建设实施纲要(2020 - 2025 年)》;2021 年 1 月,中共中央印发《法治中国建设规划(2020 - 2025 年)》;2021 年 8 月,中共中央、国务院印发《法治政府建设实施纲要(2021 - 2025 年)》。这些重要政策文件,把企业法治的重要性推向一个新高

---

[1] 参见[美]彼得·德鲁克:《卓有成效的管理者》,许是祥译,机械工业出版社 2009 年版,第 3 页。

度。法务总监作为企业内最信仰法律，最懂法治精神的专业人士，在企业法治建设和法治文化宣传方面，当然应该走在最前面，充当一线的法治文化传播者。这是企业规范发展的需要，也是社会进步的需要。

总之，对于法务总监正确的角色定位，不管如何称呼，最终应当取决于该角色能否促进法务总监在企业的系统环境内创造有效的价值。

四、法务总监角色定位的价值

如前所述，法务总监应作为企业的风险防范者、交易辅助者、合规促进者、战略建议者，以及法律知识传播者、法律技能培训者、法治文化宣传者而存在。这些角色告诉我们，法务总监应当以什么“身份”出现。那么，法务总监角色定位的目的到底何在？即法务总监角色定位的价值是什么？本书认为，对法务总监进行角色定位的价值在于提供一种工作理念，为法务总监本人、为法务总监所在团队、为法务总监所在企业，揭示出法务总监这个职位为什么而存在。问法务总监为什么存在，犹如问 CEO 为什么存在，CFO 为什么存在等类似问题一样，是个让人一时不知如何回答的问题。

实践中，在 CEO 搭建企业组织架构、划分职能部门职责与职权时，在法务总监想说服管理层调整法务部与其他部门的关系时，在法务总监与其他企业的法务工作相比较时，“法务总监职位为什么会存在这个问题”，就会凸显出来。实际上，法务总监的角色定位内容，正提示了这个问题的答案。法务总监的存在，是因为法务总监能帮助企业进行风险防范，能促进企业合规经营、安全生产、合法交易，能给企业战略实施提供建议，能传播企业需要的法律知识以及培训法务团队的法律技能。从这些角色定位中，可以看出法务总监应该具有如下的工作理念。为防范风险与促进交易，法务总监应当“踩刹车”、“加油门”与“守交规”三者并进。为协助企业实施战略，法务总监应成为管理层智囊团成员之一。为提高效率与效益，法务总监应当成为法律知识与技能，以及法治文化的布道者与教练。这便是法务总监角色定位的价值。它引导着那些想成为法务总监的人，每日持续而积极地关注类似问题。

典型示例5

► 一名法务总监的真实一天

T先生,39岁,任某集团法务中心总监,以下是其真实的一天工作内容:

8:30 到公司,开电脑,收邮件。在来公司之前,已经接到下属法务助理小A的微信,说B律师事务所已将上周电话会议讨论过的某收购合同修改稿发过来了。邮箱中一共4封邮件,分别是某收购合同律师修改稿,投资部门关于项目尽职调查报告的碰头会邀请,下属公司总裁秘书关于下午2:00召开集团发行公司私募债与券商、会计师、律师碰面会的通知,下属公司抄送的要求集团法务中心对下属公司解聘某员工出具法律意见的请求。

8:35~9:35 审核B律师事务所修改的某收购合同修改稿,将修改稿返回,抄送下属法律主管C,并要求C进一步与律师事务所保持联系。其间,8:50左右,小A拿几份集团内部报批件进T先生办公室,要求T签署。T先生简要看过以后,进行签字。

9:40 接到投资部总监D先生电话,确认尽调报告碰头会的时间、参加人员。T先生指定下属C参加,并叫C进办公室,简单交代几句。

10:00~10:30 准备下午与券商、会计师、律师碰面会的材料,并在网上搜索关于公司私募债的相关法律规定和案例,列出几个要点。将法律规定打印出来,装订后放到专门的档案盒中,拟下午开会时带着。其间,收到集团CEO语音微信,CEO提出关于私募债发行的时间比较紧急,要求法务部门催促外部律师事务所尽快出具法律意见书。T先生回复CEO的微信,说"好的,已在办理,预计下周三之前外部律师事务所能出具法律意见书初稿"。未见CEO回信。

10:40 继续上周已开始启动的《集团法务管控方案》的起草工作。该项工作按集团董事会要求,必须在下个月完成。

11:00 中断《集团法务管控方案》的起草工作,与下属公司人力资源总监F女士通电话,了解下属公司欲解聘某员工的具体情况,并与之确定,派法务经理G具体承办本事。电话完后,与法务经理G当面沟通。

11:20~11:50 另一名法务经理H到T先生办公室,与T谈其要求加薪的事。H提出,来公司已一年多了,平时工作量较大,学习机会较多,但薪酬较低,希望集团能考虑涨薪。T先生首先对H经理的工作进行了肯定,阐述了集团人力资源的工作理念和制度,并暗示H经理在文字书面表达方面存在较大问题,最后要求H经理继续进行高效投入工作,等半年之后再提调薪之事。H经理表示认可。

12:00~13:00 外出午餐。

13:00~13:30 T先生回公司,在办公室内闭目养神。其间,收到另一个法务总监朋友的微信,说本周末聚会,问有没有时间。T先生考虑本周末要在家陪孩子,故回绝了,表示改天再聚。

13:30～13:55　T 先生在办公室内浏览网页，扫描最近颁布的法律、法规的内容，13:40 左右，小 A 又递上一份内部报批件进 T 先生办公室，要求 T 签署。T 先生简要看过以后，进行签字。

14:00～15:35　与券商、会计师、外部律师开集团发行公司债券的会议，并提出 CEO 对法律意见书出具的时间要求。会后，与外部律师 W 主任讨论下周律师为企业法务人员培训之事。

15:40～17:00　回办公室，复核由法务经理 G 审核的两份关于集团消费信贷业务平台项目系列协议，并返回复核意见。其间，投资总监 D 建立了一个微信群，法务、财务人员均被拉入群里，原来集团又有两个收购项目，欲做尽职调查。T 先生决定明日上午 10:00 召开项目尽职调查启动会，并让助理小 A 预定会议室，在集团 OA 系统上通知全体法务人员。

17:00～18:00　查询邮件，签批小 A 送来的三份合同审核意见表，并找法务经理 G 了解其中某份合同的背景情况。与集团人力资源总监 J 电话沟通法务经理 H 今日提出加薪事宜，确定公司暂无法满足其要求。其间，J 总监顺便又提出明天下午 3:00 有位法务副总监来公司面试的事，并交流了对上一个法务副总监候选人的看法。

18:00～18:50　继续修改周末关于某法务论坛上的演讲 PPT。

19:00 左右，T 先生整理办公桌，关电脑，与办公室外面还在加班的法务人员小 A、G 经理等打招呼，然后离开公司，回家。

第二章

法务部管理

第一节　法务管理的基本目标

法务部门作为企业的一个独立部门，履行对企业的法律事务进行决策与执行的职能。法务管理既是一种专业管理，又是一种部门管理。这种特点决定了法务管理的基本目标应当围绕如何满足企业对法律服务的需求及如何提高法务部门人员的工作绩效设置。

企业对内部法律服务的需求，从内容上看有合同审核、投融资项目、风险管理、案件处理等；从形式上看有响应速度、反馈质量、切合深度等。提高法务部门人员的工作绩效，关键在于找到符合法务人员思维习惯和工作方式的管理方法，激发法务人员的工作积极性，并给予相应的经济报酬和精神激励。

一、专业的法律支持

法务管理是对企业法律事务的专业管理，故首要目标应是能在企业内部提供有效的法律专业支持，包括合同、投融资项目、知识产权，人力资源等方面。这些事项是企业运营（从初始设立到最后注销）中必然存在的。法务人员在提供法律支持时，必须以完成任务为指导思想，这也提示着法务总监在管理这些事项时须持有的基本理念。

提供合同法律支持，是企业法务部门的基本职责，体现为合同的起草、审核、修改等工作。不同的人，包括法务部门和非法务部门的人，基于各自立场、经验和能力的不同，对每份合同的看法总是不一致的。合同法务管理，就是要建立合同审核标准，让企业的每一份合同均能对企业业务起到“保驾护航”“争权夺利”的作用。从是否有利企业运营的角度来起草或修改合同，是合同法务工作质量高低的衡量标准。相反,如果仅从法律本身的角度来起草或修改合同,缺乏商业意识,将背离企业合同的价值。不仅如此,这样的审核还会受到业务部门的抵制,以及老板的质疑。因此,合同法律支持,重在支持,而不仅在法律。

提供投融资法律支持,最能体现法务部门的价值,也是法务人员"最愿意干"的事。一是因为投融资事项对企业来说,一般都属于重大事件,法务人员参与其中能与公司高管进行近距离接触;二是因为投融资事项对知识、技能与经验的要求高,挑战大。法务人员都愿意尝试参与企业投融资事项,可以学习、领会其他职能部门的相关知识。如果投融资项目成功了,也许还能分享"项目奖励"。但要想做好投融资法务,不仅要跟着项目学习,还应懂得从投资、财务、技术角度来办理相关法律事项,如尽职调查、交易结构设计、交易文件起草或修改等。这样做的目的在于帮助企业成功地完成拟定投融资项目,而不是站在一个局外人的角度,仅是提出种种法律问题。从事投融资法律支持,法务人员应当有种理念——没有解决不了的交易障碍。只要结合企业商业意图去进行法律设计,在现有法律框架下,总会存在变通之道。这个理念,事实上与做投资银行业务的理念是一致的。综上,投融资法律支持,重点在于投融资,而不仅在法律。

提供知识产权法律支持,是对技术型企业法务部门的战略性要求。现代公司竞争,特别是依靠技术创新的公司之间的竞争,尤为重视知识产权的取得与保护。这也因此提高了对企业知识产权法律支持的要求。在公司品牌推广、宣传和保护的过程中,法务人员应当配合品牌部门,从商标法、企业字号民事权利、域名权等法律角度,主动提出针对性的解决方案。在公司技术研发、合作和保护的过程中,法务人员应当配合研发部门,从专利权、著作权、商业秘密权等法律角度,主动提出针对性的解决方案。企业的知识产权战略,分成权利的生成、权利的保护、权利的运用三个阶段。除了权利保护中包含被动实施的成分,其他阶段都要求企业主动维持或运用自身的知识产权。这对法务部门产生了深远影响。很多公司甚至单独成立一个知识产权部门或在法务部门中专门成立知识产权组,独立从事企业知识产权的法律支持。知识产权的法律支持,同样重点不在法律,而在对企业品牌、技术、无形资产的理解与重视。

提供人力资源法律支持,是企业法务部门的常规工作职责。基于企业法务人员自身系企业的一员无法提供超脱的中立意见,以及人力资源法律规定的强制性、人力资源工作流程的固定性等原因,很多企业法务部门已不再将本公司的人力资源法律支持作为一项专门事务。他们将人力资源法律外包出去,或者由 HR

的同事直接处理。只在需要专门的法律意见时,法务人员才出面协调外包的律师事务所,或自行向 HR 同事出具法律意见。然而,在劳动密集型或制造型企业中,提供人力资源法律支持却可以成为一项重要的职能。在那里,提供及时且有效的劳动用工方面的法律咨询、意见,对一家遵纪守法的企业来说,尤为重要。而那里的法务管理人员,也会因为其专业的人力资源法律知识与经验,受到管理层的器重。

二、事前的风险防范

企业运行中,必然会发生合同、投融资、知识产权、劳动用工等事项,法务应当满足各部门对这些事项的法律需求。企业处于一个不断变化的外部环境中,内部也在不断地调整。这些变化和调整,给企业带来了机会,也带来了风险。因此,法务管理的目标,除了要完成企业运营过程中所面临的法律事项以外,还要在该事项变得不适应环境或成为危机之前,即出现风险之前,运用专业技能和经验,提出防范措施。这就是企业法务管理的第二大目标——进行事前风险防范。

提供专业的法律支持是促进企业完成前述事项,进行风险防范工作则是帮助企业提前审视这些事项蕴藏的法律风险,以判断是否要继续进行前述事项。企业是靠人、靠制度和流程来运行的。风险防范工作,就是通过影响或改变人的思维习惯,改善或优化现有的制度和流程,来审视那些蕴藏的风险。因此,不同于法律支持工作以任务为导向的理念,风险防范应以协助企业拟定制度和优化流程为管理理念。

企业通过聚合各种生产要素,如土地、资本、劳动力,才能完成营利的目的。组织和聚合这些生产要素,必然会产生交易成本。为降低交易成本,经过实践总结,企业发现在内部颁布制度,执行事先规定流程,可以满足这一要求。于是,制度和流程会随着公司业务的开展、规模的扩大而逐渐增多。适合外部和内部环境的制度与流程,能帮助企业降低交易成本;但坏的制度(犹如"恶法")则不仅会给公司增加交易成本,还会带来风险。因此,事前风险防范首先是建立在对企业制度和流程的管理中。

如前所述,风险防范的理念是建立制度、优化流程。因为制度和流程都是人来执行的,故风险防范还须对人进行挑选、教育、培训。在企业内部进行风险防范意识宣讲,推行风险防范政策。把风险防范的措施,通过岗位职责固化到每个相关责任人的身上。唯有如此,才能将拟定的风险控制制度落到实处。在执行风险防范流程时,也才能确保有效。

一种特定的事前风险防范工作——合规风险管理正逐渐提上企业日程,且在一些重大不合规事件造成巨大负面影响的推动下,有后来居上之势。合规管理的出发点是防范合规风险的发生,以及在发生后如何运用合规激励机制进行相关责任的切割。这对企业主动建立事前的风险防范机制有巨大的驱动力,法务管理可一并将其纳入工作范畴。

三、满意的案件处理

案件,包括仲裁、诉讼、劳动争议、刑事追责等,表明企业遇到需要借助司法/仲裁机关才能解决的难题。不管什么案件,对企业来说,均属于重大事件。处理不当,有可能引发其他不良反应,甚至导致企业走上破产、解散之路。案件处理,是企业法务应当发挥作用的地方。无论企业是将案件外包,还是由企业内部法务承办,都需要专业的诉讼思维。

法务管理的目标之一便是使企业法务人员的案件处理结果达到或超越管理者或老板的期望。只有案件处理的结果得到公司管理者或老板的认可,才能说案件管理工作取得了成效。一方面,要与管理者或老板就案件预期结果进行沟通,使管理者或老板的期望不至于太高,须尽量符合案件本身的可能客观结果;另一方面,应调动一切资源,从专业角度、公共关系角度来促使案件结果符合企业的经济利益。

案件处理,包括应诉和起诉两个方面。这两个方面所带来的法务管理方法是完全不同的。应诉,要求法务总监组织法务人员或外聘律师,分析对方提出的观点和证据,寻找其中的缺陷界限,并组织己方的观点和证据,即"先破后立"。起诉,则要求法务总监组织法务人员或外聘律师,收集证据和法律规定,界定法律关系,确定起诉金额,并设想如何应对对方可能提出的反驳,即"先立后破"。无论应诉,还是起诉,案件的结果最为重要。法务管理的理念就是使案件的处理结果让管理者或老板满意。

四、合理的绩效考核

如前所述,法务管理不仅是专业管理,同时还是部门管理。部门管理是企业管理的一部分。企业管理必然离不开有效的绩效考核。法务部门管理的目标即是要通过有效的绩效考核帮助全体法务人员创造合理的绩效。

绩效考核,是将被考核人员的工作结果,与事先制定好的工作目标进行对比，来对被考核人员的工作表现进行打分，并将结果反馈至被考核人员的过程。如何制定和布置合理的工作目标并对其进行管理，是绩效考核的关键所在，也是现代管理学之父彼得·德鲁克首创的“目标管理”所包含的内容。工作目标制定，最核心的原则是 SMART 原则。SMART 中的“S”“M”“A”“R”“T”五个字母分别对应五个英文单词：Specific（明确性）、Measurable（可衡量性）、Attainable（可达成性）、Relevant（相关性）和 Time – bound（时限性）。

SMART 原则要求工作目标是明确、可衡量的。在拟定法务管理工作目标时，要注意法务工作的特点。法务工作，以法律专业为基础，融合财务、管理、投资、技术等知识。从知识要求上来看，它是一门综合性的工作；但从工作要素上来看，它事实上又是一种经验性的工作。也就是说，法务工作既要借助于专业知识，更要借助于工作经验。

对于专业知识的提供质量，要判断是否是明确的、可衡量的，似乎有些难度。这也是目前法务工作绩效考核难的原因。例如，同样一份合同，不同的法务人员审核，体现的修改之处可能不完全一致。同时，在公司内部，缺乏有效的市场化手段去衡量该合同审核工作的专业质量。考核难还有个原因，就是从企业运营目标来说，合同审核是辅助型的支持工作，不直接产生经济价值。一份合同的签订，仅代表业务的开始，合同的履行才是关键。只有通过合同的如约执行，公司才会产生收入和价值。因此，合同审核的效果与合同执行的效果紧密相关。对法务人员的合同审核工作的考核，必须把合同最后执行的效果纳入进来，一并考核。

对于经验性的工作成果，要对其质量进行考核，更具困难。个人经验非常有价值，但很难客观评估。法务工作虽然没有上升到艺术行为那么个性化、戏剧化、感情化，但也充满了依据情境的个人发挥。不管法务人员怎么培训、交流，始终无法模式化、标准化。这有点类似理发，虽然现代科学技术似乎已到了无所不能的地步，但人类的理发工作，已经持续了上千年，其基本操作还需个人凭借其经验来进行。在这方面，还没有智能机器或其他科技工具可以取代人类的手工经验操作。法务工作在某些方面是类似的，必须凭借法务人员的经验，才能完成如合同审核等常见的法务工作。这也是对法务人员工作进行考核必须注意的。

目前很多公司，要么把上级管理者的主观感知作为法务工作质量的标准；要么仅把处理数量或反馈时间作为法务工作质量的标准，这些似乎都没有把握法务工作的考核特点。法务总监和法务管理人员如何设置合理的法务绩效考核机制，是法务管理的目标之一。

五、有效的激励机制

法务管理还要求法务总监必须在法务人员中创建一种有效的激励约束机制。企业管理的“两条腿”，一是绩效考核，二是薪酬激励。激励机制是绩效考核的必然结果，但激励机制的建立方法又不同于绩效考核的方法。企业法务管理的激励机制，是促使企业法务人员完成其他目标的保障。

法务人员属于典型的知识型员工，对其进行激励，首先要符合对知识型员工的激励。知识型员工具有自主性、独立性、自我价值感强等特点。据此，对知识型员工的激励，一般包括尊重理解、及时反馈、个性对待等原则。法务管理，要建立有效激励机制，同样要遵守这些原则。要尊重法务人员的工作，激发其工作热情，创造条件让法务人员独立地、创造性地对工作负责，对不同的法务人员采取不同的激励策略等。

法务工作的特点又决定了法务人员同时又是不同于财务、人力资源等知识型员工的人员。如前所述，法务工作成果较难衡量，法务经验重要但缺乏标准，这些特点决定了在对法务人员进行激励时，应侧重与此有关的激励方式。可以看出，最为相关的激励方式应围绕工作本身来设置，让法务人员发挥主观能动性，展现其与众不同的对工作成果的思考，展现其累积的工作经验的价值。

以上仅探讨对法务人员的特有激励规则。当然，法务人员也是拿薪酬的公司员工，对其常规的物质激励、福利激励，也能起到非常大的作用，有时同样能起到决定性的作用。

典型示例 6

▶ 某集团法务管控方案

为落实集团法务部的各项职责，本着“维护公司和股东的合法权益，防范公司经营风险，避免及减少公司损失”的理念，制订本集团法务管控方案，拟在工作中推广，以期××××年××月前完善法务体系，形成国内领先的集团法务管控体系。

一、管控的目标

1. 为集团提供一流的内部法律支持。经过管控，法务部和全体法务人员应当能为集团的重大决策、资本运作、项目投资、创新业务、经营运行、日常管理等提供有效的法律支持。

2. 预防和降低集团可能面临的风险。经过管控，法务部和全体法务人员应当协助集团构建起有效的风险防范机制，形成“以事先防范和事中控制为主、事后补救为辅”的全面风险管理体系。

3. 有效地处置与化解集团出现的风险。经过管控，法务部和全体法务人员应当能对集团已出现的风险或危机，及时提出处置和化解策略，以协助集团以最低成本解决出现的法律问题。

二、管控的原则

1. 为提供一流的法律支持，建立一套快速反馈、保证质量、符合业务需求的绩效管理机制。

2. 为事前防范风险，建立一套完整的风险识别、风险分析、风险应对的全面风险管理机制。

3. 为有效处置出现的风险，建立一套严格的应诉标准流程及维权标准流程的案件与危机管理机制。

集团法务体系的定位是一种垂直而集中的管理体系。“垂直管理”指集团主管领导对集团法务部、集团法务部对下属公司法务人员在人员、业务考核等方面的直接管理；“集中管理”指集团主管领导对集团法务部、集团法务部对下属公司法务人员在制度、事项等方面的统一管理。首先是横向的集中，集团层面与法务、风控、合规相关的职责均集中到集团法务部；各子公司内的法务、风控、合规，包括知识产权、危机应对、舆情监控等相关职责也集中到各子公司负责法务的部门内；其次是纵向的集中，集团法务部把各子公司的法务部门统一管理，按照合理的授权+合理的考核+合理的检查机制，将各子公司的法律支持和法律监督集中起来。这种集中，与各子公司对其法务部门的使用和考核并不矛盾。子公司法务受子公司总裁和集团法务部双重领导。

三、管控的手段

1. 制度管控。建立各项业务与人员管理制度、工作流程与标准等。

2. 人员管理。建立人员绩效考核与奖惩机制、培训与职业发展机制等。

3. 事项管控。将不同性质、不同领域的事项在法务人员中进行合理分配。

4. 信息管理。为保证制度执行，强化考核反馈，建立信息传递与沟通机制。

四、管控的具体措施

（一）建立快速反馈、保证质量，符合业务需求的法务工作机制

1. 快速反馈的工作机制

（1）法务对合同的审核时间为1～3个工作日，重大合同由法务部负责人批准后可延长1～2个工作日。

（2）法务对投资项目的法律尽职调查时间为不超过5个工作日，重大、疑难、复杂项目由法务部负责人批准后可延长2～3个工作日。

（3）法务对法律咨询的反馈时间，一般为当场出具，重大、疑难、复杂问题由法务部负责人批准后可延长1～2个工作日。

（4）法务对法律意见书的出具时间为1～3个工作日，重大、疑难、复杂问题由法务部负责人批准后可延长1～2个工作日。

（5）法务人员的反馈时间作为绩效考核指标之一。

(6)将法务人员按公司及专业领域进行分类。为丰富法务人员经验,可按相关规定进行轮换。

(7)法务部内部由专门人员负责接收与返还文件、登记台账、记录反馈时间,审核人员不负责文件流转。相关流程规定以文件联络函的形式下发,要求业务部门按规定流程送审合同、文件报批单。

2. 保证优质、高效的内部法律服务

(1)建立合同复核制。设合同初审职责、合同复核职责。一般合同复核由非诉讼业务经理负责,重大合同复核由法务部总监负责。下属产业公司法务初审的合同由集团法务部进行复核。

(2)建立学习机制,学习方式有个人自学、集体研讨、模拟法庭;学习周期为每月两次。

(3)制定培训制度,制定《法务人员培训管理办法》,规定法务人员在岗期间必须接受培训课时、培训领域、培训效果的考核及相关奖惩机制。

(4)开办《法务专刊》,全部法务人员均为专刊提供内容支持,督促法务人员提高专业素质。

(5)集团法务部目前编制为×人,在××××年××月之前,集团法务部编制内的人员全部到位。随集团法务管控的逐步实施,视集团新增投资规模和业务需要,集团法务部在××××年××月编制增加×人左右。

(6)对于集团绝对控股/控制的子公司法务人员,其编制由集团法务部出具决策意见,但不占用集团法务部的编制,由各子公司与该公司法务签订劳动合同,工资由子公司发放。

(7)对于集团绝对控股/控制的子公司法务人员的招聘、业务绩效考核、辞退由集团法务部会同集团管理中心执行,报集团领导审批后,由子公司落实。

(8)对于集团相对控股/控制的子公司(上市公司),其法务人员原则上参照对绝对控股/控制的子公司法务人员管理方式,但对于上市公司有特殊要求的,按上市公司特殊要求执行。

(9)新录用的法律顾问的招聘条件:应是211大学法律系毕业,通过法律职业资格考试或企业法律顾问执行资格考试,在集团某个业务领域如地产、金融、零售、商务等或在法院、检察院、律师事务所,工作3年以上的。

(10)法务人员晋升机制:每位法务人员设立初始专业方向,在1~2年之后,由法务负责人对其进行专业考核。如考核通过,可申请轮换到其他专业方向,以使法务人员能接触不同领域的法务实践。推行法务人员内部等级规则,制定《内部法律顾问专业与等级管理规定》,建立法务人员专业晋升体系,与法务人员的绩效考评挂钩。

(11)建立人才退出机制。通过对法务人员专业能力与职业精神的考核,会同集团管理中心,将不符合集团法务工作需求的人员辞退或调岗。

(12)集团下属产业公司涉及的项目投资、诉讼或仲裁案件、知识产权事项由集团法务部统一管理。

（13）建立内部资料室，收集有关企业法务工作和法律专业的各种讲座、培训、书籍，供大家交流，对提供信息数量居多者给予一定的奖励。

3. 提供符合业务需求的内部法律服务

（1）对集团业务类型涉及的法律问题，进行专题会议学习。每月一次。专题会议邀请对某业务类型熟悉的专业人士进行讲解。

（2）与投资部门、项目部门的定期沟通，正式会议和非正式聚会两种形式均可，每月一次。

（3）培育法务人员养成"站在商业交易的角度处理法律问题"的工作习惯。

（4）定期以工作联络函的形式，向各部门征求意见，如发现法务人员因质量、服务意识等问题，屡次受到业务部门的差评，则给予惩罚。

（5）制定集团《股权投资法律尽职调查指引》，并制定统一的《股权投资法律尽职调查报告》模板。

（6）制定集团《知识产权管理办法》《商标管理办法》《专利管理办法》等制度。

（7）法务人员不仅要懂法律，还要懂投资、金融、运营、管理等，建立综合素质模型的考核标准，引导法务人员多学科学习、培训。

（8）法务负责人参加集团或产业公司的业务会议或项目会议，能知晓企业战略与运营情况，从而提高提供符合业务需求的内部法律服务的能力。

（二）建立从风险识别、风险分析到风险应对的全面风险管理机制

1. 建立风险识别机制

（1）组织法务人员深入研究，参照国家和行业标准，识别集团面临的风险，建立《集团风险事件库》，使集团可能面临的风险有清晰的归类。

（2）总结集团之前发生的诉讼经验教训，组织法务人员分析过去全部诉讼案件，撰写《案件评估报告》。

（3）加强法务人员对风险管理知识的掌握，统一组织集团及下属公司法务人员参加有关风险管理的培训。

（4）聘请外部专家讲授风险管理的知识与技能。

2. 建立风险分析机制

（1）对《风险事件库》进行分类、排列，并量化打分，定期更新风险事件库，撰写风险评估报告。

（2）将风险提示、风险分析列入法务人员的日常工作范围。风险分析报告的提交，作为法务人员日常工作考核的内容之一。

（3）与业务部门定期交流，建立集团风险预警机制。

3. 建立风险应对机制

（1）通过《法务专刊》以及专门培训，加强集团全体员工的风险防范意识。

(2)通过风险识别、风险分析,制定集团《诉讼预防管理办法》和《全面风险管理办法》。

(3)要求法务人员主动发现风险,主动提出风险应对解决办法,将风险应对策略列入法务人员的日常工作范围,作为法务人员日常工作考核的内容之一。

(三)建立应诉与维权的标准流程

1. 建立应诉的标准流程

(1)建立从接案、分析案情、组织证据、答辩到应诉全过程的应诉标准流程。制定《诉讼/仲裁案件代理流程管理规定》。对诉讼业务的法务人员进行培训,每月至少进行一次案件讨论,并列入法务人员的日常考核中。

(2)建立应诉案件的集体讨论机制。全部案件须经法务集体讨论,出庭人员的意见代表法务部的集体意见。

(3)建立案件报告制度。对于各阶段,承办法务人员都应出具书面报告上报领导,包括案情分析报告、代理思路报告、庭审情况报告、结案报告、商业改进报告等。对于出具的报告不符合要求或被领导多次退回的,计入该人员的绩效考核中。

(4)出于费用控制及内部人才培养的考虑,除重大案件及领导指定案件以外,集团及产业公司新发的案件原则上由内部法律顾问代理。对于需要借助外部律师资源和特殊专业技能,而委托外部律师的诉讼与非诉讼事宜,制定集团《外部律师管理办法》。

(5)修订集团现有的《案件管理制度》和《法务部管理和考核奖罚办法》,联合集团人资部门,优化案件奖惩机制,加大案件败诉惩罚力度。

(6)加大对诉讼业务部门法务人员的培训,引进具有审判经验的人才。

(7)逐步建立集团的法院资源库、专家资源库。

(8)对于涉及集团重大案件及可能有关集团商业秘密的案件,应当专项办理,严格保密。对于违反保密义务的法务人员,应出具惩罚措施。

2. 建立维权的标准流程

(1)对于由集团主动提出的诉讼或仲裁,建立标准维权机制,包括案情分析、证据固定、法律检索、团队讨论、起诉思路、提起财产保全等程序,严格控制维权质量。

(2)对于由集团主动提出的其他维权措施,如发律师函、发告知函等,法务配合集团其他相关部门如监察中心,建立规范的流程。

(3)保持与业务部门的密切沟通,一旦发现有侵害集团合法利益的事件,法务第一时间参与,并提出针对性的维权措施。

(四)实行“公开、公平、公正”的考核机制

1. 考核原则

实施“公开、公平、公正”的绩效考核。

2. 考核项目

(1)法务人员的考核包括常规考核、定级考核、晋升考核、岗位轮换考核。

(2)常规考核的指标包括:合同/项目审核时间、审核质量、审核是否符合需求;风险防范意识与分析的能力、建议;诉讼/仲裁应对的能力、结果;法务管理制度的拟定与流程优化的能力、建议等。

3. 考核周期

(1)考核周期分为:日考核、周考核、月考核、半年考核、年度考核。对于月度、半年、年度考核,按集团规定的计划管理办法执行。

(2)对于日考核,由法务人员自行将一天的工作安排,填写至专门的记录软件内。相关评价,按工作软件内置程序执行。

(3)对于周考核,制定每周考核表。对于每位法务人员,量身定做一张每周考核表(定期更新)。每周五 17:30 ~ 18:00 自行填写,由考核专员收集,通过邮件报给法务总监。每周一 9:00 ~ 9:30,法务总监查阅后予以反馈。集团下属子公司的法务人员,应向集团法务部报送每周考核表。

4. 奖罚原则

(1)对于尽职尽责,协助处理突发事件,为公司挽回损失,赢得利益的法务人员,予以奖励,包括行政加分、物质奖励等。

(2)对于工作失职,审核法律文件存在失误,未按法律规定办理业务,造成公司损失的法务人员,予以行政扣分、记过、赔偿损失等;情节严重的,予以解雇。

(3)有关奖罚细则,按集团《法务部管理和考核奖罚办法》执行。

第二节 法务部门工作清单

法务部门是职能部门,消耗企业人、财、物等资源,提供业务活动所需“作业”。这些作业在公司内部价值链上属于基本职能活动,是支撑着企业内参与价值创造的“业务活动”。一般来说,法务部门的工作可分为专业性工作、管理性工作、行政性工作。其中,专业性工作可分为证照类、合同类、合规类、投融资类、风险管理类、诉讼类、知识产权类、破产清算类等。不同的企业,其法务部的工作清单从类别上看基本相同,但实际工作侧重点肯定有所不同。

一、专业性工作

(一)证照管理

公司是依法设立的商事主体。任何企业的设立与运营过程中,或多或少都会与政府打交道,或是欲取得政府公权的承认与保护,或是为对抗政府的不法管制。为保证公司企业有序运转,创建公开、平等的竞争环境,政府有意设立了一些许可、限制、登记或备案。这些许可、登记即为企业的各项证照。

对证照的管理,具有一定程序性和事务性,属于企业法务应承担的基础专业性工作。但随着公司规模的扩大,分、子公司的数量增多,证照越来越多,管理的难度也越来越大。

证照管理,首先要建立一个完善的证照台账。将企业及下属公司的证照数据录入表格,形成证照信息台账。按证照种类、时间、用途等,实行分类管理。如能专门开发一个企业证照管理系统,实现证照的线上审批、全程跟踪、查询便捷等智能维护方式最佳。

证照的申领、变更、延期与维护,属于证照的日常管理,应制定相对完善的《证照管理制度》,规定证照管理的主责部门、协同部门以及相应的内部责任。

证照的使用,是法务部门最应严格把握的环节。这项工作涉及公司对外法律责任的承担,必须严格公司证照管理办法执行。对于证照原价,为防范风险,原则上不能对外提供;因业务需要对外提供原价时,应严格履行借用审批手续,妥善使用,到期务必归还。

对于证照使用过程中出现错误、毁损、冒用、盗用等不合规情形,需要根据《证照管理制度》中的罚则规定,对相关责任人采取警告、批评、处罚,赔偿损失以及移送司法机关等措施。

(二)合同起草、修改与审核

合同是企业合法利益的载体。企业的创立、运营、扩张、清算四个阶段,每一刻都离不开合同。合同签订与履行,是企业对外发生经济往来的基本手段。法务部是公司、企业内部当之无愧的合同起草、修改及审核部门。合同方面的工作,是法务部工作清单中最为核心的工作之一。

合同起草、修改与审核是法务人员运用法律知识、经验,将一方利益固化在合同条款中的过程。该工作的目的在于使合同利益最大限度地符合本公司要求。如果说,合同都是合同双方博弈的结果,那么,合同审核工作也是法务部门与对方法务部门、与己方业务部门妥协的结果。合同审核要求审核人员既要懂得法律知识,又须理解合同所载商业事项,还要了解合同中各方的力量对比。如处在有利的商业地位,则应当仁不让地为己方争取最大空间的利益。在合同审核中，既然是为合法的商业交易提供支持，商业交易是市场优胜劣汰的结果，那么法务审核合同不必考虑所谓公平不公平的伦理问题。如处在不利的商业地位，则应重点注意防范风险，坚持底线，而不能一味牵附于强势方，否则合同履行过程中会遭遇各种困难。

合同审核工作的质量，应结合法律专业和商业达成的效果来判断。因此，合同审核的考核须借助经验，侧重于合同的履行结果。也就是说，从对合同审核的意见仅能部分地判断出审核人的工作是否合格。然而，现实法务工作中，由于缺乏合同审核质量的统一标准，导致合同审核的考核往往过于主观化，经常取决于领导的感觉以及法务自己的感觉。这是需要特别注意的。

(三)合规管理

“合规”这个概念之前在金融企业，如银行、保险、证券公司等经常使用。2018 年 11 月国务院国资委印发《中央企业合规管理指引(试行)》，同年 12 月，国家发展和改革委员会等部门联合印发《企业境外经营合规管理指引》，“合规管理”这个词在各企业，特别是央企、国企，得到全面普及。

瑞士银行家协会对“合规”的定义是“使公司经营活动与法律、管治及内部规则保持一致”。国资委对“合规”的定义是“中央企业及其员工的经营管理行为符合法律法规、监管规定、行业准则和企业章程、规章制度以及国际条约、规则等要求”；对“合规管理”的定义是“以有效防控合规风险为目的，以企业和员工经营管理行为为对象，开展包括制度制定、风险识别、合规审查、风险应对、责任追究、考核评价、合规培训等有组织、有计划的管理活动”。

从中可以看出，合规的“规”其实包含四个层面：法律法规、监管政策、内部规章、道德规范。合规管理，就是尽力促使企业的行为符合这四个层面的规定。

如果企业行为超出了合规中的“规定”“规章”“规范”，就会产生合规风险。合规风险与法律风险在不少情况下是重合的。例如，金融机构因某项业务违反法律而遭受处罚时，该机构既面临合规风险，同时也要承担法律风险。与该业务相关的内部制度可能被认定违规，该机构须承担相关合规方面的责任；与该业务相关的交易合同可能被认定无效，该机构须承担由此产生的损失和责任。

尽管如此，法律风险管理与合规管理仍存在一定区别，如合规风险包括商誉风险，而法律风险则不涉及商誉风险。法务部负责向业务部门和管理人员提供法律咨询，对业务方案及交易合同进行法律审查，合规部则负责监控内部政策、制度和流程的合规性,并就合规风险向管理层提出报告和建议。在一些机构中,法务部门与合规部门的职责界限往往比较模糊。越来越多的企业领导者希望由法律部门来履行合规的职责。因此,合规管理,对于法务部来说也是其工作清单的一部分。

法务部在履行法律风险管理及合规管理的职责时,要以不同的工作理念来区别对待。如前所述,合规的"规"不仅包括法律,而且包括监管政策、监管通知、内部规章等法律之外的规则。合规管理的职能特征与监管密切有关,而风险管理的职能特征与风险密切有关。两者关注点不一致,但最后的目的可以是一致的。这是企业法务部在履行合规管理职责时应注意的问题。

(四)投融资、首次公开募股上市或资产重组法律事务

投融资、首次公开募股(Initial Public Offering,IPO)上市或资产重组是企业运营、扩张阶段常见的法务工作事项。任何一项前述事项都可谓企业的重大决策,因为这些事项关乎企业未来的生存或成长。每一个事项涉及的法律工作,都需要具有相当的经验和知识的法务人员才能驾驭。

投融资法务,是法务人员综合法律规定、项目实况、过往经验,对企业从事的投资或融资事项,进行交易方案设计、交易文件起草、交易手续办理等的过程。在企业对外投融资过程中,法务部门应当参与项目的法律尽职调查,检查、核对并测试项目的风险,提出风险解决方案并反映到交易文件当中。

IPO 上市,是指一家公司按照监管方的规则和要求,将它的股份第一次向公众出售并在证券交易所挂牌交易。IPO 事项涉及证监会、券商、律师、会计师、企业高管等主体,相关的法律文件繁多、复杂。企业内部的法务部门多数不具备相关操作经验,往往委托外部专业律师事务所来完成有关法律工作。法务部门在此起协调和指导作用。

资产重组,是指对企业资产的分布状态进行重新组合、调整、配置的过程。法律上,可以看作是对设在企业资产上的权利进行重新配置的过程。资产或资产权利,不像有形的商品,看得见、摸得着,它们都是无形的、非标准化的交易标的。交易各方持有的信息也是不均衡的、不对称的,买方的信息往往少于卖方。这就要求交易各方借助专业人士的帮助,如律师、会计师、税务师,对交易的方式进行适当安排,以满足各方的利益需求。

投融资、IPO 上市或资产重组这些事项非常重要,相关的法律事务也非常

重要。企业愿意花费成本去聘请专业人士来协助完成交易。企业法务部门如能在这些事项中发挥出看得见的作用,会自然地引起企业管理层的重视。

(五)企业法律风险管理

企业法律风险,是指基于法律规定、监管要求或合同约定,由于企业外部环境及其变化或企业利益相关者的作为或不作为,对企业目标产生的影响。法律风险是市场经济下企业必然遇到的问题。对风险进行控制和管理,逐渐成为一项专门的职责;企业法律风险管理,也渐渐变为法务工作的重要事项。从实践角度,也最能体现企业法务人员的水平和价值。

企业法律风险管理,重在管理。通过对企业面临的风险进行系统性归纳、分类、评估,并制订相应的应对方案,最后往往体现为企业的政策、制度、流程、岗位职责等方面的变革管理。管理法律风险的前提是认识法律风险,关键是识别和分析法律风险,并在此基础上根据不同的法律风险特征采取相应的风险管理策略。

法律风险管理作为管理活动的一部分,原则要求必须融入企业管理,纳入企业决策。在过程中,明确企业面临的风险环境,必要和及时地记录同样重要。

越来越多的企业将法律风险管理的效果作为对法务进行绩效考核的关键指标。然而,大多数企业法务擅长的是法律事务处理,对于制度、流程管理颇为陌生,甚至存在抵触、轻视的情绪,这也是目前企业法律风险管理行业进展不力、价值未充分体现的原因。但是,随着法治企业的深入推进,构筑事前风险防范体系、建立法律风险管理制度,是大势所趋。企业的法务总监既要看到这项工作的重要性,也必须为此做好准备。

(六)仲裁、诉讼与纠纷处理

仲裁与诉讼是企业运营过程中很难避免的事项。在争议发生时,难以协商解决的情况下,向有关司法机关和仲裁机构寻求法律救济,是每一家企业的权利。正因为市场经济下的法律制度赋予了企业这样的权利,整个社会体系才得以构建起有秩序的商业信用环境,企业也才能凭借合同、协议的形式与其他主体进行交易。因此,企业参与仲裁或诉讼的经验,对于企业来说是一种竞争能力的体现。这实际上与法务工作的绩效有很大关系。

仲裁,有商事方面的仲裁和劳动仲裁之分。商事方面的仲裁,即一般意义上的仲裁,被广泛采用的解决争议的方式之一。仲裁采取自愿、不公开审理原则。裁决一旦作出,即发生法律效力。目前越来越多的企业逐渐了解、熟悉并选择以仲裁方式来解决经济纠纷。仲裁由仲裁机构——仲裁委员会组织审理。仲裁委员会是由当地市级人民政府组织有关部门和商会统一组建,经省级司法行政部门登记的中立机构。劳动仲裁是由劳动争议仲裁委员会对当事人申请仲裁的劳动争议进行的裁决。在中国,劳动仲裁是当事人向人民法院提起诉讼的必经程序。劳动争议仲裁委员会是县、市、市辖区设立的裁处企业与职工之间发生的劳动争议的组织机构,通常隶属于各级政府的劳动行政部门。

诉讼,分为民事诉讼、刑事诉讼和行政诉讼等。上述三种类型的诉讼,企业法务人员都有可能接触。由各类合同纠纷而引起的民事诉讼最为常见。民事诉讼是由人民法院代表国家行使审判权以解决民事争议。它不同于具有民间性质的仲裁委员会以仲裁方式解决纠纷,更不同于具有群众自治组织性质的人民调解委员会以调解方式解决纠纷。民事诉讼既有强制性,体现在案件的受理和执行上;又有自愿性,当事人有依法处分自身权利的自由,即不告不理。法务人员在处理企业遇到的诉讼纠纷时,应当充分把握诉讼关于流程、时限等方面的规定,以免企业因"程序缺陷"而遭受损失。

仲裁、诉讼是企业遇到纠纷时的必要救济手段,但不是唯一手段。企业双方走到仲裁、诉讼的地步,已是"伤筋动骨"的阶段。一旦进入仲裁或诉讼,从商业效率角度考虑,对于各方很难说是一个"有效"的方式。企业处理纠纷,实际过程中往往是通过谈判的方式达成妥协的。这是企业法务部门的重要工作内容之一,即进行非诉讼类的纠纷处理。法务人员在掌握合同条款、法律规定、商务状况等基本信息的情况下,与对手进行谈判、协商,尽最大可能地找到符合双方利益的解决方案,并用协议的方式把双方意愿固定下来。对纠纷的处理能力,考验的是一名企业法务人员的真功夫。

(七)知识产权管理

由于全球法律和商业环境的变化,知识产权管理越来越成为企业经营管理的重要组成部分。相应地,越来越多的企业设置专门的知识产权部门,负责对整个公司的知识产权进行管理,包括知识产权的权属管理、运营管理和风险管理。

知识产权的权属管理,是指有目的地将企业经营活动中所产生的智慧成果申请为法律所保护的知识产权形式,并对其进行统一的维护。根据知识产权的类型,权属管理又包括商标注册、专利注册、著作权登记、域名注册、专有技术与商业秘密保护等工作。这些工作均具有法律专业性，法务人员执行起来具有一定的优势，但同时少不了相应业务部门的配合，如研发部、品牌部、信息技术（Information Technology，IT）部等。

知识产权的运营管理，是指企业利用法律和商务手段将其持有的知识产权进行许可、转让、质押融资、作价入股、证券化等，以获得财产收益的管理行为。这需要企业法务人员熟悉知识产权的相关政策、制度，对于知识产权的法律特性与商业运用理解深刻，对于常用的知识产权许可、转让协议的结构与内容了解到位。通过布局知识产权、运营知识产权，相比法务部门所从事的其他工作，这项工作是典型的独立创造价值的工作。

知识产权的风险管理，是指对可能存在的知识产权纠纷进行预防、规避、监控及清除等工作。该工作涉及事实调查、侵权认定、法律函件起草、知识产权诉讼或仲裁等，是法务部门不可推卸的工作。

（八）破产、重整、清算、解散

当企业发生资不抵债且缺乏清偿能力的时候，企业有可能申请或被申请破产。届时，法务部工作即转为与破产法律相关的事项。破产是企业的非正常状态，破产法务工作也是法务部的非常规工作。

如果是破产申请人，其法务可做的工作有：提交破产申请材料、协助成立破产清算小组、协调债权人会议、起草和解或重整协议、作为清算组成员参与清算分配等。如果是债权人，其法务可做的工作有：以债权人名义提交破产申请，申报破产债权，主张破产程序中特别权利，如破产抵销权、取回权，债务人财产处置，拟定破产和解或重整协议，参与清算分配等。当然，鉴于以上工作的非常规性和高度专业性，对大多数企业法务来说较为陌生，必须借助专业律师予以完成。企业法务往往起到配合和协调的作用。

破产、重整、清算、解散法律事务，就单个法务部门的工作来说，可能很少。但这些破产法律事务关系重大，不仅对企业法务的法律知识、法律技能要求颇高，而且要求企业法务对企业战略、企业管理、财务技巧也要极为精通。如能经历这方面的法律工作，对于一名法务人员来说，可谓不可多得的锻炼机会。

二、管理性工作

法务部门由一群法务人员组成。为保障企业的法务专业性工作顺利开展，管理性质的工作对于法务部是必不可少的。所谓管理性法务工作,是指法务部负责人或更高级别的管理者,为保证企业法务人员和法律事务的正常、高效运转而从事的管理工作。

管理,通俗地说,无外乎是管人,以及管事。法务部门的管理性工作,从管人的角度,可包括以下事项:企业法务组织架构搭建、法务人员工作分工安排、法务人员的岗位晋升与调整等。部门组织架构,在集团公司特别重要,涉及集团法务对下属公司法务的管理模式问题,基本上可分为集中式、授权式以及综合式三种。人员的分工与分工调整、岗位的晋升与调整,其目的均是发挥各法务人员的优势,激发法务人员的潜力,从而使其更好地贡献价值。法务部负责人除了管理部门内员工以外,还需要协调与外部律师的关系,这也属于法务部对人的管理工作之一。从管事的角度,包括以下重要事项:法务部门工作计划与工作标准的确定、法务人员绩效考核、法务人员奖励与惩罚机制建设、法务部门预算管理与培训管理。工作计划与工作标准,是有序规划法务人员的工作并建立工作考核指标,以便进行评价和激励的基础。绩效考核是对法务人员的业绩进行评价。评价必须与奖惩结合,否则会丧失意义。

管理性工作的目标是支持专业性工作能够低成本、高效益地运作。在企业内部,与企业部门管理、公司管理工作是相匹配的。法务部门的管理性工作在不同企业的体现是不一样的。需要说明的是,法务部门的管理性工作在实践中往往与专业性工作混在一起。上述八种专业性工作,其实或多或少都包含了管理性工作。如合同审查,必定与合同管理密切相关;诉讼与仲裁,必定与外部律师管理密切相关。特别是合规工作,本身即是一项管理色彩极强的专业工作。法务在从事合规管理时,不仅要具备法律思维,还要具备管理思维,如 PDCA 循环理论、管理控制理论等。

三、行政性工作

为支持法务部门的正常运转,行政性工作也是必不可少的。行政性工作与法务部门的管理性工作存在很多交叉,区分的意义是行政性工作可让法务部负责人有效地授权。行政性事务是法务部的后勤,其目标在于支撑专业性工作和管理性工作。

法务部的行政性工作,是指在企业科层式或项目式的管理模式下,法务部与公司其他人员的沟通过程。一般包括部门间文件的传递、公司法律事务决策的流程、公司团队建设的参与和企业文化的实践等。如法务部助理或秘书，将需要审核的合同文件从业务部门接收过来，进行台账登记后，再转交给法务部负责人指定的合同审核人；该审核人基于了解合同背景需要而发起并由法务助理联系业务部门人员参与沟通会议；该沟通会上的投影仪设备安装与播放等辅助性工作，都属于法务部门的行政性工作。

法务部行政性工作一般交给法务助理或法务秘书来协调完成，其工作效率会影响法务部的整体效率，因此，同样有必要关注该等行政性工作。

典型示例 7

▶ 法务部工作清单

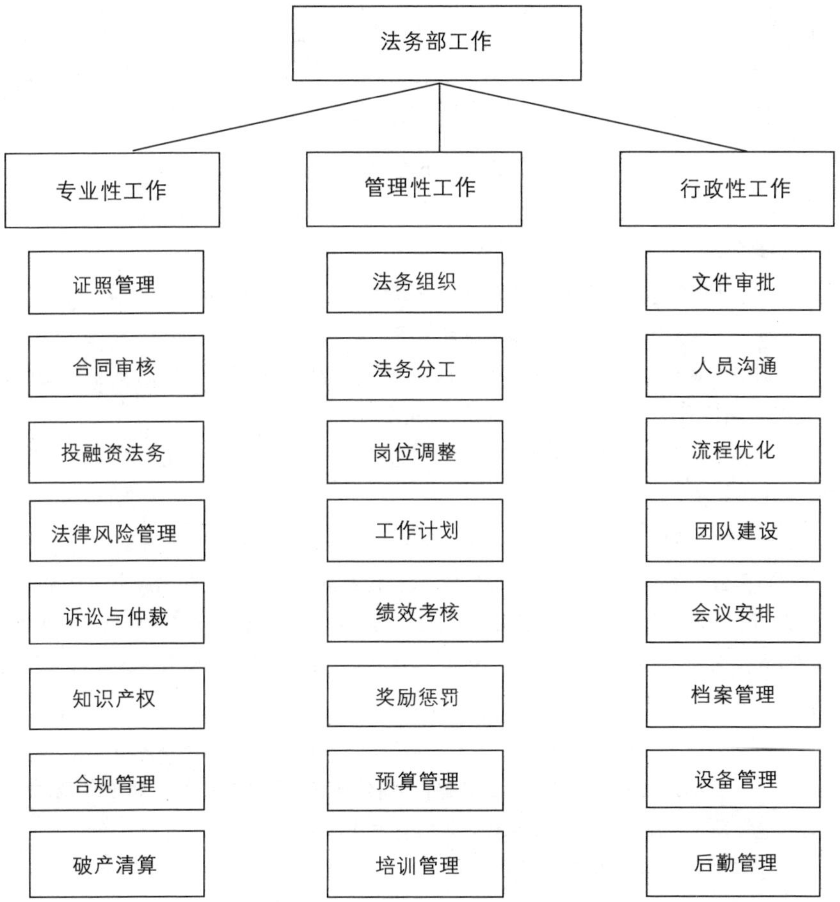

典型示例8

▶ 某公司法律事务管理制度

第一章 总 则

第一条 为加强公司法律事务管理,规范公司经营行为,控制公司法律风险,维护公司合法权益,依据相关法律、法规和公司有关规定,制定本制度。

第二条 公司员工要不断学习法律知识,强化法律意识,提高法律素质,增强以法律手段维护公司合法权益的能力。

第三条 公司要在遵守法律前提下开展经营活动,不得违反法律规定。要自觉遵守法律,探索运用法律管理企业的方法与途径,最终实现依法治企的目标。

第四条 本制度适用于公司和公司下属公司(以下合称公司)。

第五条 本制度所称的法律事务包括投资融资、公司重组、资产处置、债权债务、诉讼仲裁、合同管理、商务谈判、知识产权、工商管理、招标投标、外聘律师、法律咨询等法律事务及公司与外部主体之间产生的其他民事、行政、刑事法律关系而发生的法律事务。

第二章 管理机构和职责

第六条 公司设立法务部,归口管理本制度项下的法律事务工作。法务部对总经理负责,在总经理领导下管理或承办法律事务。

第七条 法务部人员应通过国家法律职业资格考试或持有律师执业资格证。

第八条 法务部履行如下法律事务管理职责:

(一)研究国家新颁布的法律、法规,及时向公司领导提供有关法律信息及应采取的法律对策,协助公司领导正确理解、执行国家法律、法规。

(二)对公司经营决策提出法律意见并进行法律评价,研究公司新业务中可能出现的法律问题并提出对策。

(三)参与公司对外进行的业务谈判,对协议、合同的起草提供法律意见。

(四)审查公司各部门对外签订的各类合同、协议及其他法律文件并出具书面意见。根据本制度及合同管理制度规定审查二级公司的合同、协议或其他重要法律文件并出具书面意见。

(五)参加公司的合并、分立、破产、投资、租赁、资产转让、招投标及公司改建等涉及公司权益的重大经济活动,处理有关法律事务。

(六)协助办理工商登记以及商标、专利、商业秘密保护等专项法律事务。

(七)统一管理公司的诉讼仲裁事务,指导下属公司在当地直接办理的诉讼仲裁活动,接受公司法定代表人委托,代理诉讼、仲裁或其他有关法律事务。

(八)组织开展法治宣传、法规培训工作。

（九）开展与公司业务经营有关的法律咨询，必要时出具书面法律意见。

（十）归口管理外聘律师的选择、联络及相关工作。

（十一）承办有关立法、司法和行政执法机关的法律征询工作，协助司法和行政机关执行公务，与前述单位、仲裁机构及其他有关部门保持良好工作关系。

（十二）办理公司领导交办的其他法律事务。

第九条　法务人员的权利

（一）对公司违反法律、法规的行为，有权提出纠正意见和建议。

（二）根据工作需要，查阅公司的有关文件、资料及财务报表、统计报表等。但涉及国家、上级或公司保密事项的，要经过有权部门和人员批准后才能查阅。

（三）办理企业法律事务时，依法向有关单位或个人调查情况，收集证据。

（四）公司所赋予的其他权利。

第十条　法务人员的义务

（一）加强与自身法律事务有关的法律、法规、规章等规范的学习，提高依法办事的素质和能力。

（二）遵守国家法律、法规，恪守执业道德。

（三）忠于职守，维护公司合法权益，为公司提供优质的法律服务。

（四）对所提出的法律意见、起草的法律文书以及办理的其他法律事务的合法性负责。

（五）保守公司秘密。

第三章　基本工作规则

第十一条　公司法律事务管理实行责任人制度。除归口管理本制度项下全部法律事务的法务部外，公司各部门经理、下属公司总经理为执行本制度的直接责任人，保证该制度的具体落实及执行。具体承办有关法律事务的人员为第一责任人，原则上全程跟踪所承办法律事务直至后期执行完毕。因工作需要调整承办人时，第一责任人应在向下一责任人移交有关文件资料同时，就该事项经办过程、关键环节、进展情况、前景预测等提交详细完整书面说明，并在办理移交手续之日起一年内无条件配合下一责任人的询问及了解工作。但重大事项第一责任人的配合义务期限不受前一规定时间限制。

第十二条　公司法律事务管理实行书面工作制度。各项工作经手人必须认真填报各种工作记录、会审单。任何法律事务文件包括内部请示汇报均须以书面形式作出，需相关人员签署意见时，不可只签署名字，必须写出明确意见，签名以手签为准，原则上不使用个人名章。

第十三条　公司实行法律事务管理工作请示汇报制度。法务部遇有需由总经理决定的重要法律事务，公司各部门、各下属公司遇有需要由法务部研究、处理或协助处理的法律事务，均应以书面形式进行请示或汇报。情况紧急时可先口头请示或汇报，但必须事后补报书面材料。请示或汇报应尊重事实，不得主观臆断、不得隐瞒不报，并可标明请求批示部门书面答复的时间。接到书面请示汇报的部门,应尽量在请示部门标注的时间内及时就请示汇报的事项作出书面答复,但涉及需要法务部进行可行性论证的事项或要求法务部出具法律意见及建议的,请示部门必须给法务部留有必要的工作时间。

第十四条　公司法律事务管理实行报告制度。除按照本制度要求提交诉讼仲裁案件报表及合同台账外,法务部应于每年 1 月 31 日前向总经理及董事会提交上一年度法律事务工作报告。法务部对日常工作中发现的存在法律风险的情况和问题,应随时上报总经理或主管经理。前述年度法律事务工作报告内容应包括:已发生诉讼仲裁事项及结果、有诉讼仲裁事项及结果预测、合同审查情况汇总、公司经营及投资过程中已发生或潜在的法律风险及趋势分析、已完成的非诉讼法律事务情况及下一年度法律事务管理工作思路及建议等。

第十五条　公司法律事务管理工作实行备案制度。法务部对下述文件、资料应留底备案:

(一)对有关合同、协议或其他法律文件的审查意见。

(二)向总经理、法务部、本单位负责人或有关部门提交的请示、报告及相应的答复、批复意见。

(三)代理、参与或指导的诉讼、仲裁案件资料。

(四)就特定事项出具的法律意见书。

留底备案的资料应永久保留,任何人不得擅自处置。

第十六条　公司各部门及全体员工对外接待司法机关、行政机关、新闻媒体、业主等有关部门或人员涉及法律问题时,应注意与事实一致、与法律不悖,并与公司已有口径相统一。涉及公司利益的事项应及时汇报并取得授权,必要时移交法务部处理。

第四章　各项法律事务管理制度

第十七条　诉讼、仲裁管理制度

(一)法务部负责办理以下案件:

1. 涉及公司的各类案件;

2. 涉及下属公司的标的额在人民币 500 万元以上的案件或各省、自治区、直辖市高级人民法院受理的一审案件;

3. 在最高人民法院涉诉的二审、再审案件;

4. 涉外诉讼、仲裁案件;

5. 法务部认为需由自己办理的其他案件。

法务部认为必要时,可将前述案件授权办理。

(二)法务部应建立诉讼案件台账,详细记载诉讼或仲裁各方当事人及法律地位、案由、诉讼请求、审理或仲裁机关联系方式、对方当事人或代理人联系方式、进展情况等。

(三)法务部应建立案件档案管理制度:

1. 在案件进入诉讼或仲裁程序前,所有法律文件由办公室或各有关业务部门保存;

2. 诉讼或仲裁期间，涉诉法律文件及其相关资料由法务部或其他案件承办部门保存；

3. 案件办理完毕，法务部或其他案件承办部门应及时将所保存的涉诉法律文件及其相关资料交档案部门存档。

（四）提起诉讼或仲裁：

1. 公司各部门认为自己承办的法律事务需提起诉讼或仲裁的，应向法务部提出书面建议并移交有关文件资料；

2. 法务部办理的案件，由法务部提出实施方案报法务总监审核批准后组织实施。

（五）应诉：

1. 公司各部门收到应诉文件，应于签收之日起三个工作日将应诉文件、涉诉文件和相关资料送交法务部；

2. 法务部办理的案件，法务部应商有关业务部门提出应诉方案，报法务总监审核批准后组织实施。

（六）诉讼、仲裁案件承办人员、承办部门应在结案之日起十个工作日内，将案件结果书面报告相应法务总监、本单位负责人、有关业务部门并确定后续事宜责任人。

第十八条 债权、债务管理

公司对债权、债务进行严格管理，建立债权、债务台账，对每一笔款项发生的时间、原因、本金、迟延费用、责任人、支付情况记录清楚，责成责任人及时处理。

具体管理办法由公司财务部制定。

第十九条 项目投资风险控制

（一）公司审批投资项目，必须有法务部人员参与。各承办部门应在项目初步分析阶段邀请法务部参与可行性论证并配合法务部取得真实、完整的项目资料。法务部认为需进行实地调查的，承办部门应提供必要的工作支持。法务部认为项目投资存在重大法律风险时，可对该项目的投资决策行使一票否决权。

（二）对公司确定的投资项目，必须邀请法务部参与合作谈判。法务部认为必要时，可邀请律师事务所参与谈判并出具法律意见。法务部有权对合作方式提出决定性意见、有权审查合作各方最终签署的各种合作文件，并有权全过程监控项目操作主体设立工作。

（三）适用本制度的项目操作主体，除执行本制度规定的合同会审制度外，项目操作涉及《商品房销售合同》及补充协议、《物业管理合同》、《房屋租赁合同》等固定格式合同文本的，必须在启用前送法务部审查。

（四）项目操作主体涉及商品房开发、销售或租赁业务的，法务部有权定期检查本制度执行情况，有关单位应予以配合。

（五）项目操作完结，需要移交项目档案的，项目档案移交的监督工作由法务部执行。

第二十条 外聘律师管理

公司另行制定《外聘律师管理制度》，与本制度配套实施。

第二十一条　合同管理

公司另行制定《合同管理制度》,与本制度配套实施。

第五章　奖　　惩

第二十二条　对在办理法律事务过程中业绩突出的人员、部门,视其为公司创造效益、挽回损失情况进行物质奖励。

第二十三条　公司各部门及全体职员必须严格执行本制度规定,积极履行各项职责,做好法律事务管理工作,全心全意为公司提供法律服务。

对严重违反本制度的行为或因违反本制度规定给公司造成重大损失的行为,将根据情节轻重对第一责任人、直接责任人及有关人员予以警告、批评、通报批评、降职降薪直至辞退处理。

凡徇私舞弊、以权谋私或工作不负责任造成严重损失的,除进行上述处罚外,情节严重构成犯罪的,依法移交司法机关追究其刑事责任。

第六章　附　　则

第二十四条　本制度由公司法务部负责解释。

第二十五条　本制度自下发之日起实施。

第三节　法务人员绩效考核

法务人员的绩效,是指法务人员的工作效率和工作产出。具体可指法务人员审核合同的质量和数量、提供法律咨询的质量和数量、进行风险防范工作的作为或不作为程度等。对法务人员进行绩效考核,应不同于对营销人员、技术人员的考核。例如,想设计一套独特且实用的法务人员考核机制,而不是采用简单的主观评价,其实是一件很难的事。

一、法务人员绩效考核的目标

绩效考核是一种管理行为。管理存在的目的是帮助组织取得成效。[1] 法务人员绩效考核的目的在于帮助法务人员取得成效,实现法务管理的目标。讨论法务人员绩效考核的目标,必须回答以下几个问题:首先,法务人员应取得哪

〔1〕 参见[美]彼得·德鲁克:《21 世纪的管理挑战》,朱雁斌译,机械工业出版社 2009 年版,第 34 页。

些成效？这是法务人员绩效考核目标建立的基础。成效可围绕法务部门的工作清单予以考虑。但需注意的是，法务人员是智力工作者，对其成效的度量，既要有定量的统计，也要有定性的总结；既要有现时的评价，也要有对未来的规划。其次，应建立怎样的法务人员绩效指标体系？这种指标体系应区别于其他人员的指标体系，但似乎也无法完全脱离整个企业的整体绩效考核体系。这取决于法务总监是将法务人员的考核作为一项特殊工作予以对待，还是随波逐流，认为法务人员的绩效考核毫无特别之处。再次，考核法务人员绩效的方式有哪些？流行的绩效考核方法，如关键指标评价法（Key Performance Indicator，KPI）、360 度考核法等，是否可用到对法务人员的绩效考核？特别是法务人员承担独立性非常强的合规管理工作时，是否还能按既有方法进行考核？因此，必须认真评估法务人员的工作特点及法务人员的工作方式，才能确认。最后，要实现法务人员绩效考核的目标，必须恰当地运用绩效考核的评价结果。结果的运用，是绩效考核发生预期作用的最后一个环节。如仅仅作出评价，而不用、误用或乱用评价结果，那么肯定无法产生绩效考核的效果，也就无法达到管理的目标。

二、法务人员绩效考核的指标体系

绩效，取决于战略、组织和环境。[1] 法务部是企业的一个职能部门，其人员绩效一方面取决于公司对法务部的预期，取决于公司安排的任务；另一方面取决于全体法务人员自身的努力。前者可归为战略因素（目标与任务），后者可归为组织因素（机制与文化）。法务人员绩效考核的指标体系应围绕前述因素进行合理设置。

1. 为实现法务部对公司法律需求的专业支持目标，法务人员的绩效考核指标可包括对法律需求的反馈时间、提供内部法律服务的质量等。其中，对法律需求的反馈时间指标包括合同审核及起草期限、法律咨询反馈期限、法律意见书出具期限、尽职调查报告完成期限等。一般来说，很多企业的合同审核完成时间一般限定在 1 ~ 3 个工作日内。特别重大或复杂的合同，审核期限一般在 5 个工作日内。法律咨询的答复期限，一般为当场答复。复杂的或需要进一步核

〔1〕 参见［美］约翰·罗伯茨：《现代企业——基于绩效与增长的组织设计》，马志英译，中国人民大学出版社 2012 年版，第 12 页。

实的,可延长1~2个工作日。法律意见书的出具期限,一般同合同审核的期限,即1~3个工作日,复杂的延长到5个工作日。尽职调查报告的完成期限,一般要求在尽职调查完成后一周内,复杂的可适当延长。对于内部法律服务的质量考核指标,则更为综合。具体包括合同审核质量、法律意见书的质量、尽职调查报告质量、与个人工作实践有关的法律研究质量、业务部门对法务工作的满意程度等。对于内部法律服务的质量考核,更多的是借助于定性描述及法务总监的主观评价,很少能定量考评。

2. 为实现法务部对公司的风险控制目标,法务人员的绩效考核指标可包括定期的风险识别工作、规范的风险评估工作、有效的风险应对工作等。具体地,风险识别工作的考核指标有风险事件库的建立及完善程度、主动发现或识别风险的次数等。风险评估工作的考核指标有风险评估的主动发起、风险评估的有效性、风险评估工作的投入时间等。风险应对工作的考核指标有提出风险报告的次数及报告质量、采取应对风险的措施的有效性等。

3. 为实现法务部对公司诉讼或仲裁的满意处理目标,法务人员的绩效考核指标可包括有效的应诉操作、标准的维权流程等。应诉操作有效性的考核指标有应诉案件标准流程制定、应诉案件处理报告、应诉案件处理结果等。其中,应诉案件处理结果可进行量化考核,如计算法务人员参与案件应诉后所避免遭受的公司经济损失。维权方面的考核指标有主动提起诉讼或仲裁的次数、诉讼时间把握、维权过程处理报告、维权案件结果处理等。其中,维权案件处理结果可参考应诉案件处理结果,进行量化考核。

典型示例9

▶ 某集团法务人员日常考核指标体系

法务人员日常考核指标体系					
序号	考核目标	考核项目	考核KPI指标	考核指标内容	考核赋值
1	一流的内部法律支持	对法律需求快速反馈(1.1)	合同审核、起草期限(1.1.1)	自接到电子版合同或起草合同需求的完成修改、起草期限。初审为1~3个工作日,重大合同由法务负责人批准后可延长1~2个工作日;复核为1个工作日	未按期完成,每发生一次,扣2分;如虚报自评结果的,扣10分

续表

法务人员日常考核指标体系					
序号	考核目标	考核项目	考核 KPI 指标	考核指标内容	考核赋值
1	一流的内部法律支持	对法律需求快速反馈(1.1)	法律咨询反馈期限(1.1.2)	自接到法律咨询需求的答复期限。一般为当场出具,重大、疑难、复杂问题由法务部负责人批准后可延长1～2个工作日	未按期完成,每发生一次,扣1分;如虚报自评结果的,扣10分
			法律意见书出具期限(1.1.3)	自接到法律意见书需求的答复时间。一般为1～3个工作日,重大、疑难、复杂问题由法务部负责人批准后可延长1～2个工作日	未按期完成,每发生一次,扣2分
			尽职调查完成期限(1.1.4)	完成时间一般不超过5个工作日,重大、疑难、复杂项目由法务部负责人批准后可延长2～3个工作日	未按期完成,每发生一次,扣4分
		提供高质量的内部法律服务(1.2)	合同审核质量(1.2.1)	合同审核规范、合法,提示风险充分	合同审核出现漏洞,造成公司经济损失的,可以采取补救措施的,每次扣5分;合同审核出现问题,造成公司经济损失且无法补救的,根据情况予以解雇;合同审核合法合理,对促成交易有重大帮助的,经公司领导书面认可的,每次加5分
			法律意见书质量(1.2.2)	法律意见书规范、合法,提示风险充分	法律意见书有明显错误的,每次扣5分;有一般文字错误的,每次扣1分;因出具的法律意见造成公司经济损失的,依损失情况,予以扣分、警告、记过直至解雇;法律意见合法合理,对促成交易有重大帮助的,经公司领导书面认可的,每次加5分

续表

法务人员日常考核指标体系					
序号	考核目标	考核项目	考核 KPI 指标	考核指标内容	考核赋值
1	一流的内部法律支持	提供高质量的内部法律服务(1.2)	尽职调查报告质量(1.2.3)	尽职调查报告完整,规范,提示法律风险充分,考虑角度全面	尽职调查报告有明显错误的,每次扣5分;有一般文字错误的,每次扣1分;因出具的调查报告造成公司经济损失的,依损失情况,予以扣分、警告、记过直至解雇
			与个人工作实践相关的主动学习、培训(1.2.4)	每月通过自学、集体研讨等方式学习与专业相关的知识与技能,并必须有学习/培训心得或团队分享,每月二次	未按时提交心得或与团队分享的,扣2分;心得与分享获得团队好评的,加1分
			与个人工作实践相关的专题学习(1.2.5)	每月通过法务专刊、专题会议等方式学习法务负责人指定的某个专题相关知识与技能,并上报学习心得或团队分享,每月一次	未按法务负责人指定完成专题学习,且未提交学习心得或与团队分享的,扣2分,心得与分享获得团队好评的,加1分
		提供符合业务需求的内部法律服务(1.3)	与业务部门就内部法律服务内容与方式的定期交流(1.3.1)	法务部门每月通过正式或非正式方式与业务部门、下属产业公司相关部门就其法律需求进行沟通,征求意见,并形成正式的会议纪要,每月一次	部门未按时组织人员与业务部门就法律需求进行交流并形成会议纪要,对部门负责人扣2分
			业务部门对法务工作的满意度(1.3.2)	业务部门对法务人员的服务意识、响应速度、专业水平等进行评价及投诉	法务人员处理法律事务时,如公司副总监以上向法务部负责人投诉的,经查证属实的,每次扣3分;如公司副总监以上向法务部负责人表扬的,经查证属实的,每次加3分
			与集团业务相关的行业、商业、管理知识的学习(1.3.3)	每月通过自学、集体研讨等方式学习与集团业务相关的行业、商业、管理等知识与技能,并必须有学习/培训心得或团队分享,每月一次	未按时提交心得或与团队分享的,扣1分;心得与分享获得团队好评,对提高自己和对他人有帮助的,加1分

续表

法务人员日常考核指标体系					
序号	考核目标	考核项目	考核 KPI 指标	考核指标内容	考核赋值
2	实施事前预防风险	定期风险识别(2.1)	风险事件库的建立(2.1.1)	通过参考国际、国家、行业标准,以分类方式,在法务负责人的统一安排下,合力建立集团所面临的风险事件库,按法务部工作计划进度	法律顾问根据法务负责人安排就某类风险事件进行归纳,及时和完整的,加1分;未按时提交的,扣1分
			主动发现、识别风险(2.1.2)	在提供法律支持的过程中,针对集团公司经营管理过程中发现的法律问题、风险隐患,提出意见和建议	提出书面管理意见和建议,被公司采纳的,每次加2分
		规范风险评估(2.2)	实际案件的分析、评估(2.2.1)	对集团所发生案例,按照既定模式进行分析,撰写评估报告,每月二件	法律顾问根据法务负责人安排就案例进行分析评估,报告规范、表达通顺的,加1分。如对分析模式提出建设性意见的,加1分;如分析结论被公司采纳的,每次加2分;未按时提交的,扣1分
			风险事件库的分析、评估(2.2.2)	持续对风险事件库涉及的风险进行分析,对集团业务面临的风险进行测试、排查,撰写分析报告	法律顾问根据法务负责人安排就风险分析出具报告,报告规范、表达通顺的,加1分。如分析结论被公司采纳的,每次加2分;未按时提交的,扣1分
		有效风险应对(2.3)	针对性的风险应对措施(2.3.1)	对风险分析报告中阐明的风险,在企业管理层面提出风险应对措施	提出书面管理意见和建议,被公司采纳的,每次加3分
3	有效处置与化解风险	标准的应诉操作(3.1)	应诉案件标准流程(3.1.1)	从接案、分析案情、组织证据、出庭应诉都按规范流程和操作办法进行	按照标准流程,完成案件从接案到结案全过程的,没有出现疏忽或错误的,加2分;接案不规范,准备不充分,未上报主管领导的,扣2分;

续表

法务人员日常考核指标体系					
序号	考核目标	考核项目	考核 KPI 指标	考核指标内容	考核赋值
3	有效处置与化解风险	标准的应诉操作(3.1)	应诉案件标准流程(3.1.1)	从接案、分析案情、组织证据、出庭应诉都按规范流程和操作办法进行	未按法律规定提交相关法定材料的,扣5分;遗漏重要证据导致公司程序权益丧失的,扣10分;无故缺席案件审理的,扣10分
			应诉案件处理报告(3.1.2)	按规定期限和要求,出具案情分析报告、代理思路报告、庭审情况报告、结案报告、商业改进报告	未按时出具五份报告的,扣1分;出具报告粗制滥造,存在明显错误的,扣5分;报告完整、及时、规范,加1分;报告准确、到位,有助于案件取得胜诉的,加5分
			应诉案件处理结果(3.1.3)	穷尽各种方法,争取案件办理的最佳结果	案件结果对我方有利,对于主办人,除按照集团关于案件奖惩办法的规定予以奖励外,另加10分;因承办人的疏忽、过错导致本应胜诉的案件最后结果不利,根据情况予以扣分、警告、记过直至解雇
		标准的维权流程(3.2)	主动提起诉讼/仲裁的准备工作(3.2.1)	按案情分析、证据固定、法律检索、团队讨论、起诉思路、提起财产保全等程序操作	按照标准流程,完成案件从接案到结案全过程的,没有出现疏忽或错误的,加2分;接案不规范,准备不充分,未上报主管领导的,扣2分;未按法律规定提交相关法定材料的,扣5分;遗漏重要证据导致公司程序权益丧失的,扣10分;无故缺席案件审理的,扣10分

续表

法务人员日常考核指标体系					
序号	考核目标	考核项目	考核 KPI 指标	考核指标内容	考核赋值
3	有效处置与化解风险	标准的维权流程(3.2)	维权过程报告(3.2.2)	按规定期限和要求，出具准备情况报告、维权思路报告、庭审/处理情况报告、结案报告、商业改进报告	未按时出具五份报告的，扣1分；出具报告粗制滥造，存在明显错误的，扣5分；报告完整、及时、规范，加1分；报告准确、到位，有助于案件取得胜诉的，加5分
			维权处理结果(3.2.3)	穷尽各种方法，争取维权的最佳结果	处理结果对我方有利，对于主办人，除按照集团关于案件奖惩办法的规定予以奖励外，另加10分；因承办人的疏忽、过错导致本应胜诉的案件/危机处理最后结果不利，根据情况予以扣分、警告、记过直至解雇
4	制度拟定与流程优化	制度拟定(4.1)	法务管理制度的起草与修改(4.1.1)	起草法务制度，包括《诉讼预防管理办法》《内部法律顾问专业与等级管理规定》《投资法律尽职调查指引》《知识产权管理办法》《全面风险管理办法》《诉讼/仲裁案件代理流程管理规定》《法务人员培训管理办法》《外部律师管理办法》《案件管理制度》《合同管理规定》	按时完成制度初稿起草，报法务负责人修改审批，加1分；未按时完成起草工作且又未说明原因的，扣1分；多次参与制度的起草、修改的，加1分；对制度修改提出建设性意见的，且被采纳的，加1分
		流程优化(4.2)	法务流程的优化(4.2.1)	基于提高效率，改进绩效的目的，法务人员对于法务工作的流程提出优化意见和建议	提出法务流程方面的书面优化意见和建议，经法务部负责人核实的，每次加1分

三、法务人员绩效考核的方式

绩效考核的方法很多,常见的有七种,分别是书面描述法、关键事件法、评分表法、行为定位评分法、多人比较法、目标管理法、360 度评估法等。[1] 每种绩效考核评估方法各有优缺点,在不同场合可分别适用。

根据法务人员的绩效考核目标,在对法务人员绩效考核方式进行选择的过程中,首先应排除那些"纯定量"的评估方式。其原因在于法务工作无法提供足够的定量数据。即使在绩效考核指标体系的设置上会出现一些定量的完成时限要求,但这些时限实质上对评估法务人员的工作绩效并无太大影响。首先,应排除评分表法、行为定位评分法,因为这两种方法都要求有大量的定量数据作为基础。这一点,与律师事务所对授薪律师的绩效考核截然不同。对律师的考核有具体的工作时间、收费金额为依据,其核心绩效一目了然。对法务人员的考核,却不存在明确的工作时间统计问题或涉及金额计算问题。其次,应排除未考虑法务工作事先难于安排的特点而采用的评估方法,如目标管理法。这是因为法务的大多数工作,如合同审核、项目法律尽职调查、诉讼处理等工作,均来自业务部门的需求,法务部一般不主动发起。所以,目标管理法不适用于对法务人员的绩效评估。最后,可排除采用对每位员工进行统一比较的方法,如多人比较法。法务人员的工作任务,几乎每人都不一样;即使同样是合同审核工作,每天审核的合同都存在很大区别。因为合同事项可能是完全不一样的,对于合同审核的能力要求也就完全不一样。因此,多人比较法也缺乏运用的基础。

经过排除分析,适合法务人员绩效考核的方法大概有书面描述法、关键事件法、360 度评估法。以下分别进行介绍。书面描述法,是指考评者以书面形式来描述员工的优缺点、工作业绩以及潜力,并提供改进建议。其优点是简单易行,缺点是对考评者的写作能力要求较高。对于法务人员的工作成效,如对经法务起草的合同执行的效果,企业短时间内是无法观察得到的。只有通过上级管理者对合同履行中发生的各种问题进行总结之后才能有所体会。因此,对法务人员的绩效考核,首先可采用书面描述法。关键事件法,是指考评者重点关注那些能够区分工作绩效是否良好的关键行为,即所谓关键 KPI。法务人员绩

---

〔1〕 参见[美]斯蒂芬·P. 罗宾斯、玛丽·库尔特:《管理学》,李原、孙健敏、董小勇译,中国人民大学出版社 2012 年版,第 321 页。

效评估采用该方法是因为法务工作中的尽职调查、诉讼或仲裁处理、交易方案设计等可看成一个个独立的项目。尽管这些项目的成果无法量化,但随着同类型项目的重复发生,法务人员在完成项目的过程中的工作能力和工作成效得以集中展现,这些表现即可为评估提供丰富事例。360度评估法,是指利用来自上司、员工本人、同事及下属的反馈意见。法务工作是提供内部法律服务的工作,其客户即为公司内部全体部门和人员。客户的反馈是衡量法务工作是否有价值的重要途径,虽然360度反馈存在一定缺陷,但相较那些难以操作的方法来说,360度评估法不失为一种可选方法。但是,在合规管理工作成为法务部的主要工作之一时,要注意的是,鉴于合规监督独立性的特点,360度评估是否会影响该独立性,有必要深究。特别要防止被监督对象利用360度评估打分,对执行合规工作的法务人员进行打击报复或其他负面影响,从而影响合规管理的效果。

评估法务人员的工作绩效,就像评估任何员工的工作绩效一样,从来都不是一件容易的事,尤其是评估那些工作中表现不好的员工。虽然没有百分百适用的评估方法,但法务总监仍可建议公司采用一些适合于法务人员的绩效评估方式,以帮助提高法务人员的工作绩效。

四、法务人员绩效考核结果的运用

绩效考核结果的运用是绩效管理的一部分,也是实现绩效考核目标的必经之路。良好的结果运用可提高员工绩效,激励员工成长。绩效考核结果不仅可用于薪酬调整与职位晋升方面,还可用于员工培训发展、绩效改进等方面。

首先,可根据法务人员的绩效考核结果来分配和调整法务人员的绩效工资。法务人员的薪酬一般分成基本工资和绩效奖金两部分。绩效奖金即绩效工资,它与绩效结果正相关。在具体计算绩效奖金的数值时,很多企业引进了绩效系数的做法,即用通用的绩效奖金乘以某员工的绩效考核结果折成一个范围在0.6~1.4的系数,所得数字为该员工应得绩效奖金。

其次,法务人员绩效考核结果,还必然会用于对法务人员进行职位或工作任务范围进行调整的场合。法务人员属于专业知识工作者,职位高低对其来说,仅在较小范围内具有吸引力。当然,一般职务高,薪酬也相对高。所以,与其说是职位高,如法务总监的职位,吸引了法务人员的注意,还不如说是薪酬高吸引了法务人员。在运用法务人员的绩效考核结果时,如仅提高法务人员的职位,而不提高相应薪酬,相对于其他岗位的职位晋升,对提高法务人员积极性的作用将要小得多。与之对应的是,对法务人员进行岗位轮换,或称工作任务范围调整,反而容易激发法务人员士气,从而提高其工作绩效。法务人员的岗位轮换可分两种情况。一是在法务部的内部,将某法务人员从原本审核合同的职责,有目的地调整为投融资项目支持的职责或主持公司的诉讼和仲裁之职责;二是将某法务人员调到业务部门,如营销部、研发部等,去观察、熟悉业务部门的运作方式,从而能更好地理解其法务任务的商业目标。这些做法,对法务人员很有吸引力。很多企业,已将岗位轮换作为留住和培养法务人员的重要手段。这其实跟企业不断变化的外部环境、不断调整的竞争策略,以及不断更新的法律与政策等是密切相关的。

再次,法务人员绩效考核结果,也应用在对法务人员进行针对性的培训上。法务实践是专业性非常强的工作。就算法务部内部人员,包括法务总监,犹如律师分工一样,每人仅对自己曾经深度参与的法律实践,如某类型的合同审核、某行业的股权收购等工作,会有一定的心得。对于其他细分领域的实际,几乎是一片空白,最多只有模糊的理论概念。故专业培训是公司提高法务人员绩效的需要,也是法务人员自身发展的迫切需求。学习与发展,如前章所述,既是法务人员的工作职责,也应成为法务人员的终生追求。

最后,绩效考核本质上是一种过程,其目的并不是单纯地进行利益调整,而是通过考核,发现问题、提出问题,从而改善绩效,促进企业与员工的共同成长。因此,某种程度上来说,绩效改进是绩效考核结果运用的同义词。薪酬增加、职位晋升等结果运用,可以说是绩效改进由量变到质变的体现。绩效改进,同绩效考核一样,是一个永远无止境的过程。本书强调,法务人员必须突破绩效管理的视野,将视线放到整个企业的战略与运营,整个行业的结构与变化的环境下。从宏观到中观,再到微观,视绩效改进不仅是岗位职责的要求,而且是自身成长与发展的要求,这样才能将法务工作做好、做实。

第四节　法务人员激励机制

法务人员和律师一样,是专业人员。这一点在绝大多数场合下,应该说都是毫无疑义的。彼得·德鲁克曾对专业人员的工作原理有过精辟的阐述。他提出，专业人员的工作内容、工作标准、目标和愿景都完全要根据某个专业的标准、目标和愿景来制定。专业人员必须自行决定他的工作内容为何，做到什么地步才称得上表现优异，别人无法替他决定他应该做什么，以及工作标准为何。[1] 这些观点，为探讨法务人员的激励机制提供了良好的参考。

一、法务人员的激励原则

如果专业人员是一种特殊人员，那么要让专业人员在企业中发挥效能和生产力，必须满足其特殊需求。因此，探索法务人员的激励原则问题，就转变为挖掘法务人员作为专业人员的特别需求是什么的问题。激励原则如下。

（一）专业上的肯定和金钱的奖励同等重要

使法务人员产生满意的工作心态，不能仅靠钱解决。薪酬奖励对法务人员固然重要，但要促进法务人员自动自发地替公司着想，必须引导法务人员从公司全局，从公司业务层面来理解和改变其所从事的法律专业工作。通过对法务人员进行专业上的严格要求，并对其表现予以专业的评价，能极大激发法务人员作为专业人士的工作斗志，满足其对专业精益求精的追求需求。

（二）让法务人员对自己的业务有实质性的控制

法务人员是典型的知识型员工，最为重视自己赖以生存的技能以及该技能产生的成果。如对工作成果没有及时地反馈和控制，会造成法务人员的工作激情逐渐消失，创造成果的动力逐步减退。这一点类似于执业律师。一家能留住好律师的律师事务所，总是能为律师提供控制自己业务的机会。[2]

（三）为法务人员提供与管理职位平行的升迁渠道

除了“法务经理”“法务总监”这样的职级以外，还可以提供“资深法律顾问”“高级法律顾问”“首席法律顾问”之类的职位。这些岗位的待遇、声望应等同于类似的管理岗位。优秀的法务人员，往往因缺乏管理经验而不是优秀的管理人员。其原因可能是法务人员喜欢独立工作，通常厌烦行政工作，他们只钦

---

〔1〕 参见[美]彼得·德鲁克：《管理的实践》，齐若兰译，机械工业出版社 2006 年版，第 248 页。

〔2〕 参见[美]M. 戴安·沃格特、洛里安·瑞卡尔德：《留住好律师》，刘玉译，法律出版社 2005 年版，第 46 页。

佩在专业领域比自己优秀的专业人士。如公司不给资深的法务人员除行政管理职位以外的升迁机会,那么只会打击法务人员的工作积极性。

二、法务人员的激励机制

激励机制是在明确激励原则之后的操作手段及其组合。法务人员作为专业人员,其激励机制与对其他“知识型员工”的激励机制大部分一致,但仍需考虑法律工作的特点、法务与律师的个体差异等。基于此,以下是一些对法务人员的激励机制。

(一)设计多维度的专业工作

法务总监应对法务人员的工作进行精心的多维度设计,以充分反映对员工的工作期望、能力、偏好等因素的要求。传统的工作设计是寄希望于工作细化和专业化。如很多企业将采购合同审核与并购合同审核区分开来,将该职责固化到不同的法务人员身上,并美其名曰“专业”和“效率”。从激励的角度,这样的工作设计思路其实很难对法务人员产生激励的作用。因为,如果一名法务人员能在某一段工作年限内稳定地预测到其工作内容将一直是“某单类型合同的审核”,犹如以前生产流水线上的某环节的技工,那么这名法务人员的工作积极性无疑会大打折扣,以致最后企业必然会面临该名员工的流失。多维度的法务工作,可从扩大法务的工作范围、增加法务的工作深度等角度入手。事实上,前人早已总结,从技能多样性、任务完整性、任务重要性、工作自主性、工作反馈性五个方面[1],可反映多维度的工作特征。对于法务人员来说,技能多样性可以说是其随时追求的状态。这与现代社会法律环境的快速变化、法律与经济之间越来越密切的结合是分不开的。法律人员,包括法务、律师,总是试图学习法律、商业、管理、财务等在实际工作中必然会涉及的知识和技能。任务完整性、重要性,对于法务这个工作来说,是不言自明的。工作自主性、工作反馈性,也是知识型员工的普遍要求。

(二)建立有吸引力的薪酬体系

有吸引力的薪酬必须对外有竞争力,即至少等于或高于市场同行业的平均

---

〔1〕 参见[美]斯蒂芬·P.罗宾斯、玛丽·库尔特:《管理学》,李原、孙健敏、董小勇译,中国人民大学出版社2012年版,第433~434页。

水平;对内要保证公平、公正,即应有和贡献挂钩的绩效考核。按和顾客接触的远近关系来看,法务部门不直接与公司的顾客接触,是公司的“后台”部门。很多企业基于这种远近关系考虑,认为法务不创造价值,故把法务部门列为成本中心或费用中心。这种看法会影响法务人员的工作积极性,也为公司设置法务人员薪酬带来障碍。其实,如本书前面所述,换种理念来看,法务部门也能直接参与创造价值,甚至也能直接为公司带来盈利。如在诉讼或仲裁案件的处理中,法务人员发挥主观能力性,尽全力赢得了官司,为公司挽回经济损失,这就是直接创造价值,只不过表现为间接避免损失。要以有效的薪酬体系来激励法务人员,还有必要参照执业律师的收入水平来确定法务薪酬基数。执业律师,特别是那些领取固定薪资的执业律师,其工作内容与法务人员基本类似。不同点是法务是受所在企业独家委托;律师是受不同的公司企业聘请后由律师事务所统一委托。这种不同之处不应当影响法务人员与执业律师之间的薪酬类同。但实践中,公司内部法律顾问的薪酬是远低于在律师事务所工作的同行。因此,为吸引优秀法律工作人员留在企业,成为一名长期的内部法律顾问,完全有必要提高法务人员的基本薪酬。

(三)提供持续且频繁的培训

如前所述,对法务人员的独特激励原则是紧紧围绕法务人员的独特需求而设计的。法务人员作为专业知识工作者,对自身知识与技能的提升有着持久的渴望。持续的培训,能满足这一期望,从而激发法务人员的积极性,对一些未得到满足的期望能起到弥补作用。法务人员的培训,与法学院的教育是不同的。法学院传授的是基础法学理论知识,要求体系性地掌握法律原理、法律条文等。法务人员培训属于技能方面的培训,技巧方面的提升。持续且频繁的培训,能极大促进法务人员能力的提升,从而起到一种金钱难以取代的激励作用。

三、法务人员的激励机制的落实

激励原则是挖掘法务人员的特殊需求,激励机制是明确原则之后的操作手段的组合。但激励机制毕竟还是较为空泛化,因此有必要再提供具体措施,以方便企业进行法务人员的激励体系的执行。以下是一些落地的措施,可供参考。

(一)构建一个平等、民主的法务部门

鉴于法务人员转为专业知识工作者的特点,构建一个平等交流、民主管理的法务部门是落实法务人员激励机制的基础。法务部是法务人员工作的微观环境。法务人员看中专业上的肯定,又喜欢独立完成任务,更大程度上受专业权威影响等特点,决定了法务人员的团队应当如何构建,法务人员在团队中的贡献力又该如何发挥。

以充分授权、及时反馈、自主管理为特征的工作流程,应成为法务人员的日常工作模式。如前所述,法务人员的特点,决定了法务人员偏好独立、自主的工作,喜欢被充分授权。企业管理者应发挥这种工作特性的优势,对法务人员进行适宜的鼓励、合理的授权、充分的信任。研究表明,自主管理可促使员工自己发现工作中的问题,自己选择伙伴组成团队,自己选定进取的目标,自己进行现状调查和分析原因,自己制定对策,并能自己组织实施且进行评定总结。[1] 自主管理,最适合对专业知识工作者的激励。如运用得当,既能降低成本,还能激励员工,且可鼓励创新。

(二)引进案件提成制

与执业律师相比,法务人员的薪酬偏低。其原因可能在于法务人员不能以其处理的案件或项目的金额大小,作为衡量自己贡献的依据。因为法务人员多为每月固定薪酬的薪酬方式,可谓是种“打包价”,未考虑法务人员处理的事项是否金额巨大、是否法律关系复杂等因素。这导致法务人员处理一些涉及金额的公司内部法律事项,如诉讼时,缺乏数字标准来衡量其工作成效。引进案件提成制,能有效解决该激励问题。参照律师事务所对授薪律师的考核,将法务参与的诉讼或仲裁案件的标的额,与法务人员的绩效工资挂钩,让法务人员也能在案件处理结果上享受合理的预期物质回报。这将大大增加法务人员处理案件的积极性,而不是像现在一样,只要出现诉讼案件,就一味推给外包的律师事务所。从整体上看,这样操作也能减少外包成本。

(三)落实对培训资源的支持

很多企业仅在规划层面强调培训的重要性,但对于培训内容、培训经费、培

---

〔1〕 参见郭咸纲:《西方管理思想史》,世界图书出版公司北京公司2010年版,第319页。

训时间等的确定或投入却明显不恰当或不足。培训内容方面，不能以一些“心灵鸡汤”“教条式”的培训来替代专业培训。培训经费方面，应列入预算，包括图书经费、参加讲座经费、参加课程经费等。如经费不足的，也可以采用一种“交叉培训”的方式，[1]即用更少的资源做更多的事，请法务人员相互培训。在某领域有经验、有特长的法务人员，可为同事提供他所擅长领域的培训；而接受培训的法务人员，也可主动申请某一专题而对他人进行培训。培训时间方面，公司应予以统一支持，如每月固定一天或半天，支持法务人员进行专业知识学习与培训。这一天的时间法务人员可以专门用于培训，无须像平常工作日，受公司行政管理方面的限制。

（四）鼓励家庭与事业的平衡

现代社会，工作与生活的压力都越来越大，很多企业员工在重压下疲于奔命，产生各种生理或精神疾病。这也和传统的组织管理方式是分不开的。很多公司管理者为完成目标，将员工个人目标完全排除在组织的外部，将员工视为完成目标的机器。这种理念完全不能适应现代企业竞争的需要，无法满足知识型社会中专业人士发展的需要，也无法有效地激励员工。应鼓励法务人员家庭与事业的平衡。法务总监也应当亲力亲为地倡导如下理念：“法律只是人生的一部分。生命其实很短，还有很多其他有意义的事，大家最好平和地对待工作。”如此，无疑会大大激励法务人员，促进他们做出卓越贡献。

典型示例 10

▶ 某集团法务人员奖罚细则

为加强对集团法务人员的管理，提升法务人员的工作质量和效率，根据《集团奖励条例》《集团处罚条例》的相关规定，特制定本细则。

第一章 总 则

第一条 本细则的适用对象为集团法务人员及办理相关法务工作中所涉及的其他员工。

第二条 法务人员超额或出色完成基本职务工作的，给予奖励；对于正常履行职责范围

---

〔1〕 参见［美］卡罗尔·巴斯里等：《公司法律部》（第3版），本书译委会译，法律出版社2010年版，第101页。

内的工作,不予奖励。

第三条 法务人员未尽职责牟取私利或者因故意或过失造成公司损失的,予以处罚。

第四条 法务人员年度内奖励累积超过10分(含)的予以薪酬晋升一级;超过20分的(含)予以职级晋升一级;法务人员年度内处罚累积超过10分(含)的予以薪酬降低一级;超过20分的(含)予以解雇。

第五条 本办法所述"为公司挽回经济损失"的具体金额,按下列方式认定:

1. 对于起诉(含应诉案件中的反诉)案件,按实际执行到位金额的85%计算;对于起诉案件中仅取得胜诉判决书或调解书而未实际执行到位的,按生效法律文书确定的应收款金额的30%计算。

2. 对于应诉案件,原则上按原告起诉金额的85%与最终公司实际支付金额之间的差额作为挽回经济损失金额。分成以下两种情况:

(1)根据合同约定法律规定明确应该赔付的,通过诉讼减少赔付,挽回损失金额按原告起诉金额的100%计算;

(2)根据合同约定或法律规定仅存在赔付可能性的,通过诉讼减少赔付,挽回损失额按原告起诉金额85%计算。

3. 通过诉讼取得的利益属于公司依据法律规定或者合同约定应当正常获得的,是法务人员的基本工作职责,不作为挽回经济损失金额计算。

原告未按法定或约定而故意抬高诉求标的额的,其故意抬高的部分不作为挽回经济损失金额基数。

第二章 奖　励

第六条 行政奖励

1. 有下列情形之一的,给予通报表扬:

(1)法务人员办理起诉案件,为公司挽回经济损失8万元(含)~10万元的。

(2)法务人员办理应诉案件,为公司挽回经济损失10万元(含)~15万元的。

(3)法务人员积极协助外聘律师办理案件,给公司挽回经济损失[起诉案件15万元(含)~30万元,应诉案件30万元(含)~50万元],经公司主管领导同意的。

(4)法务助理或其他人员积极协助案件承办人处理案件并发挥较大作用的。

(5)法务人员协助处理突发事件,为公司挽回15万元(含)~50万元经济损失或者避免造成重大不良影响,经公司主管领导同意的。

(6)法务人员针对公司需求进行法律培训,半年内达到公司规定的任务量的110%以上的。

(7)法务人员针对公司日常经营管理提出的管理建议虽未得到公司采纳实施,但已起到风险提示作用并经法务部负责人认可的。

(8)法务人员在工作中发现副总监级(含)以上存在违纪违法行为并举报,经查证属实的。

(9)法务人员在工作中发现副总监级以下人员存在违纪违法行为并提出相应处罚意见被有关部门采纳,且对相关责任人作出处罚的。

2. 有下列情形之一的,给予通报表彰(行政奖励 2 分):

(1)法务人员办理起诉案件,为公司挽回损失 10 万元(含)~12 万元的。

(2)法务人员办理应诉案件,为公司挽回损失 15 万元(含)~20 万元的。

(3)法务人员积极协助外聘律师办理案件,给公司挽回经济损失[起诉案件 30 万元(含)~50 万元,应诉案件 50 万元(含)~100 万元],经公司主管领导同意的。

(4)为公司挽回经济损失 50 万元(含)~100 万元的起诉案件办理中,或者公司挽回经济损失 100 万元(含)~200 万元的应诉案件办理中,法务助理或其他人员积极协助案件承办人处理案件并发挥重要作用的。

(5)法务人员协助处理突发事件,为公司挽回 50 万元(含)~100 万元经济损失或者避免造成重大不良影响,经公司主管领导同意的。

(6)法务人员针对公司需求进行法律培训,半年内达到公司规定的任务量的 150%(含)以上的。

(7)法务人员针对公司日常经营管理提出管理建议,且该管理建议得到总监级及以上级别领导采纳实施的。

(8)法务人员在工作中发现副总监级(含)以上人员有违规违纪行为并提出相应处罚意见被有关部门采纳,对相关责任人作出处罚的。

(9)法务人员在工作中发现副总监级以下人员存在违纪违法行为并提出相应处罚意见被有关部门采纳,对相关责任人作出处罚的。

3. 有下列情形之一的,予以记功(行政奖励 5 分):

(1)法务人员办理起诉案件,为公司挽回损失 12 万元(含)~20 万元的。

(2)法务人员办理应诉案件,为公司挽回损失 20 万元(含)~50 万元的。

(3)法务人员积极协助外聘律师办理案件,给公司挽回特别重大的经济损失[起诉案件 50 万元(含)~100 万元,应诉案件 100 万元(含)~200 万元],经公司主管领导同意的。

(4)为公司挽回经济损失 100 万元(含)~200 万元的起诉案件办理中,或者为公司挽回经济损失 200 万元(含)~300 万元的应诉案件办理中,法务助理或其他人员积极协助案件承办人处理案件并发挥重要作用的。

(5)法务人员取得胜诉的案件标的不大,但案情复杂,或者案件结果对此类案件具有重大意义的。

(6)法务人员协助处理突发事件,为公司挽回 100 万元(含)~200 万元经济损失或者避免造成特别重大的不良影响,经公司主管领导同意的。

(7)法务人员针对公司需求进行法律培训,年度内达到公司规定的任务量的 200%(含)以上的。

(8)法务人员对公司常发纠纷进行梳理总结,汇编风控手册,且该手册得到公司领导采纳实施的。

(9)法务人员在工作中发现违纪违法行为并提出相应处罚意见被有关部门采纳,为公司挽回损失10万元(含)以上的。

4. 有下列情形之一的,予以记大功(行政奖励10分):

(1)法务人员办理起诉案件,为公司挽回损失20万元(含)以上的。

(2)法务人员办理应诉案件,为公司挽回损失50万元(含)以上的。

(3)法务人员积极协助外聘律师案件,给公司挽回经济损失(起诉案件100万元以上,应诉案件200万元以上)的。

(4)为公司挽回经济损失200万元(含)以上的起诉案件办理中,或者为公司挽回经济损失300万元(含)以上的应诉案件办理中,法务助理或其他人员积极协助案件承办人处理案件并发挥重要作用的。

(5)法务人员协助处理突发事件,处理得当,给公司挽回损失200万元(含)以上,经公司主管领导同意的。

(6)办理重大的非诉项目并成功完成的。

(7)法务人员对公司日常经营管理中的关键环节提出建议,且该建议被公司采纳实施并为公司规避重大风险或取得收益的。

(8)法务人员在工作中发现重大风险隐患或严重违规行为并提出处理建议被有关部门采纳,为公司挽回损失50万元(含)以上的。

5. 法务部所属各部门半年内办结的案件的胜诉率达到70%(含)以上的,给予相应部门2万元(含)的集体奖励;半年内全公司办结案件的胜诉率达到70%(含)以上的,给予法务部集体奖励3万元。

本章所述的胜诉率,是指考核期内该部门所办结的案件中减少赔付或获取收益的金额在办结案件总标的额中所占的比例。

6. 对于其他事宜按照一事一报一案一奖的原则进行专项奖励,由法务部根据授权报主管领导逐级审批。

第三章 处 罚

第七条 行政处罚

1. 有下列情形之一的,给予通报批评:

(1)法务人员审核合同存在较大失误,但在签约前被发现并作出更正的。

(2)法务人员接到应诉案件后未按公司规定的时间上报的,但未造成不利后果的。

(3)法务人员办理诉讼案件未按案件管理制度出具法律意见开庭报告结案报告的,但未造成不利后果的。

(4)法务人员所处理的法律事务,由公司其他系统和副总级以上个人向公司领导和法务部负责人进行投诉，经查证属实的。

(5)法律档案管理人员未按档案管理规定保管法律档案，档案管理混乱的。

(6)法务人员在考核期内提出的管理建议数量低于法务部规定的任务量50%的。

2. 有下列情形之一的，予以警告(行政扣罚2分)：

(1)法务人员审核合同存在失误，签约后发现存在较大的风险隐患，但经补救未造成公司损失或消除风险隐患的或在诉讼案件过程中发现系原合同审核人存在一般性失误，对诉讼结果影响不大的。

(2)法务人员出具的法律意见存在较大失误，但公司未采纳且未造成公司损失的。

(3)法务人员的直属上级因管理疏忽，使下属法务人员所处理的法律事务出现错误的。

(4)法务人员未妥善签收或保管外来文件，造成较大风险隐患，但经补救未造成公司损失或消除风险隐患的。

(5)法律档案管理人员未按档案管理规定保管法律档案，致使法律档案遗失，但未造成公司损失的。

(6)法务人员在考核期内所做的法律培训数量低于法务部规定的任务量的50%的。

3. 有下列情形之一的，予以记过(行政扣罚5分)：

(1)法务人员办理案件故意拖延或不予办理的，但尚未影响案件结果的。

(2)法务人员就案件出具的法律文书(包括但不限于起诉状申请书答辩状代理词质询意见辩论意见调解/和解意见等)出现失误，但经补救未造成公司损失的。

(3)法务人员丢失案件关键性证据，但能够通过其他途径予以补救，且并未造成公司损失的。

本办法所述"关键性证据"，指诉讼仲裁案件中，足以影响案件结果，使我司实体权利因缺少该证据支持而无法得到主张的证据。

(4)法务人员在履行职务过程中，对公司制度文件决定或者法务部门的批示决定无故不予执行或拖延执行，但未造成不利后果的。

4. 有下列情形之一的，予以记大过(行政扣罚10分)：

(1)法务人员审核合同存在失误，签约后发现存在较大的风险隐患且未予补救的或在诉讼案件过程中发现系原合同审核人存在严重失误，对诉讼结果影响较大的。

(2)法务人员在办理诉讼案件突发事件或其他法律事务过程中出现较大失误，并给公司造成5万元以下损失的。

(3)法务人员在办理案件过程中未尽职责(牟取私利的除外)，致使公司应该胜诉而没有胜诉，或者应该挽回的损失而没有挽回的。

(4)法务人员未妥善签收或保管外来文件，造成公司不良影响或5万元(含)以下经济损失的。

5. 有下列情形之一的，予以解雇(行政扣罚20分)：

(1)法务人员故意制造案件或借职务之便牟取私利的。

(2)法务人员就案件出具的法律文书(包括但不限于起诉状、申请书、答辩状、代理词、质询意见、辩论意见、调解/和解意见等)出现失误并导致不利后果的。

(3)法务人员未及时调查取证或者举证不当,导致不利后果的。

(4)法务人员在办理案件过程中丢失遗漏关键性证据材料的且无法补救或造成公司较大经济损失的。

(5)法务人员未按法律规定的程序办理案件并导致不利后果的。

(6)法务人员对外出具的文件资料或者发表言论对我司不利并被列为证据使用,导致不利后果的。

(7)法务人员在办案过程中给对方提供线索或为对方争取利益的。

(8)法务人员审核合同函件等法律文件或者出具的法律意见出现失误并造成公司较大经济损失或存在重大风险隐患的。

(9)法律档案管理人员未按档案管理规定保管法律档案,致使重要法律档案遗失,并造成公司较大经济损失的。

(10)法务人员在办理案件突发事件或其他法律事务过程中出现重大问题,并给公司造成较大经济损失的。

(11)法务人员在履行职务过程中,对公司制度决定或者领导批示不予执行或拖延执行,造成不利后果的。

(12)法务人员有索贿、受贿、贪污行为的。

第八条　经济赔偿

法务人员违规或未尽职责给公司造成经济损失的,由责任人员承担赔偿责任。

第四章　附　　则

第九条　本细则所称较大经济损失是指5万元以上的损失。

第十条　集体奖励用于团队活动或者按照个人贡献大小进行分配,具体分配方案由法务部制订并报法务总监批准后执行。

第十一条　本细则自下发之日起生效。

第三章

法务部的工具

第一节　法 律 意 见

法务工作本质上是提供一种综合性法律思维方式的工作。法律思维是内在的逻辑,其外部体现是法务人员日常工作中面对法律任务时所出示的意见、建议或方案等书面或口头表达。前述法律意见等是法务部门工作的基本工具之一。法律意见的体现形式是多种多样的。出具法律意见占据了法务日常工作的大部分时间。在出具法律意见时,法务人员应遵守一定的流程,并应在符合法律思维的结构框架下进行表达,以满足企业管理者和业务部门的商业需要。

一、法律意见的形式

法律意见,是指法务人员所发表的对企业法律事项的专业性看法,包括书面意见和口头意见。在实际工作中,法律意见的形式是多样化的。只要是法务人员向企业其他人员出具的法律相关专业意见或建议,都统称为“法律意见”。在本书中,法律意见可体现为以下形式。

1. 对合同的审查与修改意见。法务人员的经常性工作之一便是合同审核。市场经济下,企业运营过程中必然会签订各种类型的合同,从产品的研发、采购到销售,从员工的招聘、考核到辞退都会使用各式的法律合同。对这些合同的修改意见,无论是口头或书面的,抑或电子版或纸质版的,即为法务人员所出具的法律意见。

2. 对投融资交易方案的建议。企业在遇到对外投融资、资产重组或 IPO 上市事项的时候,必须做出一定的交易方案设计。该交易方案是否合乎法律、是否存在风险、是否可操作,都必须有法律人员的参与,都必须以法律人员的专业建议为基础。这些专业建议即为法务人员出具的法律意见。

3. 对某项业务或交易的尽职调查报告或风险提示报告。法务部在参与企业的并购项目时,法务总监自行或委派法务人员参与对项目的法律尽职调查,并在调查结束时撰写尽职调查报告。该报告即成为法律意见。另外,并非针对某一个具体项目,在企业日常经营过程中发现的可能造成企业法律风险的事项,法务人员以风险评估报告的方式提出来的,也是法律意见。

4. 对法律咨询的口头或书面回答。企业管理者或业务部门经常会就其遇到的管理或业务难题及不确定性的问题向法务部提出一些法律咨询,法务人员对法律咨询的口头或书面回答,即法律意见。法务人员在参与企业的各种相关会议,如企业战略讨论、企业经营政策的决策讨论等时,均有可能从法律角度对相关事宜发表意见,这些意见均属于本书所述的法律意见。

典型示例 11

▶ 一份《法务审核意见表》实例

法务审核意见表

编号:FWBXX0018

文件名称	A 公司与××建筑设计事务所的《建筑设计服务协议书》		
报送单位	A 公司	收到时间	××××年10月20日9时
		返还时间	××××年10月20日11时
审核意见	一、1.2 条"在递交可打印的电子文档前,业主必须按期支付上述费用"建议改为"在经双方书面确认对应阶段的设计成果符合本协议约定之后并递交可打印的电子文档前,业主支付上述费用"。 二、3.1、3.2 条中的"应付款"建议改为"按本协议 1.2 条规定所产生的应付款"。 三、3.1 条后建议增加一款"××建筑设计事务所未按本协议约定时间周期内提交设计成果的,从逾期 5 日开始,应向业主支付该阶段设计费 0.2% 作为日违约金。" 四、4.1 条中"若项目暂停、放弃或转给另外的顾问公司"建议改为"若项目暂停、放弃或转给另外的顾问公司及××建筑设计事务所未按本协议约定完成设计的,业主有权终止本协议"。 五、4.3 条中"若××建筑设计事务所没有合理要求"建议改为"若一方没有合理要求"。		

续表

审核意见	六、5.9条中"除非特别说明，××建筑设计事务所是这些文件的作者，保留有关法律赋予的权利，包括版权"后面，建议增加"××建筑设计事务所承诺这些文件不会侵犯任何第三方的知识产权，否则由××建筑设计事务所承担全部责任"。 七、5.14条，建议改为"任何由本协议引起的纠纷将提交中国国际经济贸易仲裁委员会，并遵守其根据中国法律所作的裁决"。		
审核人	G经理	复核人	T总监
备注	以上审核不代表法务部对合同事项的反对或支持。请业务部门自行确认合同商务事项是否已经公司内部审批。		

二、发表意见的流程

法务人员所发表的法律意见综合了其过去的知识与经验，融合了其对事件未来发展的判断，代表他（她）对涉及法律事项的专业看法。鉴于法律人员出具的意见对于企业的生存与发展是至关重要的，法务人员必须慎而又慎地发表其意见。那么，如何既慎重又高效地发表意见？以下是一些资深法务总结的发表法律意见的一般流程：

1. 必须掌握和总结事实。事事围绕事实，[1]这一理念贯穿整个法律执业过程。无论是合同事项，还是投资交易事宜，或是案件处理，出具法律意见的第一步，都必须事先掌握全部事实。事实是法律人员的工作基础。事实分客观事实和法律事实。法务人员要掌握的是法律事实。这必须依靠法务人员自己从企业其他人员的描述事实和出具的文件事实中总结出来。

2. 明确目的、立场。在尽可能了解和掌握全部法律事实之后，要明确本次合同之后的商业背景，本次投资交易、尽职调查的目的，或本次会议讨论的立场等。只有明确的目的、清晰的立场，才能使得法务人员出具的法律意见不至于犯下方向性的错误，不至于沦为一种纯粹的法律技术建议。这种纯技术性的意见，不仅可能会被业务部门拒绝，还会使法务人员落下不懂业务、不懂商业的坏名声。事实上，公司管理层也期望法务部门能将法律元素在初期阶段就渗透到

---

〔1〕参见［美］斯蒂芬·克里格、理查德·诺伊曼：《律师执业基本技能——会见、咨询服务、谈判、有说服力的事实分析》，中伦金通律师事务所译，法律出版社2006年版，第9页。

商业决策中,以避免潜在的法律问题。[1] 因此,对目的和立场的把握,就法律意见的可接受度而言,有直接性的影响。

3. 在遇到未处理过的法律问题或对相关法律规定不确定的时候,去查询法条及案例。随着法律规定越来越多,新型法律问题层出不穷。任何一名法律人员,都难免会遇到自己不了解的难题。此时,不要急于下结论。可以对业务人员说"我需要核对一些东西,中午之前或下班前再跟你联系",随后,立即去查询法律规定,必要时再检索相关案例。

4. 必要时,法务总监组织法务人员进行集体讨论、分析,并求助于外部律师、专家。本步骤经常出现在一些重大合同、重大或新型投融资事项或有影响性的企业危机处理等场合。通过借助群体智慧以及外脑,法务人员能更有信心地出具法律意见。当然,在一些企业中,这也是一种巧妙的责任分担方式。

5. 在出具法律意见之前,再次综合考虑非法律因素。任何一家企业,都是由人组成的。任何问题,也都是由人来解决的。个人的情感因素、组织的人际关系等,都是法务人员在出具法律意见之前,必须同时要考虑的。否则,可能引发不必要的麻烦,或因为未考虑相关人的因素而导致意见不被接受。

6. 给出法律意见。在经历上述流程之后,即掌握法律事实和法律规定,理解事件的目的和意义,征求专家意见,综合分析"人的因素"之后,给出口头的或书面的法律意见。这样的意见既能符合企业管理者或业务部门的商业目的,也能体现法务人员对该商业交易的专业建议。总之,这种意见才能符合企业的真正需求。

三、法律意见的结构

不是每一次出具法律意见的时候,都要严格遵守上述流程,视需要出具法律意见的事项的繁简程度而定。但是,每次出具意见之时,最好遵循一定的结构。

法律意见的表现形式不同,其结构会有所不同。以下先介绍一份典型的书面法律意见的结构,再谈谈简易的口头意见,以及非标准的书面法律意见的结构。

---

[1] 参见[美]卡罗尔·巴斯里等:《公司法律部》,本书译委会译,法律出版社 2010 年版,第 6 页。

一份典型的书面法律意见至少由三部分组成,即首部、正文和结尾。首部说明事件背景、审查的信息来源(包括由业务部门口述得出),调查活动(包括查询法条、案例,与业务部门进行或多或少的沟通),以及主送对象等。

首部的任务是交代法律意见的来源、参考的资料以及处理过程等,让法律意见的接收者对整个法律意见的出具背景有较全面的认知,不至于因信息缺乏而无所适从。

正文是法律意见的核心。完整的正文,一般应包括基本事实、法律分析、解决方案、结论等部分。其中事实部分和法律分析部分是核心中的核心。对于事实部分,要做到内容完整、表述精确、脉络清晰、详略得当。组织事实的模式,一般有三种,分别是法律要素模式、时间模式、故事模式。[1] 每种模式都提供了讲述事实的不同方法。例如,在法律要素模式下,一个合同违约的要素是:(1)要约;(2)承诺;(3)对价;(4)违约行为表现;(5)损害赔偿。鉴别出适用的要素之后,重述这些要素即为按照法律要素模式来讲述"事实"。时间模式也是讲述事实的一种行之有效的方法,是对已发生的事实情况的一种连续描述,其意义在前后顺序中自然显现出来。通常,运用时间模式可借助时间表来列举事实。故事模式,是把事实组织成故事,力求赋予事件意义。它通过突出某些事实并滤掉其他事实,以关注特殊细节来描述事实,以某些比喻或象征来陈述事实。通过把事实构思成为有意义的故事,法务人员能激发法律意见接受者的倾听兴趣,大大提高法律意见的可接受度。

事实重述部分之后的法律分析,要求严格依据法律,抓住关键,分清主次,层层论证。法律分析是在结合事实的基础上,运用法律思维,对意见事项进行的专业论证。论证的方法有演绎法、归纳法、类比法等,也可综合运用多种论证方法。论证的层次可以采用总—分—总的方法或分—总综合的方法。论证的技巧可讲究层次推进或以退为进的方式。在法律分析当中,往往少不了法律人士常用的假设分析法。但值得注意的是,假设必须有基础,不能漫无目的或不着边际地假设。法律分析还要注意不能存在用语武断、以偏概全等问题。

在正文中进行了事实归纳和法律分析之后,便是解决方案和结论部分了。

---

〔1〕 参见[美]斯蒂芬·克里格、理查德·诺伊曼:《律师执业基本技能——会见、咨询服务、谈判、有说服力的事实分析》,中伦金通律师事务所译,法律出版社2006年版,第164页。

解决方案最好有两种或两种以上,以供企业管理层决策。解决方案,不应该仅仅是法律逻辑上的结论或提示,而应站在企业的角度,提出如何解决意见事项。这也是法务人员与外部律师的区别所在。在外部律师看来,商业上的安排是企业 CEO 的事,是企业委托律师之前就必须明确的事项。律师只是面对一个成型的商业交易中存在的法律风险进行提示、把关。对于这个商业交易为何要这样设计,还有没有别的设计等问题,一般的执业律师是不关注的。但法务人员必须关注。法务人员提出的解决方案必须包含企业目前的商业交易策略事项,这样的法律意见才是公司管理层希望得到的意见。

结尾部分要写明意见出具人、日期等事项。

简易的口头意见,不必像上述典型法律意见那样正规、复杂。法务人员在回答法律咨询或参与法律专项事务讨论时,往往会省略掉不少的环节。如对于一次员工解聘的法律咨询,法务人员可能只需回答“行”还是“不行”就可以了,或者回答法律是如何规定的即可。因为,事实简单,咨询人和被咨询人都清楚该事件的前因后果、该事件的企业处理惯例等。也许,咨询人只想从法务人员这里再次确认他所关心的措施在法律上是否存在问题。因此,在提供口头法律意见时,往往追求的是快速、可操作。

非标准的书面法律意见,其结构也可相对简化。因为,同属于公司内部成员,对公司都有透彻的了解,法务人员与业务人员的沟通就相对快捷、通畅。对于重复发生的合同事项、多次合作的尽职调查事项,法务人员在出具法律意见时,可以省略对事实的描述、对法律分析的详细论证等过程,直接跳到解决方案的分析上。这时的法律意见结构,就非常简单。如对于某常规采购合同的修改,法务人员可直接在原合同上进行个别条款的修改后直接返回给业务部门,而无须与业务部门沟通或详细说明修改理由。

典型示例 12

▶ 某法务部关于公司商标事宜的专项法律意见

公司领导:

按公司领导要求,法务部于××月××日就公司商标事宜与品牌部、研发部等进行了沟通,于××月××日与外部代理公司进行了数次交流,经讨论,就该问题的现状及解决方案,请示如下。

一、公司商标基本情况

公司分别于2009年9月、2010年5月、2012年3月在与业务相关类别上申请了A、B、C、D、E等共计20个商标。其中8个商标已成功取得商标注册证。但是，与公司品牌密切相关的基础性商标，即“A”，却被商标局驳回，不予注册，理由是他人商标已在先注册，进而导致“B”“C”等商标的申请注册因与“A”存在大于70%的近似度，预计也会被驳回。

经查，北京JG投资有限公司（以下简称JG公司）在2009年6月已先我司一步，在36类、37类两个与我司业务最为相关的类别上，注册了“A及图”两个商标。JG公司申请的商标，事实上已构成我司注册“A”、“B”及“C”等商标的实质性障碍。

然而，公司现有品牌发展的实际情况是，在“A”标识上，不管是宣传，还是实际运用，公司都已投入大量人力、财力。社会公众和投资人的认知，也或多或少建立在“A”相关概念上。除非存在其他战略安排，围绕“A”形成的效应，是我司持续融资以及未来品牌战略的基础。而品牌基础的基础又在于我司能否从法律上取得36类、37类“A”商标，否则将来有可能造成“××××”商标之争的类似后果。

可以说，“A”商标的未来局势，对公司非常不利。

二、公司商标法律现状分析

对于JG公司申请的商标，我司已于202×年××月××日提出异议，商标局于202×年××月××日裁定驳回我司异议，我司于202×年9月12日提出复审。

根据《商标法》第33条的规定，对初步审定公告的商标，自公告之日起3个月内，在先权利人、利害关系人认为违反本法规定的，或者任何人认为违反本法规定的，可以向商标局提出异议。公告期满无异议的，予以核准注册，发给商标注册证，并予公告。第35条规定，对初步审定公告的商标提出异议的，商标局应当听取异议人和被异议人陈述事实和理由，经调查核实后，自公告期满之日起12个月内做出是否准予注册的决定，并书面通知异议人和被异议人。有特殊情况需要延长的，经市场监督管理部门批准，可以延长6个月。另根据商标局内部工作制度，申请商标异议复审的，可在申请受理之日起3个月内补充异议复审材料。

据此，我司应在202×年12月12日之前提交复审补充材料。

目前代理我司申请复审的机构是JD知识产权代理公司。JD公司一直是我公司商标注册申请的代理机构，有较长的合作时间，对我司商标情况比较熟悉。但经法务部与该代理公司面谈，该公司的代理人员对我司能否取回这个关键性商标，没有信心。关键是，该代理人员的思路已较为局限，缺乏主动帮助解决问题的积极性。

三、公司商标问题的解决方案

方案一：走法律途径，并提高法律应诉水平

重新选择市场上商标复审经验丰富，有一定政府资源的2~3家代理机构。进行比选后，确定一家机构，对复审的理由和证据重新进行组织，并辅之以必要的公关。对于复审之后的法院诉讼阶段，也应高度重视，因为存在法院改变商评委复审结果的可能性（但概率很小）。

优点:成本相对较小,顺其自然。

缺点:不可预测因素多,时间跨度可能较长,公司品牌投入受最终结果的影响。

方案二:走协商途径,通过购买或合作方式

以公司名义或委托其他第三方,与 JG 公司实际控制人进行协商,购买争议商标或达成其他合作方式。

优点:快速、明确,能"一揽子"解决"A"商标问题。

缺点:缺乏合理的评估机制,对方可能漫天要价,费用可能远远超出公司预计水平。

方案三:暂时搁置,待合适时机,再协商解决

为避免前期开支过大和矛盾激化,继续由现在的代理机构按现有费用标准走复审程序,待局势明朗化后,再寻求合适时机,与 JG 公司协商解决(要注意的是,那时再用法律途径改变局面的可能性已经很小)。

优点:费用低,暂不会激化矛盾。

缺点:可能丧失最佳的主动解决时机。依目前局势及目前代理机构的预测,"A"商标的复审结果可能对我司很不利,届时再协商解决,谈判筹码会进一步缩小。如后期使用过程中,实际商标持有人一旦获得"A"商标注册,可能对我司提起侵权诉讼。可能会对我司造成经济方面的损失,对于我司的公信力、品牌知名度等方面也可能带来巨大影响。

方案四:放弃争议商标,重新布局其他商标

在现有状况很难改变或成本很高的情况下,放弃现有商标,重新设计新的,能顺利注册为商标的企业标识,作为未来品牌战略发展的基础。

优点:能避开目前争议,节约后期费用,预防今后商标纠纷。

缺点:无法享受"A"商标能带来的无形价值,与公司品牌发展可能存在冲突,品牌前期投入无法收回。

四、法务部的方案建议

权衡各方案的优缺点及综合成本,法务部认为,对于公司涉及的"A"商标事宜,在与商标争议对方处于僵持状态,无法进行有效沟通的情况下,建议积极通过法律途径解决。

某公司法务部

××××年××月××日

四、发表意见的技巧

法务人员发表法律意见的目的在于获取企业其他部门对其意见的认可,并能按意见进行相关的操作。现代企业内部分工细致,各部门各司一职,仅能理解本部门内的专业问题,对于部门外或专业外的问题,可谓知之甚少。这就产生了部门人员隔阂、专业隔阂的问题。这既是公司管理的起因,也是公司永恒

的难题。法务部门出具的法律意见同样如此。因此,法律意见要能被企业采纳,被其他部门接受,还须注意一些技巧。

1. 用业务部门听得懂的语言。从传播学的角度,我们发出的信息如使他人难以理解,其原因一是我们说话的内容;二是我们说话的方式。[1] 语境是传播是否通畅的重要因素。法务人员从在法学院学习开始,就被传授用法律思维进行思考、用法律语言进行表达。这些经历,业务部门的人员并未经历过。这就构成了法务人员与业务部门人员沟通时的语境差异,使双方之间的沟通肯定会存在障碍,除非一方能刻意去消除这种差异。这就提示法务人员在发表意见时,务必使用管理者和业务部门人员能听得懂的语言,尽量少用专业的语言。万一不得不用专业语言时,也有必要加以解释。实践中某些专业人员的做法恰恰相反,他(她)们满口的专业术语、行话,以显得自己专业。其实,这会使公司其他部门人员觉得他们是学究型的书呆子,反而对其出具的意见产生不信任感。

2. 理解管理者和业务部门的难处。现代企业在不断变化的环境中艰难生存或成长。企业管理者以及员工都在巨大压力下工作,他们渴望扩大销售数量、压低采购价格、控制运营成本。但这些事项往往会与法律相冲突。在法务人员指出某件交易存在诸多法律问题,以至于不能继续该交易时,这其实是对其他员工的打击。他们被迫重新与对手进行谈判,被迫重新拟定交易方式。这都是业务环境给管理者和业务部门带来的难处。法务人员在参与讨论时,如能充分考虑这些人的因素、情感的因素,其所提意见也必然会受到更高程度的认可。当然,要注意法律底线。

3. 不可固执,不存偏见。法务人员不会比非法务人员更加优越,即使是在法律问题的处理上。法务人员切忌对自己的专业意见固执己见。因为法律事务的处理不仅依赖于对法律的认知,涉及的因素太多、太广,以至于有时法律因素只是一个不在商业考虑范围之内的因素。如对风险评估的认知,初创型企业为了能在市场潮流中活下来,有时不得不忍受强势买方(或卖方)的霸王条款,冒着款项无法回收或产品无法按时交货的风险,不得已接受“硬塞”过来的合同条款。这时,企业的法务人员不可仅坚持对该交易持否定意见,而不提出解决

---

〔1〕 参见[美]鲁道夫·F. 韦尔德伯尔、凯瑟琳·S. 韦尔德伯尔、迪安娜·D. 塞尔诺:《传播学》,周黎明译,中国人民大学出版社 2013 年版,第 31 页。

方案或次优选择。如果实在没有更好的选择,那也应该与企业一道,共同接受该风险。

4. 重视反馈,灵活处理。如上所述,法律事务仅仅是商业交易中应考虑的重要方面,但毕竟不是全部。业务人员从其专业角度对法律意见提出的反馈,在更大程度上也许更符合商业交易规则。法务人员应当重视这种反馈,保持相当的灵活性,以便及时修改自己之前出具的法律意见。这也是法务人员出具法律意见时应注意的事项。

第二节 法律谈判

法律意见是针对企业的各种内外部业务、活动的合法、合理性而出具的意见,但其作为一种专业工作成果,仅限于企业内部使用。如需要与企业外部的人员对该专业成果进行讨论、意见交换,乃至执行,则属于法律谈判的范围。其实,对企业外部事项的法律意见的实施,最终都会涉及法律谈判。

一、法律谈判的种类

根据目的不同,法律谈判基本上可分为两大类:交易式谈判和争议解决式谈判。[1] 每一类型的谈判在内容、方式以及衡量成功的标准等方面均存在显著的区别。交易式谈判,是指谈判各方就其关注的合同、许可、合作经营、投资并购等商业交易进行的谈判。如在一个商业地产租赁的谈判中,双方要就租赁价格及其调整机制、租赁物的标准维持、租赁物的物业管理、租赁期间及其调整、违约责任、退出机制等事宜一一进行洽谈,并落到纸面合同当中。争议解决式谈判,是指谈判各方存在冲突,需要解决这些冲突而引发的谈判,如诉讼过程中的和解程序、提交仲裁机构解决前的协商等。

实际的法律谈判中,往往兼具争议解决和交易两个方面的内容。例如,一个公司因员工绩效不达标而予以解聘的劳动关系谈判中,会涉及员工绩效不达

---

〔1〕 参见[美]斯蒂芬·克里格、理查德·诺伊曼:《律师执业基本技能——会见、咨询服务、谈判、有说服力的事实分析》,中伦金通律师事务所译,法律出版社2006年版,第312页。

标的事实及劳动法律对此如何规定，以及员工是否同意降薪而继续留在公司工作的交易等事宜的讨论。在这样一个谈判中，既夹杂了法律规定、证据保留等争议解决方面的问题，又涉及员工管理、绩效与激励等交易方面的问题。再如，一个软件委托制作合同的诉讼案件中，原告声称被告所提供的软件未达到合同约定标准而主张被告违约，双方可以通过重新签订补充协议对软件质量与功能标准进行进一步描述。在这个过程中，即是先有争议解决式的谈判，后引发了交易式的谈判。

交易式谈判，是企业法务更常处理的事务。与争议解决式的谈判相比，交易式谈判的参加者，如法务人员，所持的心态会相对乐观一些。因为每一方都应该能从交易式谈判所指的商业交易中获利，才促使各方加入谈判。而为了解决争议而进行谈判，则往往气氛比较压抑，随着争议冲突的恶化，压力也会陡升。因此，很多人总结，交易式谈判应该以达到双赢为目标；而对于争议解决式谈判来说，法律诉讼中的每个人都是失败者。[1] 争议式解决谈判经常是一种“零和”游戏。这两种法律谈判迥然不同的特点，提示我们应该用不同的谈判方法与策略去分别应对。但无论是交易式或是争议解决式，谈判者的目标是与对方进行具有说服性的交流，而法务人员的目标则是让对方同意对自己企业尽可能有利的条款，而不是宣泄法务人员个人或所属企业的怒气，或在复杂的法律问题中显示出个人本领，甚至是卖弄专业辞藻。

二、法律谈判的基础

任何一个谈判，不管是争议解决，还是交易，都是以各方的利益、权利和权力为背景的。[2] 各方的利益差异，会把他们带到谈判桌上；各方的权利、权力及其运用，会影响谈判结果。

利益是人们所关心或想得到的东西。利益的满足，是谈判产生的原因。共同的利益，促使人们合作，使得事件按双方的期望予以解决，双方的关系得以维持或发展。但利益的差异，促进相关方坐下来，述说他们各自想要的，要求对方出示能给的，并且最后都希望能落实到一定形式的协议当中，一般是纸面的合

---

〔1〕 参见［美］X. M. 弗拉斯科纳、H. 李·赫瑟林顿：《法律职业就是谈判——律师谈判制胜战略》，高如华译，法律出版社2005年版，第189页。

〔2〕 参见［美］斯蒂芬·克里格、理查德·诺伊曼：《律师执业基本技能——会见、咨询服务、谈判、有说服力的事实分析》，中伦金通律师事务所译，法律出版社2006年版，第313页。

同。如在一个销售合同谈判中,卖主关心的是卖价的高低和销售量的多少;买主关心的是产品的质量和服务的各项条件以及价格上的优惠。合同谈判的主要内容包括总价、质量要求、特殊服务、包装、运输、结算方式、交货时间或发运时间等。这些要素体现了交易各方的多种利益,也构成了交易各方谈判的重点内容。法务人员在谈判中,要关注企业的利益及对手的利益,并有必要就双方利益进行专门的深入调查,以为谈判提供框架。值得注意的是,利益不仅有经济利益,还有名声利益、关系利益、心理需求利益、人身自由利益等。调查利益,还必须分清各方利益的先后顺序。

权利是法律所赋予的,或以通过双方签订并为法律所保护的合同为基础的。如在一个借款合同利息争议解决谈判当中,借款人可能以借款利率超过了法律所保护的上限为理由,要求不支付过高的利息,即借款人试图通过主张法律权利而要求贷款人接受该谈判内容。贷款人以双方已签订了正式协议,协议中约定贷款人可以其他费用的方式来体现超出法律规定的利息等要求借款人予以支付,贷款人即试图通过主张合同权利而要求借款人能接受该谈判内容。法务人员参与谈判时,应充分挖掘企业的各种法定权利以及约定的合同权利,作为谈判的基础。但应注意,权利问题在谈判中并非一成不变的,它是会随着各方的谈判策略变化而发生很大变化。如在争议解决谈判中,近期出现的一个类似判例的结果,将对谈判中涉及的对法院裁决的预期有很大改变,从而影响双方对“权利”行使结果的说法。

权力是强迫他人做其不愿意做某些事情的能力。权力主要源于经济、社会、心理、政治以及专业知识等因素,表现为一方调动其各类资源进行交易或解决争议的能力。如一个大型企业集团在收购一家创业型公司时,大型企业可以聘用更好的律师、会计师,这是其经济权力的表现。大型企业对创业型公司管理者可以给出更美好的成长预期,更具空间的个人发展承诺等,这是其心理权力的体现。一个卖方市场的大卖家,在面对中小购买者时,也可以种种权力来取得对其极为有利的谈判结果。如中小购买者的采购承办人员总觉得应与一个有实力的卖家进行交易,因为这对于其职业发展是安全的。这也是交易过程中的心理权力的体现。专业知识更能体现一方对另一方的谈判优势。假设一名刚毕业的法务助理与另一名经验丰富的法务总监就私募股权基金交易的一项事件进行谈判。法务总监对法务助理说,“这是本交易方式中用来表示分配方式以处理所得税的惯用办法”。虽然,这名法务助理后来经过研究、查询,并征求其他经验丰富的从业者的意见之后认为“根本没这个说法”,但在当时的情况下,法务助理仍有可能会认为对方说得确实是对的。这就是专业知识差异所体现的谈判差异。综上,权力不平衡是法律谈判中最为常见的现象。但谈判方之间的权力关系并非静止的,各方也可采取适当方式来改变权力平衡。如消费者面对厂商企业,可能处于不利地位,但随着现代互联网技术的发展与便捷,消费者组成联盟的可行性迅速增大,厂商也逐渐重视起来,从而影响其定价谈判策略。

三、法律谈判的过程

所有的谈判都是依情境而定的,没有固定的流程,也没有一成不变的规则。但总结法律谈判的规律,对于明确谈判思路,有效促使谈判走向预期目标是很有帮助的。对于法务人员来说,法律谈判过程一般按如下步骤展开:

1. 进行信息收集。谈判会涉及开价、还价及各种方案的讨论。这些方案背后都隐藏着谈判对手对其掌握信息的判断。信息的种类很多,收集方法也是多样的。在并购项目中,专门收集信息的工作被称为尽职调查,要求对对手公司的主体资格、历史沿革、资产负债、知识产权、劳动人事、技术研发、诉讼仲裁、对外投资等事项进行专项的信息调查。法务人员在进行信息收集工作时,要注意信息收集本身的合法性,特别要注意信息来源的合法性,切勿涉嫌侵犯对手的商业秘密等合法权益。

2. 评估谈判双方的利益、权利与权力。如前所述,利益、权利与权力是谈判的基础。在谈判前,逐项评估谈判双方的利益、权利与权力有助于从根本上和全局上把握谈判。如果无法单方评估,可通过与谈判对手的交流,提出一些开放性的问题,先搞清楚谈判对手的利益或其担心的所有问题之所在。如在某件并购交易的尽职调查过程中,通过与对方高管的访谈来摸清楚对方本身出售股权或资产的真实意图。利益的确认是个过程,也许对手的利益会不断变化,也许对手在谈判时还不清楚自己想要什么样的结果。因此,有必要试着推测对手的“可能利益集”,并去验证其真实性。权利的评估需要更多的法律知识与经验。在考虑法律规定的同时,要关注举证的责任以及证据链的完整性等问题。这些事项会影响权利的实现,从而影响双方的谈判态势。对谈判双方拥有权力的观察与评估,也是谈判中很重要的一个环节。在谈判准备中,应对权力进行冷静地评价,并尽力增加己方权力或寻求帮助以降低对方强权力的影响。

3. 拟定谈判策略。一个完整的谈判策略应包括谈判目标、底线、替代方案、议事顺序、日程安排等因素。策略首先应围绕目标而定。但目标有时只是单方预想的,未经过对方的评价。所以,有时谈判目标是较难在一开始就明确的。底线和替代方案是一枚硬币的两面,都可成为谈判的筹码。底线,是指谈判一方所能接受的最低限度的利益。低于底线的任何动议将完全不被接受。替代方案,是指谈判一方在不得已的情况下单方考虑的其他解决办法,而无须借助谈判对方。如买卖交易过程中,买方同时私下向第三方询价,以备本交易不成的情况下可与第三方进行交易。替代方案使得谈判一方掌握退出谈判的途径,也构成了对谈判对手的一种心理"权力"压力。议事顺序安排应有利于整体谈判,并应当让对方接受这种议事程序。这需要准备好向对方解释采用这种顺序的好处,以及这种顺序如何能使双方快速达成解决方案。日程安排包括时间、地点的确定,这些因素对于谈判的结果都同等重要。如谈判地点,在己方、对方或第三方的办公场所、餐厅或法院楼里等,都有一定的讲究,谈判双方也会尽力争取到对自己有利的或熟悉的地方去谈判。谈判时间也是如此。谈判的策略包括对时间、地点的考虑,是一位经验丰富的谈判高手应当仔细权衡的。

4. 选择谈判风格。谈判风格,是指谈判人的陈述方式,如强硬型、攻击型、友好型等。谈判风格首先是由谈判者自身的性格决定的,但它在某个谈判情境中也是可以进行选择的。其实,这和沟通方式的选择是极为类似的。法务人员在与公司管理者,与公司业务部门人员,与公司外部律师沟通时,其陈述风格必然会不大一样。如与外部律师交流时,基本上会围绕法律规定,用专业语言进行沟通,而不会像与非法律人士交流一样。随着从业经验的增长,执业律师往往会训练出因人而异的谈判风格。法务人员也可以根据自己想要给对方造成影响的内容而切换风格。

5. 处理特殊问题。每次谈判都不一样,每次谈判都会遇到不同的问题。对于临时出现的状况的处理,凸显了法务人员驾驭法律谈判的能力。特殊问题包括遇到了难缠的对手、被激怒的情绪、人身的威胁等意外情况。处理这些问题,没有规律可循。总之,法务人员作为谈判团队的参与者,必须保持法律人士特有的冷静、沉着和理性。

6. 结束谈判。在双方达成交易或解决方案趋向一致以后。法务人员应当立即起草书面法律协议,确保谈判的所有实质性内容已包含在内。协议用词应当准确,而且与谈判结果要一致。在一个交易中,如果谈判时没有谈到相关的违约责任，在协议的制作中也应当加进去，以使得协议具有可执行性。当然，这个违约责任的规定，最好是符合行业惯例，并能为双方律师接受的，而不能偏离谈判精神，不至于又因此需要重开谈判。

典型示例 13

▶ 一次常见的合同谈判过程

××××年××月××日上午 10:00，某集团 A 法务经理和 B 法律顾问（法务主管级）代表集团到另一家公司参加了一场关于双方商业物业租赁合同事宜的谈判会议。对方参加人员有 T 法务总监、H 运营经理、J 法务专员。

在此之前，双方法务人员已就本次谈判对象《××房屋租赁合同》进行了多轮书面修改，并基本归纳出双方存在不一致意见的条款事项。本次谈判的目的，即在于敲定合同条款内容。

首先，A 经理先表达了双方领导对于本次合同的重视程度，希望能在××月××日之前完成签约。T 总监表示认可，并进一步提出，鉴于时间紧急，希望双方对合同应抱有紧密合作的态度，在一些非核心条款上，双方均能综合考虑对方的立场。A 经理表示赞同。之后，T 总监试探地追问 A 经理是否已得到集团内部的授权，可以对合同条款进行确认。A 经理口头表示基本没问题，但对于是否得到明确授权，不置可否。

在布置好投影仪之后，确定合同谈判的方式——对有争议的条款逐条讨论。双方正式进入合同谈判阶段。

10:15～10:30，A 经理陈述了双方有争议的条款，涉及第 2 条“租金的计算”、第 3 条“租赁期限的起始时间计算方式”、第 5 条“履约保证金的支付与退还”、第 8 条“转租与分租”、第 13 条“垃圾清运费用与责任”、第 15 条“安装额外设施”、第 18 条“出租方免责情形”、第 19 条“合同解除的情况”、第 25 条“乙方的违约责任”等一共 9 条内容。

10:35 起，双方开始共同逐条阅读，对现有表述进行讨论。一般是先由 T 总监解释该条款的本意，然后 A 经理谈一下修改的理由，双方再核对一下是否理解双方的用意，进而看能否接受对方对合同的修改措辞。如果能接受，本条即通过。

关于第 2 条，某集团 A 经理的意见是“月保底租金计算标准：日标准租金×计租面积×365 天/12 个月 = 月保底租金。乙方还须按其税前营业额的百分比抽成向甲方支付抽成租金，具体的抽成比例见附件一”。T 总监提出“根据双方之前的商务确认，月租金的计算是在保底租金和抽成租金中选一种，因此合同应进行相应修改”。A 经理表示，此事业务部门人员并没有通知他，他得回去确认。所以，第 2 条暂时搁置。

第 3 条涉及租赁期限的起算时间问题。双方意见不一致，通过对条款进行逐字协商，最后经过妥协，达成一致意见，并当场固定下来。“租赁房屋的交付日期见附件一第六条的规定。如因甲方原因导致实际交付租赁房屋的日期延后,则租赁房屋的计租起算日相应顺延。如因乙方原因导致租赁房屋实际交付迟延的,则视同甲方在本合同项下的租赁房屋交付义务在约定交付日即告完成”。

对于其他几条,均采用同样的方式进行谈判。一方陈述理由,另一方针对性地提出修改意见。站在各自利益立场,对文字表达采用“对等”的方式进行修改,往往能被双方接受。遇到难于折中的条款,则暂搁一旁,继续讨论下一条。最后,对于有争议的9个条款,除了第2条、第18条以外,其他均达成一致意见,双方均可接受最后的表述。

11:40左右,合同内容探讨结束。T总监对双方已达成一致意见的条款,再次进行了重述,表示对于未达成一致意见的两个条款,可分别回去向所在公司汇报,并约定2日内就此事再次电话沟通。

合同谈判就此结束,结果基本符合双方预期。

四、法律谈判的技巧

法律谈判是经验性的学科,没有“处处可用”的技巧。所谓法律谈判的技巧,其实是前人对成功法律谈判的一些经验总结。

1. 进行清晰的角色分工。商业交易谈判有很多人参与,如财务人员、技术人员、组织人员等。每种人员得到的授权是不一样的,每种人员的角色分工也是不一样的。法务人员在法律谈判中,可以起主导作用,也可以起协助作用。一般来说,法务人员(律师)在谈判中扮演评估者、顾问、谈判者、起草者四种角色,依据谈判的需要而定。谈判前适当的角色分工,对于推进己方团队获取谈判的主导权有莫大的帮助。

2. 保持谈判策略的灵活性。谈判是双方博弈的表现,它总是在变。谈判前制定的谈判策略,甚至是说好的角色分工,都要视谈判演化情况而进行相应的调整,甚至是完全改变原策略。如在一次收购交易谈判的过程中,发现对方的一笔债务发生到期,而如果没有后续资金跟进的话,对方公司业务的正常开展将受到严重影响。利用这个信息,改变原来制定的谈判日程安排,即能取得意外的成果。

3. 有限授权。法务人员在谈判的后期,可以亮出“授权”牌,即指出对方的要求超过谈判团队得到的授权了,需要回去再获取授权,而这会将几乎要达成的成果搁置起来,这对于急于交易的对手来说,可不是件好事。这时,交易对手往往会重新审视授权范围,并再考虑是否应在授权范围内进一步交流。

4. 利用最后期限。最后期限促使人们采取行动。随着最后期限的逼近,压力越来越大，必须作出决定，采取行动。在争议解决中，最后期限往往是法律规定的；在交易谈判中，最后期限由双方约定或市场决定。如根据合同约定发送一份催促交货的通知，函告对方，逾期 5 日交货，将产生违约金；逾期 15 日交货，将解除合同并诉至法院。这样的表述，必定会引发对方的相应行动，从而起到促进谈判的作用。

第三节　法 律 培 训

培训是企业整体策略的一个重要环节，旨在提高员工工作绩效，激励员工积极参与企业事务，从而达到企业取得良好经济利润的目标。企业内部的法律培训，属于企业培训的一种。法律培训是法务人员满足企业不断变化和增长的内部法律服务需求的有效工具之一。法务总监应借助法律培训，促使法务人员有能力、有意愿去满足企业的法律需求，并应采取措施来帮助企业建立一种良性的企业法律文化。

一、法律培训的目标

要进行合理的培训，首先要清楚培训的目标是什么。有专家总结了企业培训的三大目标：提高绩效；协助项目实施；促进职业生涯；在企业内普及法治文化。提高绩效，是指提高个人或团队的工作能力。协助项目实施，是指确保投资项目成功，保证组织结构调整成功，推动专业资格结构发展等。促进职业生涯，是指新员工岗前适应、员工晋升、内部流动等。[1] 从范围来讲，法律培训是企业培训的一部分，既有共同性，也有独特性。从共同性来说，法律培训的目标也可参考上述三个方面来进行总结，即提高法律人员的工作绩效，协助企业各种项目实施，促进法务职业生涯提升。从独特性来说，法律培训要致力于在企业内形成和推动法律与法治文化的普及。这不仅是为企业法务部创造良好的工作氛围，也为企业整体的绩效提升和风险控制文化塑造提供了坚实的底层环境。因此，法律培训的目标有四点，具体如下：

---

〔1〕 参见［法］阿兰·梅涅昂：《管理培训》，姚纪恩译，清华大学出版社 2012 年版，第 35～47 页。

(一)法律培训应帮助法务人员提高个人工作技能

法务总监制订法律培训计划,不管是出于能高效完成工作任务这种短期的可见的目的,还是出于企业发展人才这种长期的战略目的,都应当以帮助法务人员提供个人工作技能为目标。因为,只有在法律培训中,法务人员才能提高工作技能。企业法务工作是一种实践性的工作,其基础不仅是法律知识、法条规定或资格考试,还必须有对商业交易的理解、对行业特点的理解等。这个基础,无法靠法学院的教育来完成的,也没有一个事前的外部机构可以提供整套构建式的培训。事实上,所有的法务人员,特别是法务总监,都是从实践中学来的。有意识地组织法务人员进行"实践中学习",将避免法务人员走弯路,走重复错误之路,从而大大提升整个法务部门的战斗力。

(二)法律培训应有助于企业完成各种项目

相关项目包括投资、融资、组织架构调整、人力资源结构变化、风险管理等。目前企业面临的经济环境的核心特征就是"变化",企业必须不断地调整自身的发展策略,才能存活于这种环境。因此,企业必然面临各种"项目",如对外投资、融资,调整自身的组织架构和人员安排等。这些项目必然会涉及法律问题。法律培训的目标就是要让企业能顺利完成这些项目,在法律方面不至于出现差错而引起致命的风险。实现这个目标,一要靠全体法务人员的专业努力,二要靠全体人员的风险意识和合理行动。

(三)法律培训应促进法务人员职业生涯的提升

法务部在建立法律培训机制时,应把法务人员的职业生涯纳入其中。从法务助理的入职适应性培训,到法务专员对初级法务工作的接触性培训;从法务主管对法务日常工作的经常性培训,到法务经理对法务项目的专题性培训等,法务总监必须从不同法务人员的各自职业发展角度来安排培训内容。这种目标既能帮助法务人员完成职业生涯的过渡和提升,也能提高法务人员参与法律培训的积极性。

(四)法律培训应在企业内普及法治文化

法治管理,在企业内已被证明是一种颇为有效的管理方式。这种管理模式需要企业全员具备法律与合规意识,养成知法、守法的业务习惯。但是,法律、法规本身也在不断变化,其内容要让员工知晓,必须借助专门的培训。全员的法律意识和能力得到提升,自然就减少了企业的违法、违规,甚至违约风险。从长远来看,这也是防范企业法律合规风险的有效手段。

二、法律培训的种类

围绕法律培训的目标,从法律培训的受众来看,法律培训可分为两种:一是对法务人员的专业培训;二是对企业其他人员的法律培训。

对法务人员进行专业上的培训,是法律培训的主要内容,也是满足以上所述法律培训目标一、目标二的主要手段。该类型培训的受众是公司的法务人员。培训的主体可以是公司内部相关人员,如法务总监、企业总经理、企业财务负责人、技术人员等,也可以是公司外部专家,如高校教授、律师事务所合伙人、咨询公司主管等。培训的场所一般不限。这种培训,可以跟企业的知识管理结合起来。

对企业其他人员进行法律知识和文化方面的培训,是另一种法律培训。它满足法律培训目标二、目标四的有效手段。企业的项目涉及的部门不仅是法务部门,涉及的人员也不仅是法务人员。相反,在大多数情况下,企业各项目都不是由法务部来主导的,而是由其他部门,如投资部、技术部、人力资源部等来完成。为有效预防项目的法律风险,最好的办法就是让这些项目的主导部门和人员能对其行为是否合乎法律规定等有个初步判断。把防火墙建立在一线的操作人员身上,在整个企业内建立法律和规则文化,这便是该类法律培训的初衷,也是该类法律培训的价值。

三、法律培训的形式

法律培训是一种成人的学习。随着成人学习理论的发展,市场上出现了多种形式的培训和相应的培训工具。培训,不再限于传统的课堂授课。法律培训尤其如此。法律培训工作的形式也应根据具体情况“因材施教”。讲授式的培训仅能作为补充,大量的培训是以其他方式体现的。重要的是,法律培训应当与法务工作结合起来,采用交替进行的方法。该方法可以保证学员学以致用,在学习与实践的往复过程中不断巩固、深化学到的知识与技能。法务总监还要考虑不同法律培训形式的成本与预期效果,巧妙地进行搭配组合,设计出“性价比”最高的方案。

对于第一种类型的法律培训,其实施的形式有内部专题讨论、外部专家主题内训、外部专业沙龙/讲座、外部主题课程等。内部专题讨论,是指在法务总监的组织下,全体法务人员或特定法务小组,就实际法务工作中遇到的法律事项,如重大或疑难合同及案件、重要投资项目、新型融资、企业兼并或重组引起的组织架构重大变更等,进行集体闭门会议。通过内部专题会议加深法务人员的交流,挖掘法务人员的专业优势,激发法务人员的学习乐趣。外部专家主题内训,是指以企业名义,聘请一些行业或专业法律专家,到企业内部就某项法律问题向法务人员进行讲授。形式可以是讲课式,也可以是研讨式。外部专业沙龙/讲座,是指法务总监支持法务人员到企业外部参加一些由律师协会、法律专业机构等组织的小规模的沙龙或讲座,参加人员或为同行法务,或为相关专业律师。外部主题课程,是指由市场上专业从事法律培训的机构发起的系列收费课程,类似法律界的 MBA 课程。以上几种法律培训的方式,视具体情况不同,法务部可灵活综合采用。

对于第二种类型的法律培训,其实施的形式有与业务人员定期交流会、企业普法教育、法律刊物编写等。与业务人员进行定期交流,是指在法务总监的协调下,法务人员与业务人员就公司的业务现状、产品的研发、采购与销售等合约履行情况,公司的未来投资重点等事项,进行定期的交流。该形式,广义上也属于法律培训的一种,其好处有两点:一是促进法务人员了解企业的商业运作、发展战略;二是帮助业务人员理解法务人员的关注点,理解法律风险控制的重要性。企业普法教育,是指为培养企业全员法律意识,由法务部门发起的,对公司全体人员进行的一次或多次有关基础法律知识和法治意识的宣讲和相关活动。普法教育涉及法律意识和法律文化的灌输,旨在提高企业全员依法行事的意识。这种培训方式,对于法务部门的工作绩效的提高作用是间接的,是有长远益处的。法律刊物编写,是较为特别的法律培训方式,是指通过整理和汇编一些与企业事项相关的法律信息、法律规定及典型实际案例,使知识和经验在法务人员和企业其他员工中得以分享。

四、法律培训的内容

法律培训的内容,应依据法律培训的目标来确定。在对法务人员进行专业培训方面,法律培训的内容主要集中在专业知识的传授和专业技能的提升上,重点是技能提升。如为提高法务主管审核日常合同的技能,有必要对法务主管进行合同审查技巧的培训。不管采取什么形式,是法务总监亲自给法务主管讲解，还是聘请外部专业律师到企业就该主题进行讲授，法务人员的合同审核技能必须得到提升。另外，因为合同审查技巧是多样化的，因人而异的，又可从统一合同审查的基本标准入手进行相关培训。即进行合同范本的制作，以帮助法务主管应对繁杂、重复的合同审核工作。再如，为提高法务经理对法律尽职调查工作的认知和把握，法务总监有必要对法律尽职调查应关注的风险点进行总结，并传授给法务经理或对法务经理提出明确的要求。法务总监与法务经理进行法律尽职调查工作的交谈，即可视为该法律培训的内容。根据法务部门的工作清单，法务总监可在除合同审核、投融资并购等之外的大量其他专业工作领域开展对法务人员的培训，本书不再细述。

在对企业其他人员进行法律知识和文化的培训方面，法律培训的内容主要集中在法律基础实务知识及企业法治文化的宣讲上。如为建立规范的人力资源法律风险意识，有必要定期对企业人力资源部门进行劳动法的相关培训，特别是解聘、降薪降职等需要单方改变劳动合同内容的场合。因为，劳动法对这些企业行为有明确的程序和实质方面的要求，稍有不妥，甚至未保留充分的证据，都将把企业置于不利地位。法务人员对人力资源人员进行劳动法知识的培训，重要的不是要求人力资源人员同法务人员一样，完全掌握劳动法的全部法律规定，而是要在人力资源人员的头脑中要建立相关的法律思维方式、证据保留意识等。一旦这些思维方式得以普及，那么其对于整个企业的风险防范意识也将大大加强，从而大大减少风险行为。事实上，很多时候，风险不是由某个员工故意造成的，只是员工缺乏相关的思维方式及意识，在无意中形成的。因此，从长期有效地防范企业风险的职责来说，法务总监也有必要通过法律培训，在企业全员中逐步建立法律风险防范意识。其他工作领域，如投资、专利研发、商标侵权等，都需要相关的业务人员具备法律思维、风险思维、证据思维，这都可纳入法律培训当中，限于篇幅，本书也不再详述。总之，该种类型的法律培训的内容可归纳为八个字：思维强化、文化宣扬。

典型示例14

▶ 某集团法务人员能力提升培训方案

为有效提升集团法务人员的专业能力，提高法务人员的工作积极性，促进法务人员自我学习，落实集团化法务管控人才培养的目标，法务部特制定如下业务能力提升培训方案。

一、培训形式

1. 与关联公司法务进行驻场交流

经事先请示有关主管领导,并与关联公司法务沟通后,派驻集团的法务人员到关联公司法务工作现场进行学习、观摩,在得到批准后,协助关联公司法务人员实际完成法务事项,如审核合同、回答法律咨询、出具法律意见等。

培训要求:每月派驻一名法务,每次驻场时间为 2 周。

2. 与业务部门人员进行业务交流

经事先请示有关主管领导,由集团法务邀请集团或下属公司的业务部门就相关业务的特点、流程、商业规则、交易习惯等与法务人员进行交流、经验分享。

培训要求:每季度邀请一个业务部门进行分享。

3. 聘请外部专家对法务人员进行培训

利用相关资源,由集团法务邀请外部法律实务专家,包括知名院校教授、知名律所、知名企业法务同行等,就集团法务面临的热点问题、难点问题进行培训。

培训要求:按集团法务部预算执行,每半年一次。

4. 法务内部定期主题学习

集团法务人员自行组织内部定期集体学习,每期一个主题,重点在集团法务管理、投融资、互联网金融、地产等领域。

培训要求:每周一次,由法务人员轮流发起本期主题并轮流主持。成立法务部图书资料室,计划××××年法务部新增图书费预算,每季度××元。

5. 外出参加专业培训

集团法务人员可定期或不定期申请外出参加与法律相关的专业培训、论坛、沙龙、讲座等。

培训要求:每月一次,每次参加时间不超过 1 个工作日。培训时间可免打考勤。法务人员申请,法务总监审批。

6. 编写学习成果

学习成果以文字形式展现。对法务人员的学习和工作经验进行总结,对风控、金融、地产等领域的法律问题进行系统研究,形成书面报告或文章,通过法务报告、法务专刊、微信文章等发布,以供相关业务部门参考。

二、培训考核与奖励

1. 上述能力提升培训纳入法务人员的绩效考核。全体法务人员应将上述培训列入个人月度工作计划对应事项中。如未按法务部布置要求完成培训的,在法务人员的月度工作总结中,视实际完成情况,按工作计划设定分值,予以相应扣分。

2. 在完成日常培训计划的基础上,根据集团《法务人员奖惩细则》,按如下规则予以奖励:

（1）通报表扬：法务人员参加法律培训，半年内达到公司规定的任务量的110%以上的。

（2）通报表彰，并行政奖励2分：法务人员参加法律培训，半年内达到公司规定的任务量的150%以上的。

（3）记功，并行政奖励5分：法务人员参加法律培训，年度内达到公司规定的任务量的200%以上的。

五、法律培训的技巧

法律培训虽然可归为企业培训的一种，但它毕竟不同于一般的企业培训。法律培训既要注意法务人员的特点，也要注意与企业其他培训形式相结合。如何有效开展法律培训并产生良好的效果，是很多法务人员关注的问题。以下是几点法律培训时应注意的事项及技巧：

1. 法律培训应纳入法务人员的绩效考核。学习通常都是在身处逆境时发生的。很多主管都说，他们最有效的学习都发生在工作中的逆境磨炼。[1] 法律培训取得成功的关键因素，应当是有压力、有考核的学习。那种只是强调培训的重要性，组织各种形式的培训，但就是不予以及时反馈的法律培训，是无法取得预期的效果的。这种培训，顶多是可以使得法务人员避开日常工作的烦恼而进行的一些反思，对于工作和个人发展其实帮助不大。

2. 积极主动的参与是法律培训成功的另一个关键。法律培训不是体验式的学习，它是要求参与者积极思考、主动分析并主动采取行动的学习。法务总监在组织法律培训时，必须激发法务人员的高参与度，否则沦为传统课堂授课式的培训，将令培训效果大打折扣。法律培训的主体不是培训人，而是被培训人。

3. 有效的资源支持。现在企业法务人员往往疲于日常工作，无精力，也无费用去参加法律培训。法务总监应将法律培训视为一项大事，积极推动企业CEO重视法律培训工作，并能给予充足的经费及其他资源支持。当然，企业的这些“投入”，法务人员要让企业看得到“产出”。如此，才能进入一个良性循环。

---

[1] 参见［瑞士］保罗·斯崔伯、［英］特雷西·凯斯：《精通高级管理培训》，中国高级人事管理官员培训中心译，党建读物出版社2011年版，第1页。

第四节 法 律 公 关

发生危机的时候,人们往往愿意寻求法律的救济和律师的帮助。企业发生危机时,同样如此。于是,“法律公关”应运而生。法律公关是本书一个创造性的说法,其实质指的是企业运用法律和公关手段来解决企业面临的危机。企业发展过程中,由于外部环境和内部组织的变化,会遭遇各种情况。如有按计划推行的交易事项,或虽有偏差但未造成根本影响的一般事项,当然,还有企业从来未遇到过的危机事项。对于按计划、符合预期,或未发生重大偏差的企业法律事项,法务人员可通过法律谈判来解决;但如发生危机,法务人员则须通过法律公关来应对。

一、法律公关的场合

法律公关不同于法律谈判,前者是企业发生危机时采用的法律手段,后者是企业正常业务发展时采用的法律手段。企业的每一次危机,几乎都会触及法律。可以说,运用法律是危机管理的基石。在本书中,法律公关的含义等同于运用法律手段的危机管理。

要有效进行法律公关,首先要明白的是,法律公关用在什么场合?即企业发生的种种危机,哪些情况下需要法务人员来主导处理?企业是一定社会环境下人与财产的集合,发生危机,无非是人、财产或名声等方面遭遇潜在的负面影响的事故。

从人的方面考虑,需要依托法律来解决危机的场合包括:企业精神领袖或核心高管个人发生突发事故,特别是其涉嫌违法犯罪——该类信息公布,会立即引起外界对企业能否正常运转的担忧;企业发生重大安全事故导致多名员工伤亡;企业因环保措施不力导致大量员工健康受损等。这些因为人的问题或者发生在人身上的问题所引起的企业危机,都会涉及相关的法律规定。如某知名企业的老板突然传出涉嫌严重刑事犯罪,正接受司法机关调查,其公司股价应声而落,供货商、债权人、银行等利益关系人也应声出动,导致该企业立即产生不良连锁问题,扩大了损失。在这些情况下,要有效应对,必然首先要有人懂得运用法律来进行相关的问题界定、对外声明及采取措施。

从财产的方面考虑,需要法律公关的场合就更多了。如产品质量引发的危机事件、资金链断裂引发的财务危机、知识产权的假冒或侵权、同行业的恶性竞争、交易对手的重大违约引起的连锁反应等场合。例如,某食品安全事故的爆发,可能会引起一系列的不良反应,甚至对整个行业都是一种触动。届时市场萎缩、人员离职,谣言四起。这些危机事件都需要法务人员运用法律来协助企业公关人员进行处理,因为这些主动或被动的行为涉及《民法典》《产品质量法》《知识产权法》《反不正当竞争法》《会计法》等重要部门法律、法规。在某些情况下,只有通过对法律的理解和宣传,企业在市场中才能建立基本的被信任,不至于一下子完全垮掉。

从名声的方面考虑,需要法律公关的场合如下:产品声誉因各种突发事件而遭公众质疑、企业品牌遭受竞争对手的商业诋毁、电商促销价格标注错误引起的合同承诺兑现等。如某电商公司为提高关注度,将现实价格为 50 万元的汽车,在网上称"秒杀价"1 元。但事实上,没有一个消费者能以此价格购买。最后导致消费者提起诉讼,并借助媒体宣传该企业不诚信,欺骗消费者。这些危机事件经常和产品质量、安全事故、广告宣传等事件交织。识别问题,需要仔细界定其中的法律问题。解决这些危机问题,也需要借助法律程序,包括发布律师声明、进行公证、提起诉讼等。

二、法律公关的步骤

在企业爆发危机事件时,法务人员应遵循危机管理的一般规律,结合法律解决冲突的特别要求,有序采取应对性措施。以下是一个较为典型的法律公关步骤:

1. 成立法律公关小组。危机爆发后,应迅速组建包括企业高管、法务总监、公关总监乃至外部专家顾问在内的危机处理小组,并明确小组成员的个人职责、权限和联络渠道。在选配小组成员时,应关注人员的知识背景和综合素质搭配。法务总监在小组成员中的职责和职权应处于关键地位。

2. 迅速进行信息收集与法律调查。如前所述,需要法律公关的场合,必然涉及某种具体的法律问题。如在一场产品质量引起的企业危机中,产品是否由本企业原厂提供,还是有其他供应商的因素?与供应商或销售商的合同对于产品质量是如何约定的?是产品使用不当问题,还是厂家未尽提示义务问题?质量是否已符合法律规定标准,国家标准和行业标准的区别?以上这些问题的界定和回答,都需要快速进行法律调查。

3. 进行危机确认与法律研究。了解危机主要事实后,必须迅速判断危机的法律性质。是产品本身质量问题,还是竞争对手的不正当竞争问题,还是只是涉嫌共同侵权问题?确认危机性质后,应安排人员进行法律研究,包括查找法律规定、相关司法判例,征询行业法律专家意见,最后给出法律建议报告。法律建议报告犹如一份法律意见书,有事实部分和法律分析部分。法律分析部分,又包含事件的法律性质、事件的法律规定、事件的相关案例、事件的法律解决途径、事件的法律方案评估等。

4. 制订危机处理方案。在法律建议报告的基础上,法律公关小组应尽快制订危机处理方案。如果危机还没有公开,处理重心应当是控制事件的负面影响。这时,企业须在合法合理的条件下,与受害者沟通协商,达成协议,以免事态扩大。在协议当中,应明确受害者受到补偿后,应配合企业下一步的工作。如果危机已为公众所知并引起较大范围的负面影响,危机处理重心应放到转变公众态度上。[1] 这时,企业应在妥善安排好危机事件的直接相关人员的基础上,强化与公众的沟通,做好媒体工作,对外发表适当的、有公信力的法律声明。这种声明或意见,能使媒体和公众清晰认识事件的法律性质,促进其更加公正、客观地评述危机。

三、法律公关的手段

对于危机事件的处理,企业采取的策略通常有以下几种:开放式,即承认问题并表明正在解决的努力;封闭式,即尽可能地少说,且不承认有错;混合式,即公布一些调查或纠正性的措施,但否认公司的实质性失误或责任;分散式,即通过找一些借口或转嫁责任,试图引导媒体或公众。[2] 策略的运用,在于试图中止、隔离、消除或利用危机。在策略的实施中,法律手段的运用是法律公关的核心。以下是法律公关中经常会用到的法律手段:

1. 发布企业法律声明。法律声明是企业基于对危机事件的法律性质的判断,寻求一种客观、公开的表达,希望借此传播企业的坚定立场。如在一次牛奶

---

〔1〕 参见刘刚主编:《危机管理》,中国人民大学出版社 2013 年版,第 134 页。

〔2〕 参见[美]卡罗尔·巴斯里等:《公司法律部》,本书译委会译,法律出版社 2010 年版,第 214 页。

食品安全的危机事故中，涉及企业通过发布一份由公司法务人员起草的声明，阐述本次事故的事实，并论述企业行为的合法合规性。这份声明会引导公众或媒体理性对待企业。当然，要彻底解决问题，少不了其他公关手段的配合。

2. 发律师函。此律师函一般借助外部执业律师之名发出。同法律声明相比，律师函更多地用在个人发出声明、涉及具体协议或有具体侵权行为等场合。如对于市场中出现的恶性仿冒行为，很多企业选择一方面公开企业正版产品的标准、型号等，另一方面就仿冒事宜委托律师对仿冒者发出律师函，并向公众公开律师函的内容。

3. 达成协议。在危机尚未大面积扩大时，与先期的消费者或相关人士快速达成书面协议，以控制危机扩散，达到隔离危机的效果。如某知名汽车制造企业发布新车型广告，承诺按订单顺序交付车辆，但事实上未按订单顺序交付，引起十余名购买者集体抗议并寄出了购买者的律师函，该汽车制造商向维权车主们发来了一封“致歉函”，表示将于某日前交车，但需要车主签署协议，以“保证不公开投诉汽车制造商履行订单的表现”。如车主同意，此举便起到了较好的法律公关之效果。

4. 进行投诉。企业面临因竞争对手的故意行为而引起的公众对其产品的“被误导的质疑”，可以求助政府的行业监管部门，投诉竞争对手的不法行为，以消除危机带来的影响。政府监管部门的公信力往往较高，可以消除公众对产品的担忧，给市场带来稳定。

5. 引入第三方调解。在一些涉及人数众多的危机处理过程中，往往需要引入第三方的调停、斡旋、调解等措施。如某全球著名通信设备制造商发表声明，宣布裁员达 1000 人，涉及北京、上海、南京、杭州、天津等地。而北京的裁员人数占绝大多数，约 700 人。在裁员过程中，该制造商态度强硬，引起多地员工强烈不满，北京员工在公司门口拉横幅进行抗议，引起媒体强烈关注。后经多次协商均不成，直到引入第三方调解之后，裁员才得以完成。

6. 提起诉讼。在法律公关过程中，最后的、也是最有力的手段便是向法院提起诉讼。如某个法律公关案例中，国内知名果汁企业北京某饮料食品集团身陷商标授权风波，其下属公司被指利用商标授权收费进行合同欺诈，引来媒体的持续关注。据报道，此次商标授权纠纷缘于该下属公司与第三方公司签署的商标授权合作协议。但是，该集团否认授权的有效性，并禁止第三方公司生产，双方陷入纠纷。几经交涉无果后，该集团起诉第三方公司要求撤销合同。

四、法律公关的技巧

危机管理是对突发事件的艺术性处理,其难度大、可变性极强,往往一朝一夕之间就发生翻天覆地的变化。法律公关同样是非程序化的决策,在较大程度上要依赖法务人员的经验、直觉和洞察力。但无论是否发生过类似问题,创新不可少,一般技巧的总结同样也不可少。以下是一些法务人员在处理法律公关时可注意的事项或可运用的技巧。

1. 注意发言人的角色定位。在法律公关中,危机处理必须有法务人员参与,但对外发言是否需要律师参与,需要考虑。因为法律术语会发出红色警告:企业可能在通过法律把戏来隐藏什么。[1]

2. 避免使用生硬的法律术语。在发表法律声明时,切忌使用生僻的法律术语。专业术语在传播者和受众之间建立了一道不受欢迎的墙。公众不喜欢听到他们不理解的行话。尽管企业法务人员或律师说得头头是道,但这种生硬而冰冷的语言,只会让公众更加急躁而加大对企业的误解,无助于危机的解决。

3. 利用中立的法律专家。在危机的对立冲突中,不信任是冲突方的基本表现。如何消除怀疑,建立信任,是危机处理策略的核心要素。中立的外部机构和外部专家所发表的客观性评论,有助于建立信任的桥梁。没有利益冲突的法律专家,就危机事件中的法律问题发表专业看法并以适当的方式传播出去,可在一定程度上引导舆论的走向。因此,法务人员应注意对外部法律专家言论的运用。法务人员可通过事先熟悉那些涉及公司业务的特定领域的法律专家,对法律公关管理做最好的准备。

4. 借助法律媒体。媒体需要企业提供信息以进行报道,企业需要媒体的报道达到传播企业思想的目的。公关关系从一开始就离不开与媒体的合作。法律公关同样需要媒体发言人,而一个合适又有影响力的法律媒体,将增加企业形象的说服力,会给公众造成一个非常理性、客观的印象。

---

〔1〕 参见[美]罗伯特·L. 戴伦施耐德:《企业公关实务手册》,王俊杰、甄寒译,经济科学出版社2012年版,第90页。

典型示例15

▶ 某公司突发事件舆情应急管理办法

第一章　总　　则

第一条　为增强公司突发事件舆情应对能力，确保及时、客观、准确地发布权威信息，主动引导舆论，最大限度地避免、缩小和消除因突发事件的舆情（特别是网络舆情）造成的各种负面影响，维护企业良好形象，结合公司实际，特制定本办法。

第二条　本办法适用于涉及公司及各子公司的舆情应急处置工作。

第二章　组 织 职 责

第三条　为进一步强化组织保障，确保突发事件舆情应对及时、处置有序，结合公司实际，成立突发事件舆情应急处置领导小组（以下简称“领导小组”），负责统筹协调公司突发事件舆情应急处置工作。

第四条　领导小组由公司董事长任组长，公司各部门、各子公司主要负责人任成员。

第五条　领导小组主要职责：

（一）审定舆情处置方案，决定新闻发布口径、原则、内容和发言人。

（二）根据舆情发展态势决定配合单位。

（三）对舆情处置过程中出现的新情况、新问题进行会商，及时予以解决。

（四）依法追究责任单位和责任人的责任。

第六条　领导小组下设办公室，办公室设在公司法务中心，办公室主任由公司法务负责人兼任。领导小组办公室是公司突发事件舆情应急处置归口管理部门，负责对涉及公司、各子公司突发事件舆情应急处置日常管理以及公司突发事件舆情收集、分析和上报等应急处置工作。

第七条　各子公司负责本单位工作职责范围内的突发事件舆情应急处置工作，并接受公司纪检监察部门的监督考核。

第三章　舆情分级分类

第八条　根据舆情涉及内容，将舆情分成“恶意攻击”“造谣生事”“检举揭发”“意见建议”四种类型。

第九条　根据舆情的内容和影响力等因素，将舆情分为一般、重大、特大三个级别。其中对内容不敏感，造成一定不良影响的，定为“一般”级别；对内容较敏感，影响较大的，定为“重大”级别；对内容尖锐、社会影响巨大的，定为“特大”级别。

第四章　管 理 要 求

第十条　公司突发事件舆情应急处置应严格按照以下要求进行：

(一)及时主动,准确把握。突发事件舆情发生后,事发部门和单位应在第一时间发布准确、权威信息,稳定公众情绪,把握新闻舆论主动权,把不良影响降低到最低限度。

(二)强化引导,注重效果。突发事件舆情发生后,事发单位应切实增强舆论引导意识,使突发事件舆情宣传和引导有利于维护公司声誉,有利于维护员工切身利益,有利于突发事件妥善处置。

(三)突出导向,分类处理。突发事件舆情发生后,新闻宣传工作应服从现场处置工作,凡涉及企业稳定发展、良好形象和职工群众切身利益的突发事件舆情,未经公司主要领导批准不得擅自公开回应。

第五章 应对流程

第十一条 舆情发生后,事发单位应在10分钟内着手调查核实有关情况,并及时予以澄清:

(一)对不属实的,应及时发布权威信息,澄清事情真相,正确引导舆论。

(二)对暂无法核实的,应视情况采取发函、发声明等办法转移公众注意力,最大限度地消除负面报道或不良信息带来的影响。

(三)对反映属实的,应及时起草新闻通稿,经公司舆情领导小组审定后立即澄清。

第十二条 事发单位在快速处置舆情的同时,还要向公司舆情领导小组动态、及时报告处置进展:

(一)对"一般"级别的舆情,事发单位调查、了解、核实后,视事件进展决定是否予以正面回应。

(二)对"重大""特大"级别的舆情,事发单位应在10分钟内着手调查核实有关情况,并在30分钟内向公司口头初报,提出初步处置意见,经批准后立即予以回应。同时,还应在3小时内形成书面报告上报,并动态报告事件进展。

(三)"重大""特大"突发事件舆情发生后,舆情领导小组办公室应在30分钟内口头报董事会,2小时内形成书面报告上报,并动态报告事件进展。

第十三条 各子公司应择优确定一名专职或兼职舆情信息员,重点对全国、本省市各大综合网站、新闻网站、微信公众号、微博、搜索引擎等进行实时监控,密切关注涉及本单位的舆情,并即时汇报反馈。在必要时,借助专业的舆情服务机构监控公司及子公司舆情。

第六章 监督问责

第十四条 舆情领导小组办公室应每年至少检查一次各子公司突发事件舆情应急处置工作,并针对其存在的问题,提出整改意见。

第十五条 公司法务中心对各子公司突发事件舆情应急处置管理工作有责任进行核查。凡有下列情形之一的,应追究相关单位责任:

(一)因处置不规范、宣传不到位导致舆情扩散、事件激化的,每次扣除责任单位本年度目标绩效分5分。

（二）迟报、漏报、谎报、瞒报突发事件舆情，贻误处置时机导致舆情扩散、事件激化的，每次扣除责任单位本年度目标绩效分 10 分。

（三）重大、特大突发事件舆情发生后，公司法务中心未及时将有关情况报董事会的，每次扣除公司法务中心负责人和直接责任人当期目标绩效分 5 分。

（四）公司法务中心未认真检查子公司突发事件舆情应急处置工作的，每次扣除公司法务中心负责人和直接责任人当期目标绩效分 2 分。

第七章　附　　则

第十六条　本办法自颁布之日起实施。

第十七条　本办法由公司法务中心负责解释。

第四章

业务管理

第一节　合同管理

提供内部法律专业服务是法务部存在的价值。按法务部工作清单,这些专业服务具体指合同管理、投融资法务管理、法律风险管理、诉讼管理等。对合同的管理是法务人员最为基础的业务管理工作。在发达经济体,合同管理工作已发展成为一项系统性工程,存在以合同管理为研究对象的专业协会和刊物。如美国于 1959 年成立全国合同管理协会(National Contract Management Association,NCMA),美国得克萨斯州制定政府指导性文件《合同管理指南》(Contract Management Guide),国际咨询工程师联合会 1957 年首次发布《土木工程施工合同条件》(Fédération Internationale Des Ingénieurs Conseils,FIDIC)等。[1] 事实上,在目前的经济法律状况下,企业合同行为已渗透到企业运营的各个方面。合同行为包括合同策划、合同起草与审核、合同签署、合同履行与变更、合同终止、纠纷处理、归档保管等环节。以企业合同行为中的关键环节为管理要素,不失为一种有效的合同管理方法。

一、合同起草与审核

合同双方确定了交易意向后,即进入合同起草环节。从法务管理角度,合同起草时应注意以下几个问题:

---

〔1〕 参见陈丽洁主编:《企业合同管理操作实务——来自中国百家大型企业合同管理实践的启示》,法律出版社 2010 年版,第 6 页。

1. 在完全了解合同事项的交易背景及交易方式之后才能进行合同起草。交易背景一般体现在合同序言部分。如大部分合同会有一个“鉴于”部分。交易方式涉及合同的逻辑安排,最为体现合同制作的功底。事实上,对交易背景和交易方式的理解和运用虽然是合同之外的事宜,但在一次起草的合同过程中,其作用丝毫不亚于合同文字的书写或编排工作。

2. 按照合同的基本结构来起草。合同的结构包括合同内容结构和合同形式结构。《民法典》第 470 条规定了合同的一般要素,归纳起来可包括如下条款:(1)当事人的姓名或者名称和住所;(2)标的;(3)数量;(4)质量;(5)价款或者报酬;(6)履行期限、地点和方式;(7)违约责任;(8)解决争议的办法。合同的内容结构即是由以上合同基本要素按一定逻辑顺序进行排列的。合同的形式结构则可分为合同首部、合同序言、合同正文、合同尾部、合同附件等几部分。

3. 条款的表述方式要专业化。合同所用的书面语语体是非常正式的专业语体,风格严谨、凝练、庄重,逻辑严密。没有这样风格的表达,合同就无法“形似”专业法律文书。当然,合同是陈述交易双方的意图,固定合同方的权利义务的书面载体,不能为了专业而专业,故应同时避免使用一些生僻、难懂的词语和语句。

4. 合同起草中的一个重要问题是合同起草权的问题。一般来说,合同由哪方起草,该方即掌握主动权。实践中,商业地位强势的一方,如买卖合同中的卖方、收购合同中的买方、商业地产租赁合同的出租方等,会要求合同起草权。大部分情况下,另一方也不得不接受。鉴于合同起草权中隐含的利益,建议弱势一方尽量创造机会争取合同起草权。

合同审核是法务部针对已有的合同文本及相关资料,对合同进行检查和分析,站在己方立场,就合同中存在的法律问题及其他问题,提出修改、增删、调整等意见的专业活动。合同审核的工作基础与合同起草的工作基础是一致的,都是将商业交易用合同形式进行固定。但绝大多数合同事项都是已经发生且重复发生的商业交易,合同参考文本也随处可见。所以,对于法务部来说,大部分的时间用于合同审核,而非合同起草。

合同审核的流程在不同的企业是不同的。从企业运行过程来看,一般可包括如下几个环节:(1)经办人起草合同;(2)经办部门负责人审核合同;(3)执行部门审核合同;(4)财务部门审核合同;(5)法务部审核合同;(6)公司领导审核等。各部门分别从本专业角度出具明确、具体的意见,再由法务部门从合同整体性角度把关,提出综合性的意见和建议,而不仅仅是局限于法律专业意见。最后,由公司决策人决定是否采纳各部门和法务部门的意见和建议。

在一个完整的合同审核流程中,各部门的各自审核部分的分工与协作特别重要。合同是记载交易的书面载体,本身是完整的。如果非要有所区分的话,可分为商务条款、技术条款和法律条款等三类。事实上,观察实际合同中的这三类条款,并没有严格的界限。这有时会导致各部门与法务部的“扯皮”现象。业务部门会认为合同所有条款都是法律条款,都应由法务部门审核;法务部门认为合同当中的技术问题、财务问题最好由相关部门出具意见。比较有效的做法是,坚持专业分工的原则,由技术、商务人员负责技术、商务条款的基础审核,由法务人员负责法律条款的审核;最后由法务总监或法务部合同负责人从企业整体风险控制的角度对合同进行复核。复核时,同时注意合同的合法性、严谨性和适用性。复核完毕,交由公司最高主管领导进行决策。

合同可从形式和实质两方面进行审核。[1] 形式审核,是指依据企业的管理流程,对合同资料、文本表述、逻辑结构等方面进行审核,该项审核一般不涉及法律专业问题。形式审核的依据是公司事先公布的规章制度与管理流程,如合同管理办法、合同审批流程、采购管理办法等。形式审核的要点包括审核报送合同资料的完整性、背景内容介绍、合同文本的来源、合同文本的结构、合同行文格式的规范性、合同用语和文字是否有明显的错误等。如果合同从形式上就不符合公司规定,也不符合基本的合同规范,法务部门可将该合同退回承办部门要求重新报送。实质审核,是指依据法律规定和企业制度,对合同内容的合法性、合规性、合商业交易目的性等方面进行审核并提出修改意见或进行风险提示。实质审核的目的是保证合同合法、合规、合商业目的,并符合合同的内在质量要求,以控制合同事项风险。关于合同的内在质量要求标准,有专家认为,应包括主体资格合格、约定内容合法、合同条款实用、权利义务明确、交易需求满足等方面。[2] 综上所述,合同实质审核的要点包括合同主体审核、合同内容审核、合同条款审核等。对于合同条款审核,应从条款是否完备、明确、严谨以

〔1〕 参见陈丽洁主编:《合同审查的结构与方法——企业合同审查指引》,法律出版社 2009 年版,第 14 页。

〔2〕 参见吴江水:《完美的合同——合同的基本原理及审查与修改》(增订版),北京大学出版社 2010 年版,第 62 ~ 72 页。

及条款表述的内容能满足合同方的要求等关键点进行仔细阅读与分析,然后进行针对性地修改或提示意见及建议。

合同修改或意见提示是合同审核的最后一步,是合同审核成果的体现。修改的原则是使合同能适应合同所述交易,忠于合同起草时的本来商业目的。因此,合同修改意见应当合理、谨慎,切勿越位、擅断。实际工作中,合同修改的实质也是落实合同审核要点的过程。因此,合同形式修改的着手点包括:合同结构的合理、合同条款的完整、合同表述的精准、合同版面的美观。合同实质修改的着手点包括:力争主体合格、确保内容合法、增加实用约定、明确权利义务、满足交易要求。

二、合同履行监督

对企业的价值来说,合同的履行与合同的签订相比,在某种程度上甚至更重要。在企业内部,合同履行监督,是指合同生效到合同权利义务全部履行完毕的期间,由企业的相关部门对合同履行情况进行的监督、检查和纠正等活动。这里所述的相关部门,包括企业的法务部门、监察部门、审计部门等。各部门分工协作,共同对合同履行进行监督。在很多企业,鉴于合同的法律特殊性,一般情况下,法务部门是合同履行监督的归口管理部门,其他部门依据各自部门职责行使合同监督职能。

从监督的内容看,合同履行过程中,总是会发生各种合同约定、法律规定不一致的问题,这就导致需要合同履行监督。总结这些可能出现的履行问题,对于实现有效的合同履行监督大有帮助。首先,根据《民法典》的规定,合同履行要全面、及时和适当。但实践中,经常出现合同一方未按合同约定履行或未适当履行的情况。未正确按照法律规定履行合同,企业即可能产生合同法律风险。其次,《民法典》还规定了履行过程中的各项权利,如后履行抗辩权、同时履行抗辩权、不安抗辩权。这些权利要求企业把握行使时机、适用情况、行使前提,否则可能会导致企业丧失保护自己权益的机会。因此,也要求必须有合同履行监督。最后,合同在履行过程中经常会发生变更、解除、提前终止,乃至不可抗力的情况。这要求合同双方必须及时、有效地发出通知、订立补充协议、办理相关证明等。任何一项行为不符合约定或法律规定,都可能产生法律风险。

从监督机制看,合同履行监督一般包括合同履行情况的确认、合同履行情况的检查、合同履行情况的处理、合同履行情况的评估等环节。合同的履行是一个不断变化的过程,履行时间越长,面临的变数越多。合同一般交由合同执行部门履行。执行部门往往不同于合同承办部门,也不同于合同审核部门。例如,在采购合同中,承办部门一般是采购部,但执行部门却可能是生产部、研发部、运输部等。要监督合同履行情况,法务部门必须与合同的执行部门保持定期沟通,掌握合同履行情况。如有的企业规定就一些经常发生的合同事项,每月法务部门与合同执行部门召开合同会议,听取和研究合同履行情况,包括履行中出现的违约、权利的保障、义务的落实、对企业运营的影响等问题。合同履行情况检查,是指法务部门建立机制,不定期对某份合同的执行情况进行专项的检查,以起到预防纠纷发生的作用。通过定期或不定期的合同履行情况确认与检查,对于发现的问题,要及时从合同角度和法律角度进行处理。如发现对方不适当履行合同义务,必须在法定或约定的期限内向对方提出,收到对方关于履行方面异议的函电,要在法定或约定的期限内答复。合同履行情况的评估是合同履行完毕后,法务部对合同签订和履行各环节存在的问题和采取的措施是否适当进行评估,分析原因,追查责任人,以提高企业下次签订和履行类似合同的能力。此外,通过评估,法务部门还可以发现企业经营上的一些问题并就此提出建议,以从根本上减少和控制风险。

三、合同纠纷管理

在合同履行中,由于各种各样的原因,总是会存在一些预计之外的不可调和的矛盾,从而造成合同纠纷。对合同纠纷的管理,是落实合同管理的必要组成部分。企业对合同纠纷的管理活动至少应包括:合同纠纷原因的类型分析、合同纠纷的处理方案、合同纠纷的解决途径选择、合同纠纷的责任追究等。

合同纠纷,是因合同一方以故意或过失的心态去履行及不履行合同,且事后无法达成一致的补充意见而引起的争议。纠纷的类型即合同履行的问题类型。如由于买方资金链条存在问题,原定的目标采购量无力完成,买卖双方又无法达成变更采购数量的补充协议,卖方最后向法院诉讼,要求买方继续履行合同。这种纠纷类型较为普遍,即一方履行不能。履行不能和拒不履行都属于未履行,此外还有未适当履行的情形,包括一般瑕疵履行和加害履行。如某软件研发委托制作合同,受托方提供的制作成果不仅达不到约定的效果,还导致委托方的系统遭受损害,这种纠纷类型即为加害履行。

合同纠纷发生后,应当拟定一个快速有效的处理计划。首先,确定纠纷处理小组,一般由法务总监领队。其次,纠纷处理小组与执行合同人员沟通,获取有关合同履行的全部信息。信息应全面、完整,且有相应证据支持。最后,由纠纷小组通过分析,提出解决纠纷的法律方案。该方案应列出纠纷的焦点、性质和原因,并准备多套方案,说明各套方案的优劣之处及预计后果。处理合同纠纷的方案,原则上应以双方协商为主。对于因对方责任引起的纠纷,应坚持原则,保障我方合法权益不受侵犯;因我方责任引起的纠纷,应尊重对方的合法权益,并尽量采取补救措施,减少我方损失;因双方责任引起的纠纷,应实事求是,分清主次,合情合理解决。

如前所述,合同纠纷解决的途径首先是双方进行协商,达成补充协议。如果协商不成,其他解决途径包括调解、仲裁和诉讼。调解,是指在第三人的主持下,通过运用说服教育等方法来解决当事人之间的合同纠纷。在我国,调解有两种方式:(1)人民调解委员会调解。企业发生合同纠纷,可以向纠纷当事人所在地或者纠纷发生地的人民调解委员会申请调解。(2)行政调解。主要特指市场监督管理机关居中对合同当事人的纠纷进行调解。申请行政调解的纠纷必须具备特定条件,且就此制作的调解协议书不具有法律强制力,一方当事人不履行的,另一方当事人不能申请法院强制执行。这限制了调解方式的运用。仲裁,是指发生合同争议的双方当事人,根据争议发生前或发生后达成的仲裁协议,将纠纷提交仲裁机关进行裁决并解决纠纷的方式。仲裁具有"准司法"性质,仲裁机构作出的仲裁裁决具有法律效力,当事人应当履行。诉讼,是指合同纠纷发生后,当事人如果没有仲裁协议,任何一方均可以向法院提起民事诉讼,请求法院对合同纠纷依法予以处理。这是解决合同纠纷的最终形式,也是最常见的形式。合同纠纷经法院审理并作出判决后,当事人对法院作出的发生法律效力的判决书,必须履行;拒不履行的,另一方当事人可以申请法院强制执行。

在处理合同纠纷的过程中,如发现合同内容或程序不合法、不合公司制度,应追究相关部门或人员的责任。对于合同责任追究,法务部门、监察部门应当与其他部门相互配合,共同完成。应当追究责任的情形依合同纠纷原因及企业规章制度而定,但一般包括以下:不按企业合同管理办法和相关法律规定签订合同导致产生合同纠纷;审核人员疏忽未审核出合同中明显缺陷问题而导致产生合同纠纷;合同承办人员对合同审核意见无故不予采纳;提供虚假资料或隐瞒资料不提供;发生纠纷后,未及时汇报或未及时采取措施,导致己方合同权利丧失或损失扩大;与对方或第三人恶意串通或收受贿赂;泄露商业秘密等。发生合同责任的,应根据相关人员各自承担的责任,区分不同的情况,分别追究。

四、合同信息管理

大型企业和一些特定行业的中型企业每年签订和履行的合同量往往非常大,合同类型也呈多样化。如何对合同签订、审核、履行等情况进行跟踪控制,是法务人员进行合同管理时面临的问题。过去依靠手工和纸质工具,显然存在效率低、难度大的问题。现在的合同信息管理,必须借助 IT 工具,建立信息管理系统。这也是法律服务的一种明显趋势。[1]

合同信息管理系统,是指建立一个计算机网络系统应用软件,以实现对合同的会签、审核、授权、履约监督、纠纷处理、档案保管等的电子化管理。通过该系统,企业可以非常方便地查询、收集、整理、统计合同原始数据;通过该系统,企业可以对合同审核、合同履行、合同纠纷进行实时的监控;通过该系统,企业可以对合同风险、交易风险进行某种程度上的预测。合同信息管理系统能大大提高法务人员的办公效率,降低法务人员与其他部门人员的沟通成本,从而增加企业的竞争力。

合同信息管理系统的建设,首先要有一个完整的合同管理业务流程。该业务流程可将合同订立、合同履行、合同变更、合同纠纷、合同档案、合同评估等以功能模块的形式按照企业授权体系纳入统一管理。根据流程定义,相关部门通过网络传递合同信息文本,并保持对整个合同行为过程的监控,提高合同管理效率,为企业动态了解合同签订情况、分析合同执行进度、合理计划合同结算工作提供有力的辅助工具。特别是涉及集团总部与分处各地的分公司、子公司以及分支机构的合同流转,实行集中管理、动态控制的作用非常明显。

合同信息管理不仅是合同信息管理系统软件的开发与建设,还会涉及线下的授权管理、合同档案原件管理、合同印章管理等。授权管理,是指企业的法定代表人授权相关人在合同上签字的制度。这对于合同事务繁多的企业非常有必要。通过授权,其法定代表人能从事务性的工作解放出来,专心于企业重大战略事项。合同档案管理也是合同管理工作的一部分,通过建立完整的合同登记、归档整理和借阅利用的工作制度,并设置专职的管理人员,企业能有序地保存和运用合同原件及相关资料。合同印章管理,是指对企业合同专用章的使

---

〔1〕 参见[美]卡罗尔·巴斯里等:《公司法律部》,本书译委会译,法律出版社 2010 年版,第 61 页。

用、保管、用印流程的规范操作。这也是企业防范内部风险,防止出现违规用章的必要之举,对于合同管理来说,也是必不可少的一部分。

五、合同范本管理

合同范本是企业为适应经常出现的合同交易事项而事先制定的示范合同文本。从合同管理的角度,合同范本的制作与使用,可简化审核流程,降低合同谈判成本,同时也便于企业内部学习和培训。当然,其最本质的目的在于通过范本的使用,防范企业的某些特定法律风险。如某企业的销售合同范本中,对于质量与检验条款是这样规定的:“买方在收到卖方产品时,应当当场对产品的数量、重量及外包装进行清点、检验,并在相应的货运回单上予以明确记载;买方应当在收到卖方产品后的 3 日内,及时对产品进行检验,如认为不符合双方合同约定或《产品手册》中的相关标准,应当在收到产品后的 3 日内以书面形式通知卖方。买方未在上述验货期内,对产品数量、规格、质量等提出书面异议的,将视为产品符合双方合同的约定。”对于该质量与检验条款,企业规定未经董事长同意不得修改。这样就能杜绝合同相对方超时提出的产品质量异议问题。

许多企业法务总监非常青睐合同范本制作,不遗余力地推行合同范本。但制定和使用合同范本时,应注意以下几个问题:(1)合同范本的结构要合理。合同范本制作时要考虑合同的适用性,针对不同的情况,合同范本都能有“用武之地”。诀窍之一便是设置“通用条款”+“专用条款”的合同结构。对于“通用条款”,企业内部任何部门不得擅自更改,企业外部人员不得就通用条款进行协商;“专用条款”的主要内容是商务条款和技术规范。这样能大大增加合同范本的适用场合。(2)合同范本的内容要合理。合同范本是企业单方事先制作的,为了本企业利益,制作时必然会存在很多类似“增加对方的义务”和“减少己方的责任”的条款。但从另一方面来说,合同对方可能不愿意接受该条款,甚至会因为这种“霸王条款”而拒绝合作。因此,为让对方容易接受,减少合同沟通的难度,合同范本中对于己方应承担的义务也要客观描述。(3)合同范本的运用要合理。合同范本是企业法务部主导制作的,业务部门和执行部门不一定熟悉,因此有必要同时制作合同范本的起草说明和适用解释,同时加强合同范本使用的培训工作,以便使用者了解如何使用合同范本以及使用的场合。

典型示例16

▶ 某公司合同管理办法

第一章 总 则

第一条 为明确某公司及下属关联企业(以下合称公司)的合同管理流程,加强合同管理,规范公司各部门在合同管理中的职责,控制风险,维护公司利益,公司制定本合同管理办法(以下简称本办法)。

第二条 本办法所称合同是指以公司为一方主体的各种类型的合同、协议,及以公司名义做出的担保、授权、招标、声明、承诺、证明等具有约束力的法律文件。

第三条 本办法适用于公司及下属企业的全体部门及人员。

第二章 合同管理机构及职责

第四条 法务部为合同的归口管理部门。主管/业务部门、财务部门在其职责范围内负责相应的合同管理工作。

第五条 法务部履行以下职责:

(一)制定合同管理制度并监督该制度的执行;

(二)依据本办法审查合同;

(三)制定合同示范文本;

(四)监督检查合同的履行情况;

(五)接受各部门有关合同的法律咨询;

(六)处理合同纠纷;

(七)负责合同专用章的使用及管理,建立合同登记台账,指导合同档案保管。

第六条 主管部门负责合同具体操作,是合同的承办部门。合同承办部门指定一人为合同承办人。合同承办部门履行以下职责:

(一)对合同相对人的主体资格、履约能力进行评估与选择;

(二)根据本办法选用合同文本或自行起草合同文本;

(三)落实合同商务条款和风险防范机制;

(四)协调处理合同审批、签订、履行、纠纷等相关事宜;

(五)负责合同原件的保管及档案移交工作。

第七条 财务部门履行以下职责:

(一)审查合同的财务事项是否符合国家财税法规和公司财务管理制度;

(二)审查合同的付款、收款事项是否符合公司资金计划;

(三)对合同的涉税问题提出意见和解决措施。

第三章 合 同 起 草

第八条 合同内容由合同承办部门负责起草,必要时可请法务部门予以协助。重大或复杂合同,可由法务部门起草。

第九条　合同承办部门选用合同文本时,应按以下顺序进行选择,顺序在先的合同文本优先适用。

(一)公司制定的合同示范文本;

(二)公司已签署过的并经法务部核准的合同文本;

(三)政府或行业协会推广使用并经法务部推荐的合同示范文本;

(四)合同相对方提供的合同文本。

第十条　为保障公司利益,在合同谈判中能占据优势,除垄断部门或特殊行业的企业提供的合同文本外,原则上应选择我方提供的文本。

第十一条　合同承办部门应当先行对合同的下列事项进行调查和审查:

(一)合同主体具有有效的营业执照,其登记内容与合同内容能相一致;

(二)合同标的符合当事人经营范围,涉及资质要求的,应具备相应资质证书;

(三)由代理人代办、代签合同的,应由代理人取得授权委托书;

(四)合同当事人应具有相应的履约能力及良好的履约信用。

第十二条　涉及重大事项的合同,如并购、资产重组等,承办部门可请法务部门、财务部门或社会中介机构就合同相对方及合同涉及事项进行尽职调查。

第十三条　对于涉外合同,原则上应用中文表述,且应约定适用中国法律,受中国法院或仲裁机构管辖。合同相对方如有要求,可附外文版,但应约定以中文版为准。如合同内容是在国外履行的,经公司特别批准,可用外文版,但仍应符合国家法律规定及相关政府部门的要求。

第十四条　合同承办部门起草后的合同至少应符合以下基本要求,否则法务部门或财务部门有权要求合同承办部门重新起草。

(一)合同相对方具有签约资格;

(二)文字应不存在表述混乱、逻辑不清、语法错误等现象;

(三)合同商务内容已征得公司主管领导同意。

第四章　合 同 审 核

第十五条　起草后的合同首先应经承办部门负责人审核通过,然后同时发送/送交财务部门、法务部门审核;如合同涉及资金收付的,应先经财务部门审核。

第十六条　各部门的审核时间一般不应超过三个工作日,特别重大或复杂的合同经本部门负责人同意后可适当延长审核时间。合同承办部门与合同相对方的沟通、洽谈时间,不计入审核时限。

第十七条　合同承办部门欲在预期时间得到审核结果,应自行提前安排送审。如合同事项紧急,应经合同承办部门负责人亲自发起,各部门应配合提前完成审核。

第十八条　财务部门负责审核下列合同内容:

(一)合同条款是否符合国家财税法规和公司财务规定;

（二）合同支付条款是否符合公司资金安排。

第十九条 法务部门负责审核下列合同内容：

（一）合同主体、内容、形式是否合法、有效；

（二）合同条款是否完备、严密、准确；

（三）合同风险是否能规避或降低；

（四）合同违约条款能否满足公司要求；

（五）相关审批程序是否符合公司规定。

第二十条 经财务部门、法务部门提出审核意见的合同，承办部门负责与合同相对方进行沟通，尽量按审核意见进行修改。如需要审核部门进行条款释义、合同谈判等工作的，可要求审核部门参加。

第二十一条 在合同正式签订前，合同承办部门应核对最终签署的合同文本与经审批通过的合同文本保持一致，任何人不得擅自修改合同文本。

第五章 合同履行、变更与解除

第二十二条 合同签订后应全面履行。在合同履行中，合同承办部门或合同履行责任人发现合同相对方有经营严重恶化、转移财产抽逃资金以逃避债务、丧失商业信誉、丧失履行债务的能力或其他违约可能情形的，应立即向本部门负责人及法务部门报告，由法务部门会同相关部门拿出解决方案，报公司决策。

第二十三条 在合同履行中，如公司实际履行确有困难的，应向本部门负责人及法务部门报告，由法务部门会同相关部门与合同相对方协商解决方案，报公司决策。

第二十四条 合同履行期限超过一年的，由合同承办部门会同财务部门与合同相对方对账一次。

第二十五条 合同签署后，对合同的任何变更或解除，承办人须向原审批部门报批。在经合同变更或解除审批程序前，任何人不得以实际履行的方式变更或解除合同。对合同的变更或解除，应以书面方式确认。

第六章 合同纠纷处理

第二十六条 合同中争议解决条款应尽量约定在公司所在地人民法院或仲裁机构解决。

第二十七条 合同发生纠纷时，先通过协商、调解等方式解决；协商、调解达成一致的，应形成书面协议，协议签订前应当送法务部门审查。协商、调解未成的，可按合同约定申请仲裁或提起诉讼。

第二十八条 合同承办部门应将合同纠纷情况及时报告，并协助法务部门做好仲裁或诉讼的证据收集工作。如法务部门认为需要借助外部律师协助处理争议，经公司批准执行。

第七章 合同档案管理

第二十九条 合同承办人将已签订的合同原件交由公司财务部门、档案管理部门进行登记、存档,以备查询。法务部门留存已签署的合同复印件或扫描件,以协助监督执行。

第三十条　法务部门应建立合同登记台账。合同台账的主要内容应包括:合同名称、编号、合同标的、金额、合同对方、承办人、履行情况及备注等。

第三十一条　合同编号规则,由法务部门根据公司实际需要拟定。

第三十二条　凡接触和持有合同文件的员工均应严格遵守公司保密制度,未经公司批准,不得擅自泄露任何合同信息。公司员工未经合同管理部门批准,不得擅自向他人借阅、复印、扫描合同文件。

第八章　奖励与罚则

第三十三条　对在合同签订、履行过程中发现重大问题,积极采取补救措施,使公司避免重大经济损失以及在纠纷处理中,避免或挽回重大经济损失的,公司予以表彰或奖励。

第三十四条　有下列情形之一,并对公司造成损失的,予以相应的处罚:

(一)未按本办法起草、报批和签订合同的;

(二)签订存在重大缺陷或无效的合同的;

(三)承办人、审核人员因疏忽未审出合同重大缺陷的;

(四)丢失合同文本、相关法律文件和证据的;

(五)发生纠纷或出现不利于我方利益的情况后,未及时向有关部门汇报的;

(六)在合同签订或履行中,与对方或第三人恶意串通或收取贿赂的;

(七)泄露合同意向、商业秘密或其他机密的;

(八)其他严重违反本合同管理办法的。

第九章　附　　则

第三十五条　本办法由公司法务部负责解释。

第三十六条　本办法自公司发布之日起实施。

第二节　合规管理

随着国际、国内企业不合规事件的频繁爆发,合规管理越来越受到企业的重视。对于一些受到公众关注的知名企业、国有企业而言,建立健全合规管理体系将成为其必不可少的工作。实践中,合规管理工作基本上由企业法务负责。作为法务,该如何应对这份工作呢?

《合规管理体系指南》(GB/T 35770 - 2017)于 2018 年 7 月 1 日正式实施。《合规管理体系指南》指出了企业合规管理体系建设的基本过程,即包括组织环境、领导作用、策划、支持、运行、绩效评价和改进等。提供了一套在企业内如何建立合规管理体系的指导。该标准表明,合规管理,其实是法务部在企业内推动建立一套相对独立的合规体系。

一、合规管理体系的组成

企业合规管理体系,本质上是管理体系的一种,但核心是合规。企业管理体系有多种,如质量管理体系、环境管理体系、信息安全管理体系等。管理体系的建立与实施,有其一般规律。管理体系是一种有规律地重复发生的活动,是基于一定目标、企业的(战略)计划、预算编制、执行和业绩评价等行为的综合。合规管理体系的重点明显应当是"合规",且应融入整个管理体系中,否则容易产生"合规""业务"两张皮的"普遍"现象。如何融入业务管理体系,成为合规管理发挥价值的出发点,也是合规管理体系的难点。要求相关人员不仅要熟悉合规相关理论和操作,还要了解业务相关运转内容和特点。

合规管理体系要融入业务,且有效落地,最终离不开人的推动和执行。因此,必须有相应的合规管理组织架构。同时,合规管理组织中的相关人员,如公司最高层管理者、首席合规官、合规团队及业务总监等,都要有清晰的合规职责。除了强调赋予他们相应的职权以外,更重要的是强调他们对合规管理均负有相关责任。

合规问题产生的主要原因是外部环境,特别是法律、法规的变化,还有人们商业道德价值观的变化,使得企业行为产生不合规的风险。因此,一套有效的合规管理体系,不能简单地应对现有的法律法规,而是要适当走在法律法规的前面,要有一定的前瞻性,才不至于被动。

本书认为,一套有效的企业合规管理体系应当由以下三部分组成:

1. 合规风险的识别与评估。识别和评估是合规管理的基础,也是关键。要识别合规风险,前提是找到合规义务。合规义务源于法律、法规、部门规章,企业内部规章制度,职业操守和道德规范,企业与其他主体签订的协议承诺四方面,是合规管理中的"尺子"。

2. 合规管理的行为。合规管理行为,是指将合规管理付诸实践的一切相关行为。首先是包括实施合规管理行为的组织架构,这是人的基础;其次是与合规管理有关的制度与流程,这是制度的基础;再次是合规管理行为运行机制;最后是合规管理相关的反馈与改进行为。

3. 合规文化的塑造。合规文化可保障合规管理持续、长久实施,也可降低合规管理体系运行成本。同时,合规文化又是企业合规风险防范的最后一道防线。因此,合规文化塑造也应成为合规管理体系建立的重要组成部分。

二、识别合规风险

识别合规风险,必须先识别“合规义务”。如前所述,合规义务就像一把“尺子”,一把衡量企业生产经营行为正确性的“尺子”。有了“尺子”,才能度量出企业行为过程中可能出现的合规风险。根据《合规管理体系指南》给出的“合规义务”的定义,合规义务包括合规要求和合规承诺。

首先,合规要求是企业有义务遵守的要求。例如,某短视频平台及其所属企业至少必须遵守以下规定:《个人信息保护法》《数据安全法》《网络安全法》《电子商务法》等法律,《电信条例》《信息网络传播权保护条例》《互联网信息服务管理办法》等行政法规,《互联网视听节目服务管理规定》《互联网新闻信息服务管理规定》《互联网直播服务管理规定》《电信和互联网用户个人信息保护规定》等部门规章。合规要求是企业必须遵守的义务,具有强制性。

其次,合规承诺是企业选择遵守的要求。它是企业对相对方的一种承诺,是自愿性的,如与社区团体、非政府机构签订的协议、原则或行为守则等。例如,2016 年 4 月,北京市网络文化协会携同百度、新浪、搜狐、爱奇艺、乐视、优酷、六间房、酷我、映客、花椒等 20 余家从事网络表演(直播)的主要企业共同发布《北京网络直播行业自律公约》——这便是一种合规承诺。在该自律公约中有一处规定,即“网络平台对新申请主播需要人工认证,且申请者需在与审核人员视频聊天过程中回答若干问题,认证过程不得少于 1 分钟。审核人员认定申请者满足认证要求的予以认证,否则不予认证。认证过程视频录像永久保存备查。”这种规定便不是所有的网络直播企业都须遵守,而仅限于北京地区的以上主要直播企业。广义上讲,企业与客户、商业伙伴等所签订的全部协议及合同,也是企业的合规承诺。一旦企业签署,即应遵照执行。企业应当本着经济适宜的原则来选择确定自己的合规承诺,如很多企业向客户承诺“存在质量瑕疵的产品将 100% 无偿召回”,说到就要做到,做不到就不要承诺。

合规义务的识别,包括合规要求的识别和合规承诺的识别,应当由企业法务部、合规部及业务部门共同对企业所受管辖的法律法规及企业签署的合同或做出的声明等,归纳出企业可能面临的所有合规义务,并形成合规义务清单文件。

识别合规风险，还要注意合规义务的维护。因为现实中，合规要求和合规承诺不是一成不变的，需要时刻关注并将新的合规要求和承诺纳入合规义务清单文件中。《合规管理体系指南》规定，企业宜制定适当的流程来识别新的和变更的法律、法规和规则，以及其他的合规义务，以确保企业持续合规。为了获得合规义务来源变化信息，企业可采取如下措施：与监管部门会面；与法律顾问交流；跟踪监管部门的网站动态；参加行业论坛和研讨会；订阅相关信息服务；确保自己是专业组织的会员；确保自己在相关监管机构的收件人列表中。

市场总是在变，政策在变，供求关系也在变，这些变化要求企业建立好合规义务信息沟通渠道，及时跟踪法律、法规、规范和其他合规义务的出台和变化。例如，在网约车市场，2016 年 7 月《网络预约出租汽车经营服务管理暂行办法》的出台，对已运行网约车系统的企业平台带来根本性影响，所有网约车平台必须改造系统、申请牌照，合规运营。如果不按新的规定执行，企业将寸步难行，严重者将被吊销营业执照，甚至触犯刑法。

至于合规风险的识别方法，可以是多样的。如基于过往案例、基于专家经验、基于归纳推理、基于头脑风暴等。例如，某集团法务与合规部通过对过去 5 年间发生的诉讼案例进行整理，归纳出集团所可能面临的所有法律诉讼的风险。这就是一种过往损失数据追踪法，是基于过往案例发现合规风险的常用方式。如果对企业发生的诉讼案件产生的管理和经营原因不熟悉，则很可能会误判企业的法律诉讼风险点。识别合规风险的效果取决于两个方面：一方面是对合规义务的熟悉程度，即对法律、法规及企业所签合同和所做承诺的熟悉；另一方面是对企业经营管理行为的熟悉程度，即对企业的各项流程、制度、岗位职责，乃至战略的熟悉。

三、评估合规风险

评估合规风险是在识别合规风险的基础上，对合规风险进行的分析与评价，包括合规风险分析和合规风险评价两个过程。

合规风险分析的目的是增进对合规风险的了解，为风险评价和应对提供支持。合规风险分析是在风险识别的基础上，考虑不合规发生的原因、后果及发生可能性等因素，最后形成合规风险清单。对合规风险的分析，内容描述应包括以下方面：简单且准确地描述风险，风险可能在什么情况下以什么方式发生，以及风险对既定目标的影响;明确导致风险发生的真正原因;说明风险发生后在哪些方面,以及以怎样的方式造成影响;说明风险发生的概率大小。

可以看出,合规风险分析主要包括风险触发原因分析、风险发生后果分析、风险发生可能性分析等。用于合规风险分析的方法,可以是定性的,也可以是定量的,还可以是两者的组合。

后果分析是假设特定事件或情况已经出现,确定风险影响的性质和类型。后果分析形式可以灵活一些,可以是描述型的,也可以是详细的数量模型。例如,后果分析可分为严重、一般、不重要三个档位,也可分为极其严重、严重、中等、轻微、极低五个档位。后果分析要考虑以下因素:(1)将风险后果与最初目标联系起来;(2)对马上出现的后果与那些经过一段时间可能出现的后果应同等重视;(3)不能忽视次要后果。

可能性分析的方法也有三种,可单独使用或联合使用:(1)利用相关历史数据来识别过去发生的事情,借此推断它们在未来发生的可能性;(2)利用故障树或事件树等预测可能性;(3)结构化地利用专家的观点来估计可能性。对于可能性,可用定性的方法来描述。如非常高、高、中等、低。也可采取量化的数值来表述,如数字1~5,分别表示发生概率在1%~99%的5个数值——但对于该数值本身如何确定,仍必须借助定性的方法予以固定。

合规风险评价,是将风险分析的结果与企业能够接受的风险水平相比较,或者在各种风险分析结果之间进行比较,以确定风险的等级。风险评价应满足风险应对的需要,否则应做进一步的风险分析。风险评价,是利用通过风险分析获得的对风险的认识,对未来的行动进行决策。最简单的风险评价,是将风险分为两种:需要应对的和无须应对的。但这样的方式难于全面反映情况,而且两类风险的界限本身也不好确定。常见的评价是依照企业对风险的容忍程度,将风险分为三个区域:(1)不可接受区域。在该区域内,无论相关活动可带来什么收益,风险等级都是无法承受的,应不惜一切代价进行风险应对。(2)中间区域。对该区域内风险的应对要考虑应对措施的成本与收益,并衡量机遇和潜在后果。(3)广泛可接受区域。该区域的风险很小,无须采取任何应对措施。

风险评价后,需要进行决策。决策时应包括的内容有:(1)某个风险是否需要应对;(2)风险的应对优先秩序;(3)应该采取哪种途径。决策要参考法律、财务、道德等因素。

合规风险评估工作最后的落地是一份全面的合规风险评估报告。报告人应该是一个集体,包括法律专家和非法律专家,同时还要有业务经理的参与。报告可分为定期评估报告、专项评估报告。合规风险评估报告应包括如下内容:(1)合规风险评估工作实施概况,包括风险评估背景、范畴、评估方法、实施过程等;(2)合规风险基本评价,包括已识别的合规风险领域、风险分级、整体评价结论等;(3)存在的合规风险,包括需要处理的风险类型、风险清单等;(4)合规风险发生的原因分析,包括风险发生的系统性原因、直接原因、局部原因、特别原因等;(5)合规风险发生可能导致的公司损失,包括风险发生可能给公司带来的损失预测等;(6)合规风险应对建议,包括风险应对的措施和建议等。

四、开展合规管理行为

在识别和评估合规风险之后,就应该着手进行应对了。但企业的合规管理是一整套长期的行为,必须投入资源和热情。完整的合规管理行为,包括人的问题、制度的问题、实施机制的问题和改进的问题。

首先,为搭建体系的合规管理组织架构,可从三个层面来设计和组织。第一层是最高负责机构,可在董事会中设合规委员会,制定合规管理的目标、方针和政策,统领公司合规管理工作。第二层是协调机构,在合规委员会之下设合规管理协调工作小组,协调法务、审计、财务、人力资源等部门,保证企业内部资源协同。第三层是日常工作机构,即合规管理部。企业可任命董事会成员之一担任合规管理部的负责人,即首席合规官,由其全面负责合规管理工作。目前的实践中,基本上是由法务部负责人兼任首席合规官。合规管理部门也不一定单独存在,而是与法务部合署。

其次,要制定合规管理制度。合规管理制度一般包括合规行为准则、制度规范、合规专项管理办法、合规管理流程、合规管理表单。合规管理制度及相应的处罚以书面形式记载了企业管理层和员工的合规职责,是企业施行合规管理的驱动力。合规管理制度要制定得有效,而不流于形式,关键要融入企业的日常经营、管理活动之中。但鉴于任何风险管理制度其实都很难彻底消除风险,因此合规管理制度的意义是将企业合规风险控制在一个合理的范围,而不是盲目地制定过于严苛的管控标准,这样容易使员工对合规管理产生抵触情绪。

再次,持续运行合规管理机制。要把合规管理落地,就必须把政策制度上的规定变为可执行的流程,把纸面上的流程变为业务中的操作流程。合规管理实施机制包括培训、考核、举报和调查等。培训是让员工了解和熟悉政策、制度及流程。培训的内容应与员工角色和职责所涉及的合规风险及任务相符合。没有考核的管理，是产生不了结果的管理。合规考核的内容可以包括按时完成合规培训、严格执行合规政策、无任何违反合规的行为、支持合规部门的工作、及时汇报违规行为等。举报和调查，是合规这种管理体系较为独特的要求。举报程序安排，要根据企业的实际情况进行设置，以鼓励违规员工悬崖勒马，保护举报员工安全等为原则。合规调查，要注意本身的合法问题，调查者最好熟知相关法律法规、内部规定，以及之前发生的相似案例。

最后，要进行合规处理和持续改进。员工违规行为一旦被证实，企业必须立即处理。处理员工违规行为的方式反映了企业是否严肃对待合规，是验证企业合规管理体系是否落地的最佳方式。出现不合规行为时应该及时处理，更应该查明违规行为的根源，对于合规管理体系进行重新审视、改进、重新设计，这样才可持续改进。如果类似违规行为多次发生，说明合规管控没有起到作用。只有及时和正确地反馈，才能将合规管理行为形成闭环。

五、塑造合规文化

企业文化，是在企业中形成的，由企业管理层倡导并为全体员工所认同且遵守的企业的宗旨、精神、价值观和理念等。相比于其他的管理手段，有合规文化的企业更具有持续的成长能力和广泛的影响力。

合规，已成为众多跨国企业普遍的核心价值观。企业合规管理要持续开展，包括启动和推行合规管理、塑造合规文化，都是一本万利的事。合规文化包括全员合规、合规可创造价值、合规需要高层认可和推动等内容。

要发展合规文化，企业高层和合规管理部门就必须在企业的各个层面推行一套公开发布的共同行为准则，并始终如一地进行。首先，要有明确的价值观，要从根本上认同合规，相信合规的价值。其次，管理层率先垂范，带头遵守合规制度，行动前后一致。再次，持续地示范、指导、培训。管理层自上而下地进行讲解、传播、推广合规的价值理念。又次，持续就合规问题进行企业内、外部沟通，确保合规价值观在所有员工中得到传达，让员工了解企业合规的底线。最后，建立合规表现与绩效挂钩机制。良好的合规管理行为将得到激励，不称职的管理行为将受到惩罚。

从以上合规管理工作可以看出，法务部的其他专项法律事务，如合同、投资并购、诉讼仲裁、知识产权等，法务部可凭借自身或外部法律专业力量独立完成，但合规管理工作却是一个需要从企业整体予以推动方可完成的工作。法务部在企业合规管理体系建设过程中，并不起完全的主导作用，但鉴于合规管理需要对法律法规及监管政策的高度熟悉，法务部正好借此强项，在合规管理体系建设中发挥无法替代的价值。

典型示例17

▶ 某公司合规管理办法

第一章　总　　则

第一条　为加强和规范××公司（以下简称公司）合规管理，有效防控合规风险，保障公司依法经营、健康发展，制定本办法。

第二条　本办法适用于公司及所属单位（含全资子公司）的合规管理。

第三条　公司和所属单位开展经营管理活动，必须严格遵守所适用的法律法规、规章制度以及职业道德规范（以下统称合规义务），将落实合规要求作为业务开展的前提条件，融入经营管理全过程，纳入考核，确保企业依法依规。

第四条　合规是指公司及其员工的经营管理行为应当符合法律法规、监管规定、行业准则和公司章程、规章制度以及国际条约、规则等要求。

合规风险是指公司及其员工因不合规的行为，引发法律责任、受到相关处罚、造成经济或声誉损失以及其他负面影响的可能性。

合规管理是指以有效防控合规风险为目的，以单位和员工经营管理行为为对象，开展包括制度制定、风险识别、合规审查、风险应对、责任追究、考核评价、合规培训等有组织、有计划的管理活动。

第五条　公司和所属单位主要领导是合规管理第一责任人；分管领导对分管业务领域合规管理承担相应管理责任。

第六条　合规管理按照公司和员工行为性质实行分类管理。其中，商务行为合规管理由合规管理部门负责综合管理；非商务行为合规管理由相关业务主管部门负责。

本办法所称商务行为，指企业经营管理中与反商业贿赂、反利益输送、反垄断和反不正当竞争有关的行为。

第七条　公司法务中心是商业行为合规管理综合部门，主要履行以下职责：

（一）组织制（修）订公司合规管理制度。

（二）组织公司合规风险评估与预警、审定合规流程。

（三）组织公司机关和所属单位领导班子成员合规培训、评价和档案管理。

（四）组织重要事项合规审查。

（五）组织反垄断和反不正当竞争方面的违规案件调查。

（六）负责公司合规管理信息平台的维护和管理。

（七）指导所属单位合规管理工作。

第八条　公司业务主管部门按照业务分工履行以下职责：

（一）依据公司合规管理制度修订相关业务管理制度及合规流程。

（二）组织制定并落实本业务涉及的合规风险防范措施。

（三）组织本业务系统员工合规培训、评价。

（四）对相关对外交易事项组织合规审查。

（五）协助配合合规调查。

（六）组织或督促本业务系统违规问题的整改。

第九条　公司有关部门按照职责分工负责对应合规管理工作。人力资源部门负责将合规培训纳入培训计划，将合规评价结果作为干部任免、奖惩的依据之一。公司监察中心负责违规举报受理、反商业贿赂反利益输送方面的违规案件调查、违规责任追究。审计部负责经营管理合规审计。公司所属单位负责本单位合规管理，明确商务行为合规管理部门及职责。

第十条　公司根据外部环境变化，结合自身实际，加强对以下重点领域的合规管理：

（一）市场交易。完善交易管理制度，严格履行决策批准程序，建立健全自律诚信体系，突出反商业贿赂、反不正当竞争，规范资产交易、招投标等活动。

（二）安全环保。严格执行国家安全生产、环境保护法律法规，完善公司生产规范和安全环保制度，加强监督检查，及时发现并整改违规问题。

（三）建设工程。健全建设工程项目管理体系，加强制度建设，强化对项目管理的全过程控制，规范协议的履行，保障建设项目在依法合规的基础上顺利实施。

（四）劳动用工。严格遵守劳动法律法规，健全完善劳动合同管理制度，规范劳动合同签订、履行、变更和解除，切实维护劳动者合法权益。

（五）财务税收。健全完善财务内部控制体系，严格执行财务事项操作和审批流程，严守财经纪律，强化依法纳税意识，严格遵守税收法律政策。

（六）知识产权。及时申请注册商标等知识产权成果，规范实施许可和转让，加强对商业秘密和商标的保护，依法规范使用他人知识产权，防止侵权行为。

（七）商业伙伴。对重要商业伙伴开展合规调查，通过签订合规协议、要求作出合规承诺等方式促进商业伙伴行为合规。

第二章　预防与控制

第一节　合规风险评估与预警

第十一条　公司业务主管部门应当及时跟踪法律法规变化及监管动态，结合业务管理情况分析识别合规风险，按不同类别评估风险发生可能性和危害大小，分别制定防范措施。

第十二条　公司合规管理部门应当综合业务主管部门合规风险分析评估和监察、审计、内控测试等情况，对不同领域的合规风险进行综合分析评估，发布风险警示。

风险警示应当明确风险类别、发生可能性、危害大小、风险防范措施以及责任部门等。

第十三条　业务主管部门应当根据风险警示，严格落实防范措施，有效防控风险。合规管理部门应及时跟踪业务主管部门落实情况，并给予指导帮助。

第十四条　合规风险评估依据公司风险评估规范进行，并形成书面报告。

合规风险评估分析报告可与企业风险管理报告同步进行。业务主管部门和所属各单位合规分析报告提交公司合规管理部门，公司合规分析报告报总部合规管理部门。

第二节　合 规 培 训

第十五条　公司和所属单位应将合规管理培训纳入员工培训计划，使其掌握应知的合规知识、合规义务和风险防控要求。所有员工均应接受合规培训。

第十六条　员工每年应至少进行一次合规培训。培训方式可采用集中培训、座谈沟通或利用各类专业培训班安排穿插式培训等多种方式进行。培训内容主要包括合规基础知识、基本要求和基本行为规范。

第十七条　公司和所属单位应将合规知识纳入新员工入职培训内容，培训不合格的不得上岗。

第十八条　合规管理部门可根据业务领域风险状况，对高风险领域的岗位员工有针对性地进行合规培训。

第十九条　高管人员应通过座谈沟通等方式对直接管理的人员进行合规培训。

第二十条　培训应记载培训内容、时间和人员，由被培训人员签字确认。

第三节　合 规 审 查

第二十一条　公司和所属单位制修订规章制度，起草部门应在审议前提交合规管理部门对规章制度内容合法、合规进行审查，未经审查不得颁发实施。

合规管理部门发现现有规章制度不符合合规管理要求的，应当督促业务主管部门修订。

第二十二条　公司和所属单位选定外部交易相对方，相关部门应当对其合规表现以及是否与公司员工存在利益关系进行审查。交易相对方存在不良合规表现可能导致合规风险的，或者交易相对方交易条件、价款不当可能产生利益输送的，不得与其签订合同。

第二十三条　公司和所属单位在选定外部交易相对方或在对外商务活动过程中，不得采取给予、收受财物或者其他利益等手段，提供或者获取交易机会或者其他经济利益；经营管理人员不得利用其职权影响力，将公司利益转移给其他企业或个人。在对外商务活动中，出现下列情形之一的，属于商业贿赂或利益输送行为，单位或个人均不得组织实施：

（一）用贿赂方式获得商业机会和利益。

（二）不当的礼品和接待。

（三）回扣、佣金等不如实入账。

(四)以明显高于或低于市场价格购买或出售。

(五)指定或授意指定交易对象。

(六)向利益关系人透露内幕信息、招标标底或其他商业秘密。

(七)以捐赠名义进行利益输送。

(八)其他商业贿赂或利益输送情形。

第二十四条　公司和所属单位进行收购兼并、市场营销等活动,合规管理部门应参与相关方案、合同等的研究论证,对其是否符合反垄断、反不正当竞争法律法规进行审查。

第二十五条　公司和所属单位进行收购兼并、市场营销等活动,出现下列情形之一的,属于垄断或不正当竞争行为,不得组织实施:

(一)达到国家规定经营者集中申报标准的收购兼并未向公司申报审查,或审查决定禁止集中的。

(二)操纵价格、数量或者其他交易条件等滥用市场支配地位的。

(三)假冒他人商标标识、虚假广告宣传、低价倾销、诋毁竞争者声誉等不正当竞争的。

(四)其他垄断、不正当竞争情形。

第四节　合规登记报告

第二十六条　高管人员和关键岗位人员对下列事项,除依照国有企业高管人员廉洁从业相关规定禁止高管人员从事的事项外,应当如实向合规管理部门登记报告:

(一)本人在公司及其控(参)股企业以外的企业兼职的。

(二)本人或亲友投资(或管理)的非上市企业,拟与公司或所属单位交易的。

(三)本人向公司或所属单位推荐交易对象的(交易承办人员依照相关制度履行选商职责的除外)。

(四)可能涉及利益输送或利益冲突的其他事项。

公司机关和所属单位领导班子成员应向公司合规管理部门登记报告;其他人员向所属单位合规管理部门登记报告。

合规管理部门应对报告事项予以保密。

第二十七条　员工本人在公司及其控(参)股企业以外的其他企业兼职的,应当自兼职之日起三个工作日内,报告兼职单位成立时间、性质、业务范围,兼任职务及时间,是否与公司及所属企业存在竞争关系或业务往来等。

第二十八条　员工本人或亲友投资(或管理)的非上市企业拟与公司或所属企业交易的,应当在知道或应当知道交易意向后三个工作日内报告企业名称、本人及其亲友所持股份和在该企业任职情况、拟交易事项等。

第二十九条　员工向公司或所属单位推荐交易对象(交易承办人员依照相关制度履行选商职责的除外),应当报告推荐理由、与推荐对象的关系、推荐对象合规表现情况。

第三十条　对于涉及交易的登记报告事项,合规管理部门应当及时将报告情况通报交易承办部门。交易承办部门应当严格按有关制度订立和履行合同，不得给予照顾。

报告人在研究决策或办理有关交易事项时，应当回避。

第五节　合规评价

第三十一条　公司和所属单位根据管理权限分别对高管人员和关键岗位人员每年进行一次合规评价。合规评价应当实事求是、客观公正。合规评价与年度考核同步进行。

第三十二条　合规评价的主要内容：

（一）学习和掌握合规知识、合规义务和风险防控要求等情况。

（二）报告合规登记报告事项情况。

（三）遵守合规义务情况。

（四）违规及整改情况。

对高管人员的合规评价除前款规定的内容外，还应当将其落实合规管理制度，推进合规管理，防控合规风险情况作为评价内容。

第三十三条　合规评价按照员工自我评价和综合评价方式进行。

合规评价应纳入干部年度考核。

主管领导根据员工自我评价和日常表现，对员工进行评价，评价意见应与员工沟通交流。

第三十四条　合规评价按良好、一般和较差，确定评价结论。

（一）员工本人、高管人员管辖的部门（单位）没有发生任何违规问题，且符合下列条件的，可评定为良好：

1. 积极参加合规培训，熟练掌握合规知识，并帮助、指导其他员工学习合规知识的。

2. 按规定及时、如实报告合规登记报告事项的。

3. 认真整改违规问题的。

4. 及时制止、举报他人违规问题的。

5. 高管人员落实合规管理制度到位，推进合规管理效果显著的。

（二）员工本人没有发生任何违规问题、高管人员管辖的部门（单位）没有发生严重违规问题的，应评定为一般。

（三）存在下列情形之一的，应评定为较差：

1. 员工本人发生违规问题或管辖的部门（单位）发生严重违规问题的。

2. 不按规定参加合规培训或报告合规登记报告事项的。

3. 对违规问题不整改或整改不到位的。

4. 不配合合规调查，或打击报复举报人的。

5. 高管人员未认真履行管理职责，所管辖的部门（单位）存在严重违规问题的。

第三十五条　合规评价结果由合规管理部门抄送人力资源部门作为干部任免、奖惩的依据之一。对评定为较差的，不得提拔任用，不得安排其参与任何先进评选。

第六节　合 规 档 案

第三十六条　公司及所属单位应当建立员工合规档案。下列资料应载入员工合规档案:

(一)合规培训记录。

(二)合规登记报告资料。

(三)相关的合规评价资料。

(四)被调查处理资料。

(五)其他有关资料。

第三十七条　对员工任用考察、评先选优等,应当查阅合规档案,并将档案记载情况作为依据之一。

第三十八条　合规管理部门应当对合规档案资料信息予以保密,未经合规管理部门负责人批准,不得对外借阅或披露。

第三章　监督与问责

第一节　举报与调查

第三十九条　公司建立统一的举报平台。鼓励员工、交易相对人及社会人士对公司、员工的违规问题进行举报。

第四十条　公司监察中心按照公司有关规定负责举报的受理和登记。对反商业贿赂、反利益输送方面的举报,由公司监察中心负责调查;反垄断、反不正当竞争方面的举报调查,由合规管理部门负责。

公司监察中心和合规管理部门应相互通报调查情况。调查结果应向举报人反馈。

第四十一条　接受举报和进行调查的相关人员,应对举报人的身份和举报事项严格保密,不得擅自对外泄露。

第四十二条　任何单位和个人不得采取任何形式对举报人进行打击报复。

第四十三条　对实名举报的事项经查证属实并及时纠正违规,为公司、所属单位挽回直接经济损失的,对举报人按公司有关规定给予奖励。

第二节　检 查 监 督

第四十四条　合规管理部门应当对业务主管部门和所属单位贯彻落实合规管理制度、开展合规管理工作等进行检查监督。

对检查监督发现的问题,有关业务主管部门和单位应当组织整改,并将整改情况反馈合规管理部门。

第四十五条　审计部门应当对合规管理的有效性、商务行为的合规性进行审计,检查合规管理制度是否健全完备和有效执行、合规管理责任是否落实、商务行为是否符合有关合规义务等。

第四十六条　内控部门应当对业务主管部门和单位执行合规业务流程和控制措施情况

组织测试。

第四十七条　审计和内控测试发现的违规问题，相关部门或单位应当按照审计和内控部门下达的整改通知组织整改。合规管理存在缺陷的，由合规管理部门组织整改。

第三节　责 任 追 究

第四十八条　对发生违规问题的责任人应当追究责任。违规情节较轻的，给予批评教育并责令整改；情节严重的，按照公司违纪违规行为处分规定给予相应处分；涉嫌犯罪的，移送司法机关处理。

第四十九条　员工发生严重违规问题，应追究相关负责人的合规管理责任。但有证据证明同时具备以下条件的，可减轻或免除其合规管理责任：

（一）已按要求对违规员工进行了合规培训，该员工已知悉有关合规义务。

（二）公司合规管理制度已在本部门（单位）落实到位，并建立和有效实施了合规管理制度。

第五十条　违反本办法有下列行为之一的，给予批评教育并责令整改；情节严重的，按照公司违纪违规行为处分规定给予相应处分：

（一）未按规定报告合规登记报告事项的。

（二）未对下级进行及时培训的。

（三）阻挠、干扰合规调查的。

（四）打击、报复举报人的。

（五）拒不整改违规问题或整改不及时、不到位的。

（六）其他违反本办法规定的。

第四章　附　　则

第五十一条　本办法由公司法务中心负责解释。

第五十二条　本办法自印发之日起施行。

第三节　投融资法务管理

投资与融资，是企业成长与发展的基石。正确的投融资，可助力企业迅速扩大；错误的投融资，可将企业瞬间推向破产。可谓成也“投融资”，败也“投融资”。甚至不夸张地说，企业发展就是一场能否持续下去的投融资游戏。因此，投融资法务事宜，在企业法务部的诸多工作任务中，毫无疑问地占据核心地位。

如何实现有效的投融资法务管理,是每一位法务人员应优先思考和实践的问题。投融资本身是一种复杂而专业的经济交易行为。投融资法务管理首先要熟悉投资与融资交易事项,其次要熟悉投融资事项所涉及的法律体系、实际操作,最后还要熟悉投融资事项与法务操作相结合所形成的法务管理事宜。

一、法律尽职调查

尽职调查(Due Diligence,DD),是指企业在投资并购时,对目标公司进行的经营现状调查。尽职调查是所有投资必备的前提。此处所说的投资,是指股权收购或项目整体资产购买,不包括固定资产直接购买等简单的资本支出。法律尽职调查是尽职调查的一部分,是指通过收集并从法律或规范性政策文件的角度进行调查、研究、分析和判断目标公司相关资料、文件、信息以及其他事实情况,以获知交易行为(股权收购、资产收购、公司并购、重大资产转让等)所须了解的属于目标公司的重要事实,从而为交易行为提供合法性意见,并提示交易风险。

法律尽职调查的主要内容包括:(1)目标公司的主体资格。对目标公司主体的合法性的调查主要针对两方面:一是其法人资格,即目标公司是否依法成立并合法存续,包括其成立、注册登记、股东情况、注册资本交纳情况、年检、公司变更、有无吊销或注销等。二是其经营资格,即是否具备从事营业执照所确立的特定行业或经营项目的特定资质,如建筑资质、房地产资质等。(2)目标公司进行本次交易行为的合法性。主要是审查目标公司进行交易行为是否已经履行了特定的程序,如主管机关的审批、公司相关机构的批准等,审查目标公司进行交易行为是否有法律上的限制。(3)目标公司的资产情况。主要是核实目标公司的各项资产的权利状况、权利是否有瑕疵、相应的资产是否赋予了相应的价值以及资产是否有降低的风险。(4)目标公司的债权债务情况。主要是核实目标公司债权的实现有无法律上的障碍以及实现的难易程度,债务承担的风险以及承担的大小。(5)目标公司的重要交易合同。包括长期购买或供应合同、技术许可合同、贷款合同、担保合同、代理合同、关联交易合同等。对这些合同进行审查,目的在于确定交易完成后会不会影响合同中规定的预期利益,确定这些合同中的权利义务是否平衡,目标公司是否处于重大不利的情形中。(6)目标公司的知识产权情况。主要审查知识产权的权利状况,是所有权还是使用权、有效期如何、有无分许可、是否存在侵权等。(7)目标公司的人员安排。

主要审查交易对雇佣人员有无影响、是否有相应的激励措施、是否存在对此次交易造成障碍的劳动合同、解除劳动合同所付出的代价、有无可行的解决方案或规避措施。(8)目标公司是否存在重大诉讼或仲裁。主要审查这些诉讼或仲裁胜诉或败诉的可能性,以及由此可能产生的法律费用和赔偿责任。

法律尽职调查的方法包括:(1)审阅由被调查公司提供的资料。被调查公司提供的文件和资料是尽职调查所需信息的最主要来源。获取该部分文件的方式是向被调查公司发放尽职调查问卷清单,并要求对方按照尽职调查问卷清单的要求提供相关文件和资料。(2)现场访谈。由法律尽职调查小组人员与被调查公司的相关人员进行现场谈话。尽职调查小组人员提问题,被调查公司的相关人员回答问题。现场访谈作为审阅书面文件资料的补充,有助于了解事实全貌。(3)对尽职调查对象进行实地考察与核实。书面文件往往只能代表被调查对象的基本情况和历史情况,实地考察和核实有助于了解被调查对象的现状。此外,对被调查对象的实地考察还有助于核实交易对方介绍的情况以及提供的文件资料是否完整准确,是否存在隐瞒和遗漏。(4)网络信息和其他来源。互联网上的信息是公开、免费的,通过查询,可以获悉相关公司的公开信息,这部分信息能促进我们从不同角度加深对被调查对象的了解,印证尽职调查中获取的信息的真实性、准确性和完整性,并进一步发现公司可能存在的法律问题。

尽职调查可改变交易双方信息不对称的态势,增加交易的可能性。对于调查方来说,通过法律尽职调查,可探测出目标公司存在哪些风险和法律问题。双方可就存在的可能风险应由哪方承担进行谈判,事先明确双方的权利和义务,并设计交易的方式与结构,以能同时满足交易双方的基本需求。

法务人员进行法律尽职调查之后,应在公司内部形成法律尽职调查报告,揭示尽职调查中所发现的目标公司的法律问题及风险,并应制订相应的风险解决方案。如无方案可循或所制订方案即为否决该项交易,那么应充分说明理由。

典型示例18

▶ 某股权收购项目法律尽职调查报告

××××年××月××日至××日,某集团法律尽职调查组对××药业有限公司(以下简称目标企业)进行了股权收购法律尽职调查。

调查组对目标企业进行了现场考察、收集了相关资料、到所在土地管理、房产管理和工商管理部门查询了有关文件,并对目标企业有关高管就目标企业相关情况进行了访谈。

现根据收集到的资料和访谈了解到的情况,对目标企业的主体资质、资产状况、债权债务、生产经营、人力资源、环保、诉讼等方面的问题及风险进行分析和提示,以供集团领导决策参考。如涉及其他专业问题(如财务、生产、技术等),还需要结合尽职调查小组其他专业人员出具的报告进行评价。

基于此,出具本法律尽职调查报告。

一、主体、资质情况

(一)主体情况

	证照名称	证号	颁发单位	有效期	其他
目标企业	营业执照				
	其他行政许可证照				

注:上述资料显示,截至目前,目标企业持续合法存在。

(二)资质情况

	名称	证号	范围	有效期	发证机关	其他
目标企业	药品生产许可证					
	药品 GMP 证					
	高新技术企业证					

二、历史与沿革情况

	设立	第一次变更	第二次变更	第三次变更
公司名称				
股东情况				
注册资本				
出资缴纳				

注:天眼查等第三方资料显示,截至尽调日,目标企业通过股权未设置质押。

三、资产情况

(一)房产

编号	房产证号	面积	坐落	登记时间	用途	他项权证
1						
2						
3						

注:1. 上述房产连同该房屋占用范围内的土地使用权已一并办理了最高额抵押登记,登记时间为××××年6月。经目标企业人员陈述及××房屋交易产权管理处查询,上述房产和土地无查封。

2. 上述房产建筑物，已向××保险有限公司投保《财产综合险》，保险期间自××××年××月××日起至××××年××月××日止，保险金额2000万元。

（二）土地

编号	土地证号	面积	终止日期	使用权类型	用途	土地出让合同
1						
2						
3						

注：1. 上述土地的土地出让金、相关契税已全部缴纳。

2. 根据第2块土地《国有土地使用权出让合同》的规定，受让人目标企业应在××××年××月××日之前开工，在××××年××月××日之前竣工。不能按期开工的，应提前30天向出让人提出延建申请。未能按约开工，每延期一日，支付出让款总额1‰违约金。根据目标企业人员陈述，目前目标企业人员正提交延建申请。

（三）车辆

编号	号牌号码	类型	品牌	注册日期	保险种类	所有人
1						
2						
3						

（四）机器设备

机器设备清单见技术部门出具的尽职调查报告。

截至××××年××月，根据工商资料显示，目标企业的机器、设备未设置抵押和其他担保。

四、知识产权情况

（一）专利

编号	名称	类型	专利权人	专利号	授权公告	法律状态
1						
2						
3						

（二）商标

编号	名称	类别	注册人	有效期	注册号	法律状态
1						
2						
3						

（三）申报科技项目

编号	申报项目名称	主管部门	资助金额	收款时间	验收情况
1					
2					
3					

五、借款情况

编号	出借人	本金	用途	利率	期限	担保情况
1						
2						
3						

六、对外担保情况

类型	担保权人	担保金额	担保责任	担保期限	担保合同
保证					
质押					
抵押					

七、印章使用

截至××××年××月××日，目标企业在使用的印章包括公章、合同章、财务章及各部门印章等，一共12枚印章。其中1枚公章、1枚合同专用章、2枚财务专用章、2枚发票专用章，6枚部门印章（行政部、生产部、质量部、工程部、开发部、信息技术部）。

目标企业的印章由各部门分别保管，缺少相应的印章管理流程和制度。公章外借频繁，借出时间长，没有相应的制约措施，且借用登记不完整，借用事由不明确。部门印章由各部门保管，且没有建立部门印章使用登记表。

八、合同管理

目标企业合同管理存在以下问题：没有建立统一的合同台账，没有统一的合同管理部门，有关采购、销售、工程的合同由各相关部门分别签订和保管。行政部门没有留存合同复印件存档。各部门对于本部门签订和保管的合同，没有建立合同台账。存在外借公章签订合同的情形。

九、生产经营情况

（一）生产

产品一、产品二、产品三

（二）采购

采购合同一、采购合同二（对应不同的采购模式）

（三）销售

销售合同一、销售合同二、销售合同三（对应不同的销售模式）

十、人员情况

（一）劳动合同

根据目标企业提供资料及其人员所作陈述，企业现有员工××人（包括销售内勤人员，但不包括市场销售人员），均已签劳动合同。

（二）人员结构

根据目标企业提供资料，企业目前年龄段在18～30岁的人员占47%，31～40岁的人员占30%，41～50岁的人员占17%，50岁以上占6%。本企业工龄2年以下的占43%，2年以上5年以下的占20%，5年以上的占37%。高中以下学历的占28%，中专（技校）学历的占28%，专科学历的占22%，本科学历的占20%，研究生学历的占2%。

（三）核心技术人员名单

十一、环保情况

目标企业于××××年取得市市场监督管理局颁发的《特种设备使用登记证》，于××××年取得市高新区管委会颁发的新一期《排放污染物许可证》（有效期自××××年××月××日至××××年××月××日）。

××××年4月、7月，高新区水务局曾向目标企业下达《责令整改通知书》，要求将园区严格实行雨污分流，将污水接入市政污水管道等。

××××年××月，目标企业委托区环保监测站对园区废水、噪声、废气进行监测3日，环保监测站出具《监测报告》（环监测〔20××〕××号）。

十二、对外投资情况

目标企业于××××年××月投资1000万元设立全资子公司——C房地产开发有限公司，全部出资到位（会计师事务所已出具验资报告）。根据人员陈述，该公司取得暂定房地产开发资质，但成立以来，一直没有房地产开发项目。

十三、涉诉情况

根据目标企业提供资料，××××年期间公司曾发生两起劳动争议纠纷，现已审理终结。目标企业出具书面承诺，截至尽调日，无任何尚未了结或正在进行的诉讼、仲裁、行政复议等争议纠纷。

二、交易结构设计

在尽职调查完成后，一项投资即进入交易洽谈阶段。该阶段中，重要的一环是交易结构设计。所谓结构设计，是指买方或卖方为实现一个企业的最终交割而对该企业在资产、财务、税务、人员、法律等方面进行重组，以设计出一个更为双方所接受的“产品”的过程。为什么需要结构设计？这是由投资并购交易的“特性”决定的。企业投资并购与普通商品买卖不同。后者一般具有标准化的属性,买卖双方只需对一些交易要素如规格、数量、价格、金额等进行确认即可。而企业并购中的企业不是一个标准化产品,而是一个动态的开放系统。尽管在过去多年的大规模企业并购活动中,人们已积累了许多经验,但在交易的经济性、可行性、便利性等方面仍有相当大的空间,结构设计就是采取重新组合的方式,将这些空间尽可能地充实,使双方均能找到最可接受的经济利益。具体体现为:通过交易设计,双方提高交易的可行性、规避法律障碍、锁定交易风险、降低交易成本、合理避税,为交易提供操作便利等。

根据经验总结,在投资并购交易的过程中,法务人员设计交易结构时,应主要考虑以下几个因素:控制权、支付方式、风险承担、税务等。

1. 控制权因素可考虑100%控股、绝对控股、相对控股,增资扩股、董事会大多数席位控制,或可变利益实体控制[1]等单一或综合的控制手段。如某次股权收购项目中,购买方想在使用有限资金的情况下实现对目标企业的业务控制,设计的交易结构如下:购买目标企业35%的股权,同时与目标企业签订《独家供应合同》。购买35%的股权,而不是51%或70%的股权,其好处在于使用资金不多,且作为小股东(在大股东股权集中情况下)实际上能享有一票否决权,因为35%的股权占比可使大股东无法完全单方决策;作为核心股东(在目标企业股权分散的情况下)能实际享受完全控制目标公司的隐藏优势。与目标企业签订《独家供应合同》,从契约层面控制了目标企业的销售市场,实现对目标企业的业务控制。

2. 支付方式因素更为灵活。首先,有支付工具的选择。可用现金支付,受流动性、外汇管制的影响;可用股票支付,受买方的经营情况、股权结构和股利政策影响,包括普通股、优先股等方式;可用债务工具支付,包括各类贷款、债券、可转换债券、附有认股权证的贷款等方式;可用综合工具支付,即现金、股票、认股权证、可转换债券等组合。其次,有支付节点的选择。一般选择签约日、评估基准日、过户登记日、交割日等为付款节点。付款比例大小随双方协商安排,有10%:20%:60%:10%,也有30%:30%:30%:10%。不同的支付工具

---

〔1〕 可变利益实体(Variable Interest Entities,VIEs),也称协议控制,是指境外上市实体与境内运营实体相分离,境外上市实体通过协议的方式控制境内运营实体,使该运营实体成为上市实体的可变利益实体。这种安排可以通过控制协议将境内运营实体的利益转移至境外上市实体,使境外上市实体的股东(境外投资人)实际享有境内运营实体经营所产生的利益,此利益实体系指合法经营的公司、企业或投资。

及支付节点，反映了买卖双方不同的利益诉求和利益博弈结果。

3. 风险承担因素，应重点考虑风险的类型、对应的承担主体及风险防范措施等。风险充斥于投资并购全过程，对风险承担的灵活处理，凸显投资技巧和投资艺术。风险承担首先要考虑风险的类型。在投资过程中，对于投资方来说，可能出现的风险有被收购方资产不实的风险、隐藏的或有负债的风险、运营持续性的风险、人力资源变动的风险、收购方自身流动资金不足的风险、企业文化整合的风险等。不同类型的风险，根据风险承担原则，理论上应由有能力化解的一方承担。但实践中各方力量不均衡，谈判地位不同，风险承担主体发生混乱，会对并购的成功率造成极大影响。如人力资源变动风险，企业收购时及收购后，被并购方企业员工跟随原老板一起从公司离开，如果没有明确的竞业禁止条款的设计，则新股东可能面临目标企业价值瞬间大幅降低的问题。因为，原老板和老员工可以另起炉灶，从事与目标企业同样的业务，从而使得新股东购买这家公司的价值缩小。如果约定从收购时起 3 年内，目标企业的离职员工不得从事相同或类似的业务，否则原股东要承担赔偿责任，就能在一定程度上规避因老员工离职带来的竞争风险。风险防范措施，是对风险类型进行归类、分析且对风险最佳承担主体进行设计之后，所采取的解决办法。对于风险，存在承受、分担、转移、拒绝等应对方式，不同方式反映了相关方利益的博弈和对风险的主观认知。

4. 税务对于投资并购来说，绝对是必须进行精密设计的因素。甚至，从税务处理的角度，将收购分为股权收购、资产收购。之所以做如此区分，是因为两种方式所承担的税种、税基、税率均不一样。为激发市场上的投资并购，降低并购成本，税务管理机关特别制定了多个关于企业并购重组的税务政策文件。并购投资操作者会在遵守法律法规的前提下，充分利用这些政策文件所能给予的优惠。当然，企业在进行交易结构设计以进行税务筹划时，应遵循成本效益原则，不能只考虑税收成本的降低而忽略因筹划方案的实施所引发的其他费用的增加或收入的减少，即税收成本最低的方案不一定是最好的交易方案，只有给公司带来绝对收益的方案才是最佳的。

三、并购流程管理

企业投资并购涉及的事项繁多，流程复杂，有必要制定专门的规则用于并购流程管理。一般来说，并购的基本流程包括：（1）达成收购或兼并意向，必要情况下,签订并购意向书。(2)进行尽职调查。(3)如果对尽职调查结果不满意,则终止本次并购;如果尽职调查未发现重大问题,则开始进行交易谈判,重点是交易结构设计、确定企业估值与交易对价、税收安排等。然后根据谈判结果拟定交易方案。(4)根据交易方案,起草交易文件。同时,必要情况下,目标公司进行重组,并外聘审计机构进行审计,以适应交易方案。(5)对交易文件的具体条款进行谈判,并最终签署正式交易合同。(6)进行交割与接管,买方付款,卖方办理产权过户手续。(7)并购整合,包括人员、业务、组织架构、资产、管理、企业文化等方面的调整与融合。(8)并购后评估。

以上流程不是完全固定和按顺序进行的,有的并购案例中可能省略部分流程,有的并购案例中可能顺序会有所调整。在涉及特殊行业或国有并购及海外并购时,会存在更多特定的要求。如并购国有企业时,有产权界定、资产评估、职工安置等特别环节,必须慎重对待,否则有可能遭遇监管机关不予批准的法律风险。又如在大型并购中,要特别重视反垄断审查问题。根据我国法律,经营者集中达到规定标准的,应当事先向国务院商务主管部门申报,未申报的不得实施集中。

对并购流程的管理,虽然不能成为决定并购成功的主要因素,但失败的并购,却有很多原因可归于并购流程的不当管理。因此,法务人员不仅要重视并购专业知识与技能,而且要把对并购流程的管理提到同等重要的地位。

四、融资工具

融资与投资一样,对于企业的发展壮大极其重要。事实上,大部分情况下,投资并购往往会伴随融资。可以说,融资是所有企业都面临的问题。无论是创办一个新企业,还是现有企业的扩张,都需要融资。随着市场的不断开放,融资方式和融资渠道在不断增多,存在非常多的融资工具可供企业选择。

首先,融资方式可分为债务性融资、权益性融资和项目融资。(1)债务性融资,有银行贷款、发行债券和应付票据、资产管理融资等工具。债务性融资构成企业的负债,企业要按期偿还本息。债权人一般不参与企业的经营决策,对资金的运用没有决策权。(2)权益性融资,是指股权融资、股票融资。权益性融资构成企业的自有资金。投资者有权参与企业的经营决策,有权获得企业的红利,但无权随意抽回资金。项目融资有建设—经营—转让(Build - Operate - Transfer,BOT)、建设—转让(Build - Transfer,BT)等。(3)项目融资,是指贷款人向特定的工程项目提供贷款协议融资，对于该项目所产生的现金流量享有偿债请求权，并以该项目资产作为附属担保。

其次，进一步总结融资工具。在债务性融资方式中，发行债券和应付票据，其工具有短期融资券、企业债券、公司债、可转换债券、私募债、票据贴现等。资产管理融资，其工具有应收款转让保理、存货质押、财产典当等。权益性融资，其工具有首次公开募股（Initial Public Offerings，IPO）上市、私募股权基金（Private Equity，PE）、风险投资（Venture Capital，VC）、增资扩股等。随着资金市场产品的开发，出现了一些新型的融资工具。如资产支持票据，这种方式可归于债务性融资，是资产证券化（Asset – Backed Security，ABS）的一种，是指大型企业、金融机构或多个中小企业把自身拥有的，将来能够生成稳定现金流的资产出售给受托机构，由受托机构将这些资产作为支持基础发行商业票据，并向投资者出售，以换取所需资金的融资方式。又如融资租赁，是指出租人根据承租人对租赁物件的特定要求和对供货人的选择，出资向供货人购买租赁物件，并租给承租人使用，承租人分期向出租人支付租金的融资方式。

最后，融资可在公开的货币和资本市场进行，也可在不公开的私募资金市场进行。公开的市场有股票市场、产权交易市场、债券市场、票据市场等；不公开的市场则包括各类私募股权基金市场、风险投资市场、民间借贷市场等。

五、融资方案设计

融资方案是企业通过运用融资工具的组合来获得资金的策略。适当安排债务性资金和权益性资金的结构，讲究长期融资与短期融资的搭配，能降低综合融资成本，使企业财务状况获得稳健发展。这就是融资方案设计应考虑的内容，法务人员应在熟悉融资工具的基础上，与财务部门共同完成。

一项融资方案，至少应包括资金筹措方案、资金结构分析、融资风险分析和融资成本分析等部分。

资金筹措方案的依据是总投资额和年度投资支出，内容主要包括资金的筹资来源和每一种渠道所提供的资金数量，应使资金的需求与筹措在时序、数量两方面达到平衡。法务人员要特别重视资金来源问题，注意不能触碰法律禁止性的规定。如在我国，企业民间借贷时，利率不能超过法律法规规定的标准；股权融资时，不得向不特定人推销有价证券，特定人员不得超过 200 人等。这些是法律规定的“红线”，不能违反，否则有可能使得整项融资行为无效或存在更严重的刑事犯罪问题。

资金结构分析,是指对所筹集资金中的股本资金、债务资金的比例与结构进行分析,包括对总资金结构(无偿资金、有偿股本金、准股本金、负债融资分别占总资金需求的比例)、资本金结构(政府股本、商业投资股本占比,国内股本、国外股本占比)以及负债结构(短期信用、中期借贷、长期借贷占比,内外资借贷占比)等的分析。资金结构是否合法、合理,是由政策、风险、资金成本等多方因素决定的。在融资方案设计及优化中,资金结构分析是一项重要内容。

融资风险包括资金运用风险、项目控制风险、资金供应风险、资金追加风险、利率及汇率风险等。因此,融资风险分析可包括出资能力风险的分析、再融资能力的分析、备用融资方案的考虑,以及利率及汇率变动风险分析等。融资风险分析的意义在于对辨识出的风险加以区别,找出风险致因并确定影响,从而提出防范措施和解决办法。对于融资风险的分析,法务人员尤其要注意与财务部门合作,充分假设融资过程中可能出现的法律问题,及早提出风险解决方案。

融资方案还包括对融资成本的分析,先是资金占用成本,如借款利息、债券利息、股息、红利等;然后是筹资费用,如律师费、资信评估费、公证费、证券印刷费、发行手续费、担保费、银团贷款管理费等。

六、融资流程管理

不同的融资工具,会有不同的融资流程。一般来说,融资的基本流程包括:(1)资金需求分析。企业融资管理人员根据公司战略发展规划、生产经营状况、投资计划以及公司当前的资金状况,对公司的资金需求进行预测和分析,形成企业内部《资金需求表》。(2)根据资金需求,选择合适的融资工具,比较融资成本,并逐一分析不同工具下的融资风险。(3)确定融资方案,制订融资计划。(4)寻找融资渠道,与融资的相关单位进行谈判,或向银行等金融机构提出融资申请。(5)签订融资合同,确定融资的金额、利率、偿还时间、偿还方式等。(6)财务部门根据融资计划和公司资金需求状况对筹集到的资金进行合理的分配和运用。(7)进行融后管理,编制《融资评估报告》。

同投资并购流程管理一样,以上流程也不是完全固定和按顺序进行的。法务部在配合财务部门做好融资流程管理工作时,特别要重视的就是融资的法律风险。可以说,所有的融资工具,要是运用不当,都可能引发法律风险。在一些债务性融资中，合法与非法往往看上去仅有“一墙之隔”，如民间借贷与非法吸收公众存款罪，银行贷款与骗取贷款、票据承兑、金融票证罪之间的区别。法务部人员在制定或审查这种融资方案时，务必严格从法律规定出发，防止发生法律风险。

第四节　法律风险管理

法律风险管理是企业风险管理的一部分，风险管理又是企业管理的一部分。这就提示公司法务部，法律风险管理要取得成效，必须融入企业的经营管理活动中，而不能“就法律讲法律”。要实现融入，则要借助企业的管理机制，如企业政策、规章制度、部门结构、工作流程、绩效考核等管理要素。通过这些融入要素的有序结合，可形成一套普遍适用的企业法律风险管理机制。

一、法律风险管理意识

企业经营管理的每一个环节，均可能产生法律风险，要对其进行有效管理，须先持有正确的企业法律风险管理意识。法律风险管理意识，是指企业法务人员、业务人员和管理者对企业法律风险的存在、可能的后果，以及如何应对或管理法律风险等方面是否有足够的认知。

首先，企业决策层对法律风险的存在、后果、应对措施是否有足够的认识，且能否将这种认识转化为对本企业的法律风险的管理理念和管理承诺，对于一个企业的整体法律风险管理工作来说，至关重要。

其次，除了最高管理者的法律风险管理意识外，具体的执行和实施部门人员的法律风险管理意识也甚为关键。作为专业的风险管理者，法务部及其工作人员，上至法务总监，下至法务专员以及法务部聘请的外部律师，都应对本企业的法律风险有着清楚的认识和理解。法务部的法律风险管理意识尤应清晰、敏锐。在必要时，法务人员还须对其他业务部门人员进行专门的法律风险意识的培训，以期更好地执行和实施法律风险管理工作。

最后，企业法律风险可能来自企业经营管理的任何环节，因此，全面的企业法律风险管理工作还应得到企业所有员工的参与和支持，企业员工的法律风险意识对完善企业法律风险管理工作也必不可少。

那么,如何形成企业法律风险管理意识呢?在不同企业,路径大不相同。以下步骤可表示其形成的一般路径:首先,法务人员就本企业法律风险管理的现状提出问题,挖掘具体需求,然后管理层对此进行正式的认同,并承诺上升为本企业全面风险管理的一部分。其次,全体员工逐步认识到法律风险管理在本企业实施的必要性和重要性,并积极参与进来。再次,法务部或其聘请的外部咨询机构制订具体的法律风险管理实施计划。最后,通过持续地实施法律风险管理计划,最终可望形成企业的法律风险管理意识。

要说明的是,管理层的风险管理承诺意识、法务部的风险管理实施意识、全体员工的风险管理责任承担意识,都离不开企业整体的法律风险意识文化的培养和塑造。当企业各层在法律风险管理意识上达成共识,且能主动地履行防范法律风险的职责时,可以说,该企业才算形成企业法律风险管理文化。法律风险管理文化,其实质是统一的、深层次的法律风险管理意识。树立稳定且有效的法律风险管理文化,可谓法律风险管理的最高目标。

二、法律风险管理制度

在企业具备法律风险管理意识的同时,应颁布和制定相应的企业内部制度来落实。法律风险管理制度是法律风险管理意识转化为法律风险管理行为的桥梁。企业法律风险管理制度是企业规章制度的一部分,是对企业法律风险管理的书面化和常规化。完善的法律风险管理制度的建立,是企业法律风险管理的关键要素之一。

一方面,法律风险管理制度必须体现企业法律风险管理的意识和理念,并且能与企业经营管理制度融合,激励和约束企业的经营管理行为。另一方面,法律风险管理制度又必须自成体系,至少要包含以下三个层面:(1)法律风险管理制度应满足企业规章制度的一般特点,即可执行、可操作。(2)法律风险管理制度应在现行法律框架下,集中考虑法律风险处理的特殊要求,重点规定基于法律的管理行为。如在制定法律风险识别相关制度时,要考虑是基于法律环境的变化,是我方或对方违规,还是对方违约或侵权,抑或对方不当行为或我方怠于行使权利等各种法律上的情况。(3)需要强调的是,法律风险管理制度本身应有单独的奖惩规定。这种奖惩不仅是制度中涉及的奖惩行为,而且还应对是否积极或消极地实施法律风险管理的行为进行奖惩。企业法律风险管理制度要体现企业各部门、各人员的风险管理职责,并配备相应的考核规则和奖罚制度。

三、法律风险管理人员

企业风险管理是通过一个组织中的人、通过他们的言行来完成的。人制定了主体的使命、战略和目标,并使企业风险管理机制得以落实。[1] 企业法律风险管理意识的塑造和制度的贯彻实施,与企业员工的素质密不可分。法律风险方面的人力资源工作对于企业进行法律风险管理来说,同样重要。鉴于企业法律风险管理意识的发起和企业法律风险管理制度的制定实施是以法务部人员为主,在配置企业法律风险管理资源时,本企业是否存在从事法律风险管理的专门人员,以及这些人员是否具备相应素质和能力,对该企业法律风险管理能否达到预期目标至关重要。

在配置本企业法律风险管理人员组成时,尤其要注意两种人:一种是本企业法律事务的负责人,即法务总监。作为企业法律风险管理事务的负责人,他(她)们的法律风险管理水平和理念,对于一个企业来说起着领航的作用。法务总监的配置是企业法律风险管理人力资源工作的核心。法务总监不仅要懂法律,而且要具备管理经验;不仅能与业务部门、职能部门打交道,更要会与企业决策层打交道。法务总监在企业老总的法律风险意识不强时,必须能说服和引导领导主动支持在企业中实施法律风险管理。另一种是企业聘请的外部专业咨询者,如执业律师、风险评估咨询师、学者专家等。这些人员的配置也是必需的,他们应与企业内部法律事务部门人员有合理的分工。当然,在采纳外部专家意见时,也要考虑其本身的局限性。需要说明的是,在配置企业法律风险管理人力资源时,无论是内部法律事务部人员还是外部法律专家,都必须明确该人员在企业法律风险管理体系中的职责。

现代企业的法律风险管理是个系统工作,仅靠法务总监或外部专家咨询者是无法单独完成的,还必须有其他各方人员的配合。把这些人员集合起来,就组成了专门处理法律风险的部门,可称为法律风险管理部或法律风险合规部。在多数企业当中,这个部门的职责一般包含在法务部或合规部中。专门成立一

---

〔1〕 参见[美]COSO制定发布:《企业风险管理——整合框架》,方红星、王宏译,东北财经大学出版社2005年版,第21~22页。COSO是美国反虚假财务报告委员会下属的发起人委员会(The Committee of Sponsoring Organizations of the Treadway Commission)的英文缩写。

个法律风险管理部的较少。在人员安排上,除有一个具有管理经验和风险管理理念的负责人,即法务总监以外,最好能配备两个法务经理。一个懂法律,也稍懂财务;另一个懂法律,也稍懂本企业技术。

四、法律风险管理流程

各企业根据自身管理基础和资源投入等情况,所采取的法律风险管理措施肯定不尽相同。为规范企业风险管理行为,推行企业风险管理最佳实践,国际和国内的相关机构都推出了多种风险管理标准或实施指南。知名的有 COSO《企业风险管理——整合框架》,澳大利亚—新西兰风险管理标准 AS/NZS 4360[1],国际标准化组织 ISO 31000《风险管理原则与指南》、ISO/IEC 31010:2009《风险管理技术》,中国国家标准化管理委员会《风险管理原则与实施指南》(GB/T 24353-2009)、《企业法律风险管理指南》(GB/T 27914-2011)等。

通过归纳、借鉴上述国内外企业风险管理标准,可总结企业法律风险管理的一般流程。

1. 确定本企业法律风险准则。风险准则是衡量法律风险重要程度的尺子,体现了企业对法律风险管理的价值观、偏好与承受度。在有的风险管理标准中,风险准则和另一个概念"风险容量"基本相同。风险容量是一个企业在追求价值的过程中所愿意承担的广泛意义上的风险的数量。[2]

2. 收集本企业法律风险环境信息。风险环境信息是后续法律风险管理活动得以顺利实施的基础,包括外部和内部风险环境信息。环境信息收集的目的在于明确法律风险管理目标,并设定法律风险管理的范围和有关风险准则。[3] 信息的收集应根据企业法律风险状况变化及企业的管理需要进行调整和补充。

3. 进行企业法律风险评估。风险评估包括风险识别、风险分析和风险评价三个环节。[4] 在识别环节,形成本企业法律风险清单;在分析环节,采用定性与

---

〔1〕 参见陈丽洁主编:《企业法律风险管理的创新与实践——用管理的方法解决法律问题》,法律出版社2012年版,第23~26页。

〔2〕 参见[美]COSO制定发布:《企业风险管理——整合框架》,方红星、王宏译,东北财经大学出版社2005年版,第35页。

〔3〕 参见叶小忠、贾殿安主编:《中国企业法律风险管理发展报告》,法律出版社2013年版,第29页。

〔4〕 参见《企业法律风险管理指南》(GB/T 27914-2011),中国国家标准化管理委员会2011年12月30日发布。

定量方法，建立模型，参照专家意见，对企业法律风险事件发生的可能性与影响程度等方面进行具体分析；在评价环节，将风险分析的结果与法律风险准则相比较，进行法律风险的排序和分级，划分出需要重点关注和优先应对的法律风险。事实上，法律风险评估的合理定量化有望成为下一步企业法律风险管理理论和实践的焦点问题。

4. 制定企业法律风险应对措施。风险应对包括检查风险应对现状、选择风险应对策略和制订风险应对计划三个环节。在盘点应对现状时，考虑现有的人员组织、奖惩机制、能力素质、经费供给等是否能满足法律风险应对需要，为选择应对策略和制订计划提供支撑；在选择应对策略时，应综合运用多种策略，如规避风险、控制风险、转移风险、接受风险等；在制订风险应对计划时，要考虑应对计划应有的机构和人员安排、相应责任要求、措施的优先次序和计划实施时间表。

5. 实施企业法律风险管理措施。按既定的风险管理计划方案，保证资源配置到位，信息沟通顺畅，把法律风险管理实施工作切实融入企业的日常管理工作当中去。风险管理措施的实施，不是靠法务部门或者法务总监单个主体去完成的，因为风险管理计划必然涉及不同层面和职位的企业人员。对于法律风险管理计划方案的执行，法务人员（律师）的最主要作用就是宣贯、培训。[1]

6. 对法律风险实施情况进行监督和反馈。企业应及时监督和反馈法律风险管理流程的运行状况，并根据发现的问题对法律风险管理工作进行持续改进，以形成一个完整的法律风险管理流程闭环。

五、法律风险管理模式

企业法律风险管理模式，是指企业法律风险管理的入手点和整体框架，与企业的管理实践密切相关，具体模式在各企业中表现不一。有三种常见的模式供参考。

1. 根据企业的主要经营管理活动来建立企业法律风险管理模式。即从企业的投资活动、生产活动、营销活动、采购活动、研发、人力资源管理活动、财务

---

〔1〕 参见吴江水：《完美的防范——法律风险管理中的识别、评估与解决方案》，北京大学出版社 2010 年版，第 83 页。

管理活动等一系列活动入手,发现每一项经营管理活动中可能存在的法律风险,然后运用本企业法律风险管理流程对其进行梳理、评估、应对。有些企业的经营管理活动可能偏于投资,有些企业可能偏于研发,还有些企业偏于营销等,根据企业的重点经营管理活动,投入主要的法律风险管理资源,以最大化地达到法律风险管理效果。

2. 根据不同的法律领域来建立企业法律风险管理模式。即从合同法、知识产权法、劳动法、招标投标法、投资法、税法、竞争法、诉讼法等角度入手,发现每一个法律领域所对应的企业经营活动中存在的法律风险,结合本企业法律风险管理流程,实施法律风险管理行为。这种法律风险管理模式的优点是法律性强、框架清晰;缺点是企业的某项经营管理行为可能会包含多个部门法,会导致内容交叉或遗漏的情况。

3. 根据企业发展阶段来建立企业法律风险管理模式。即从企业设立、运营、扩张、消灭四阶段来分析每一阶段的重点法律风险。如企业设立阶段,要从企业的法律形态、治理结构来考虑法律风险。不同的法律形态,如有限责任公司制与有限合伙制,对于投资者来说,意味着不同的法律风险结构。不仅企业控制权不同,而且股东税负也不相同,当然也就带来了不同的风险处理方案。在企业扩张阶段,要考虑大量投资并购、融资可能带来的风险,并能制订方案适应这些风险的识别、评估和应对。

当然,还存在其他的法律风险管理模式,如从法律风险源,企业职能部门、企业部门服务内部定价等角度梳理、评估企业面临的法律风险,由企业根据自身实际情况而定。

六、法律风险管理沟通

由于企业各层级人员的诉求与关注点不同,虽有统一的风险管理意识,但各自内部的法律风险偏好和态度仍不尽相同,这些差异会对法律风险管理的实施产生重要影响。解决办法就是在法律风险管理过程中保持充分沟通。沟通可在企业决策层与法务部、法务部与业务部门、企业与外聘律师等多层次展开。企业应为之建立通畅的沟通渠道和信息传递机制。沟通实质是信息的多向交叉流动过程。从企业法律风险环境信息的收集、法律风险源的识别,到法律风险等级的评价、法律风险管理计划的执行等,都需要企业的风险管理部门与相关部门及时交流信息,反馈信息。一旦信息交流受阻或失真,则制定得再好的法律风险管理实施策略都难以奏效。

法律风险来自企业经营的各个环节,有效的沟通与信息共享减少了不确定性,其本身就是一种对风险的预防。为提高企业法律风险管理过程中的信息沟通效率,在企业内部条件和管理需求许可的情况下,企业可考虑引入法律事务信息管理系统,即对法律风险管理体系进行 IT 化。借助专门针对本企业开发的法律风险管理软件,企业可非常好地利用互联网和计算机知识管理技术带来的流程控制与数据统计等便利,把企业法律风险管理工作推上新台阶。

七、法律风险管理绩效

企业法律风险管理的目的在于促进企业战略目标的实现。对企业法律风险管理是否给企业的业绩提升乃至战略实现带来积极影响以及影响的程度进行评价,是关系该管理行为是否最终有效的依据。法律风险管理要形成长效机制,必须有自身的绩效制度。

绩效分整体绩效与个体绩效。整体绩效,是指本企业或法律风险管理系统的投入与产出的关系。企业要根据自身情况设计一套实施法律风险管理绩效评估的体系,明确企业和企业某个部门在法律风险管理方面的投入与收益情况,以更好地控制成本,提高收益。法律风险管理成本可衡量企业在获得同样利润时的健康度和持久度。如某个企业花费了更大的法律风险管理成本,才达到其他企业同等利润水平,那么这个企业的发展可以认为是存在法律风险的,是不可持续的,除非其能改变现状。就法律风险管理的个体绩效而言,首先,应对执行企业法律风险系统中的某一项行为后果进行考核,并与其个人利益挂钩。其次,进行个体绩效评价。更重要的是,可以将个人在法律风险管理执行中的考核责任转化为个人工作动力。适当的法律风险管理绩效考核能将企业各层级人员在制定和实施法律风险管理措施的过程前后联结起来,促使法律风险管理真正走向定量化管理。

典型示例19

▶ 某公司法律风险管理办法

第一章 总 则

第一条 为进一步增强公司法律风险管理能力,有效防控法律风险,促进公司持续、健康发展,结合公司实际情况,制定本办法。

第二条 某公司及下属关联企业(以下合称公司)的法律风险管理工作,适用本办法。

第三条 本办法所称法律风险,是指基于法律规定或者合同约定,由于公司内外部环境及其变化或者公司及其利益相关者的作为或者不作为,而对公司产生负面影响的可能性。

本办法所称法律风险管理,是公司全面风险管理的重要组成部分,是指针对法律风险开展的风险识别、风险测评、风险分析、风险控制、控制实施评估等一系列管理活动。

第四条 法律风险管理工作应当遵循下列原则:

(一)以公司战略目标为导向。法律风险管理应当与公司总体战略目标相适应,促进战略目标的实现。

(二)与公司经营管理相融合。法律风险管理应当融入公司经营管理活动,成为其有机组成部分。

(三)全员参与。公司所有部门及员工都应当参与法律风险管理,并履行相应的风险管理职责。

(四)持续改进。法律风险管理应当根据公司内外部环境变化不断调整完善,实现持续改进。

(五)坚持合法性、可行性和效益性。公司用合法的手段防控法律风险,法律风险控制措施应当具有可操作性、可执行性,应当考虑成本与收益之间的关系。

第五条 法律风险管理的目标,是以制度、流程建设为重点,形成法律风险管理的长效机制,逐步建立一个全面、规范、动态的法律风险管理体系,将法律风险的防范和控制延伸到经营管理自始至终的各个环节,将法律风险防范和控制的职责落实到公司的各部门、各岗位,形成法律风险管理的合力,最终形成法律风险管理的有效管控机制。

第二章 机构与职责

第六条 由公司CEO或者公司领导及相关部门负责人组成的法律风险管理委员会是法律风险管理决策机构,履行下列职责:

(一)批准法律风险管理的制度、流程;

(二)批准法律风险控制计划;

（三）对有关法律风险管理的重大事项进行决策；

（四）其他应当由法律风险管理决策机构履行的职责。

第七条 法务总监全面负责法律风险管理工作，履行下列法律风险管理职责：

（一）参与企业重大经营决策，保证决策的合法性，并对相关法律风险提出防范意见；

（二）指导建立和完善法律风险管理的制度、流程；

（三）批准重大法律风险的判断标准或者判断机制；

（四）指导提出法律风险控制计划；

（五）协调处理有关法律风险管理的重大事项；

（六）指导提出法律风险管理报告以及重大决策的法律风险评估报告；

（七）指导培育法律风险管理文化、理念；

（八）其他应当由法务总监履行的职责。

第八条 公司法务部是法律风险归口管理部门（以下简称归口管理部门），公司内各部门是法律风险管理执行部门（以下简称执行部门）。

第九条 归口管理部门履行下列法律风险管理职责：

（一）建立和完善法律风险管理的制度、流程；

（二）组织实施法律风险管理体系；

（三）研究提出重大法律风险的判断标准或者判断机制；

（四）组织制订法律风险控制计划；

（五）研究提出法律风险管理报告以及重大决策的法律风险评估报告；

（六）组织协调法律风险管理日常工作；

（七）组织应对、处理法律风险事件；

（八）指导、监督和考评执行部门的法律风险管理工作；

（九）指导、监督和考评下属单位的法律风险管理工作；

（十）组织建立法律风险管理信息系统，并负责对系统数据、信息进行维护更新；

（十一）评估法律风险管理的有效性，研究提出法律风险管理的改进方案；

（十二）组织开展与法律风险管理相关的培训，培育法律风险管理文化、理念；

（十三）其他应当由归口管理部门履行的职责。

第十条 执行部门应当在归口管理部门的组织、协调下开展法律风险管理工作，并接受归口管理部门的指导、监督和考评，主要履行下列职责：

（一）在归口管理部门组织下对本部门涉及的法律风险进行识别和测评；

（二）在归口管理部门组织下对需要本部门控制的法律风险进行控制现状评估并提出控制措施建议；

（三）负责落实法律风险控制计划中由本部门承担的风险控制措施；

（四）向归口管理部门反馈风险控制计划落实情况，并接受归口管理部门的考评；

(五)负责完善本部门的法律风险控制机制;

(六)在归口管理部门组织下应对、处理法律风险事件;

(七)负责收集日常工作中发现的法律风险信息,并及时向归口管理部门反馈;

(八)参加与法律风险管理相关的培训,参与法律风险管理文化、理念的培育;

(九)其他应当由执行部门履行的职责。

第十一条 归口管理部门应当设置专职的法律风险管理岗,负责具体实施法律风险管理工作。执行部门应当设置法律风险管理联系人,负责本部门的法律风险管理联系工作。

第三章 法律风险管理体系

第十二条 公司应当构建并实施法律风险管理体系。法律风险管理体系包括法律风险分析、法律风险控制和控制实施评估。

第十三条 公司应当根据内外部环境变化,定期对法律风险管理体系进行滚动更新。

第十四条 公司应当充分利用法律风险管理体系的实施成果,促进体系与业务经营及日常法律事务的融合,降低公司法律风险水平。

第一节 法律风险分析

第十五条 法律风险分析包括法律风险的识别、测评和定向分析。

第十六条 归口管理部门应当定期组织发起法律风险识别,执行部门应当负责提供风险识别的基础信息、初步识别结果,并对归口管理部门的识别结果进行确认。

第十七条 归口管理部门应当根据风险识别结果制定法律风险清单。

第十八条 执行部门应当随时收集日常工作中发现的法律风险信息,并及时向归口管理部门反馈,归口管理部门应当根据反馈信息及时对法律风险清单进行补充、更新。

第十九条 归口管理部门应当定期组织法律风险测评,执行部门应当负责提供风险测评的基础信息、初步测评结果,并对归口管理部门的测评结果进行确认。

第二十条 归口管理部门应当根据测评结果,对法律风险进行排序、分级,并确定公司的重大法律风险。

第二十一条 执行部门应当了解掌握本部门涉及的公司重大法律风险,并可以根据测评结果,确定本部门的重大法律风险。

第二十二条 归口管理部门应当根据法律风险识别、测评的结果,结合公司实际情况对法律风险进行定向分析。

第二节 法律风险控制

第二十三条 法律风险控制包括控制现状评估、控制计划制订及控制计划实施。

第二十四条 归口管理部门应当根据法律风险分析的结果,确定每年度需要进行控制的法律风险,并分解给执行部门。

第二十五条 执行部门应当对分解至本部门的法律风险进行控制现状评估,并根据评估结果提出风险控制计划。

第二十六条　归口管理部门应当对执行部门的风险控制计划进行审议，提出修改和完善建议，并汇总成公司风险控制计划后正式下发执行。

第二十七条　执行部门应当严格执行风险控制计划，归口管理部门应当对计划的执行进行检查、指导和监督。

第三节　控制实施评估

第二十八条　法律风险管理的评估是指在法律风险控制计划实施的一个工作周期结束后，对控制计划的执行过程和实施效果所进行评估，以此作为下一年度法律风险控制计划的参考依据。

第二十九条　控制实施评估包括法律风险控制实施情况评估和实施效果评估。

第三十条　归口管理部门应当在风险控制计划实施期限届满之后及时组织发起控制实施评估。

第三十一条　执行部门应当首先对本部门风险控制实施情况和实施效果进行自评，然后将自评结果及相关资料提交归口管理部门复评。

第三十二条　归口管理部门应当认真分析控制实施评估结果，提出改进建议，对法律风险管理体系进行滚动更新，并将评估结果在所管辖范围内进行通报。

第四章　法律风险的预防与应对

第三十三条　公司进行重大经营活动，应当进行法律风险评估，并对可能存在的法律风险采取事前控制措施。

第三十四条　执行部门在日常工作中应当主动对照法律风险清单，明确本部门可能存在的法律风险，并及时采取相应的控制措施。

第三十五条　归口管理部门可以对执行部门工作中可能存在的法律风险进行风险提示，并督促其采取相应的风险控制措施。

第三十六条　归口管理部门应当对法律风险管理制度的执行情况进行日常检查，对检查中发现的问题及时采取措施，防止法律风险的发生，相关部门应当积极配合。

第三十七条　归口管理部门应当加强法律风险的前瞻性研究，并提出风险防范建议。

第三十八条　归口管理部门应当定期组织与法律风险管理相关的培训。执行部门可以根据生产经营实际提出法律风险管理培训需求，归口管理部门应当积极组织实施有关培训活动。

第三十九条　公司应当建立法律风险事件报告制度。法律风险事件发生后，执行部门应当立即向本部门负责人报告，组织查明事件基本情况，并及时向归口管理部门报告。

第四十条　归口管理部门收到法律风险事件报告后，应当及时组织相关部门对事件的性质、原因、影响等进行研究分析，并提出应对方案或者处理意见。

第四十一条　对需要采取应对措施的法律风险事件，执行部门应当在归口管理部门的组织协调下，及时落实应对措施。

第四十二条　公司应当逐步建立法律风险预警机制和应急处理机制,明确法律风险预警和应急处理的职责、流程、时限、内容和方式等,增强法律风险预警能力和应急处理能力。

第五章　信息系统

第四十三条　公司按照集团公司的规范和要求建立和完善法律风险管理信息系统,通过信息系统开展各项法律风险管理工作。

第四十四条　归口管理部门负责提出建立和完善法律风险管理信息系统的需求,公司信息管理部门负责组织系统建设,并对系统进行维护。

第四十五条　归口管理部门应当根据公司内外部环境变化,及时对法律风险管理信息系统中的各项数据、信息进行更新,保证数据、信息的完整性和准确性。

第四十六条　公司应当充分利用法律风险管理信息系统进行普法培训、法律咨询等其他法务工作,并探索与其他业务信息系统进行联动,促进信息系统的高效使用。

第六章　考核与奖惩

第四十七条　归口管理部门应当定期组织对公司法律风险管理工作的考核或者评估。法律风险管理考核结果应当报送法律风险管理决策机构。

第四十八条　由于各部门及其工作人员原因发生法律风险事件并给公司造成损失的,按照《公司奖罚条例》追究责任。

第七章　附　　则

第四十九条　本办法由法务部负责解释。

第五十条　本办法自下发之日起实施。

第五节　诉 讼 管 理

企业如涉及诉讼,不仅耗费大量人力、财力,牵扯管理者的时间和精力,而且案件的影响甚大。涉及投资的诉讼可能导致败诉企业支付数千万元甚至上亿元的巨额赔偿;涉及商业欺诈的诉讼,可能影响企业在资本市场上的融资;涉及劳动者或消费者损害的诉讼,可能给公司声誉造成负面影响;涉及知识产权的诉讼可能使企业失去作为公司核心资产的专利权。因此,企业越来越重视诉讼案件的处理。企业对于发生的诉讼,可以聘请外部律师处理,也可以由法务部负责。随着执业律师收取的费用与日俱增,并考虑其他诸如沟通方便、保密等因素,很多企业逐渐倾向于将一般诉讼或仲裁案件交给公司法务部处理。因此，对诉讼的管理，也就成为法务部日常必不可少的一项专业管理工作。

一、诉讼策略

诉讼策略是法务部在面临一场诉讼或仲裁时，经过集体讨论拟定的，并经企业决策层认可的解决方案。完整的诉讼策略，包括前期的诉讼风险分析、中期的庭审技巧及后期的裁决执行方案。

首先，在诉讼或仲裁之初，无论企业是原告还是被告，法务总监都必须组织负责案件的法务人员，通过比较诉讼成本、胜诉率、可能的责任及结果或其他救济途径等因素，进行诉讼风险评估，对案件的处理策略做出决策。前述风险评估和策略设计，均须依赖法务总监和法务人员的办案经验和专业能力。诉讼风险分析应可量化，对案件的每种可能的结果最好用经济数值表述，并对每种结果出现的概率进行预测。

例如，某采购合同履行过程中，企业作为买方，因卖方交付的产品质量不合格，导致买方发生损失而提起诉讼。在这个诉讼中，买方企业可提起违约诉讼，也可以产品质量不合格要求得到消费者权益保护。合同约定：产品质量不合格的违约金为产品价款的 20%；同时约定，买方逾期付款的按日 5‱计算违约金。买方事实上逾期付款达到 30 日。所以，对于买方来说，提起违约诉讼有可能会遭到卖方的反诉。因此，对于是以违约提起诉讼，还是以侵权提起诉讼；在诉讼中对方是否会提出反诉，如遭到反诉又该如何应对等问题，都必须在诉讼前有所预判，并预测出每种可能的成本和费用。在前例中，如提起违约诉讼且胜诉，企业可得到对方 20 万元的违约金赔偿（产品价款为 100 万元），并可能支付 1.5 万元的逾期付款违约金；但如果违约诉讼输了，那么企业将得不到一分钱的赔偿。如提起产品质量侵权诉讼，要求企业提交遭受实际损失的证据材料。如证据不充分，那么也得不到赔偿。承办本案件的法务人员必须对此种种情况都有一定的预测，才能从企业整体经济利益的角度，作出正确的案件处理决策。

其次，对于诉讼或仲裁过程中的庭审，也是相当讲究技巧的。在开庭之前，法务人员应反复阅看案卷材料，对案情中的薄弱环节尤其是对己方不利的环节，要多思考、多假设，预测庭审中对方可能提出的发问，做到有备无患。在应答时，力求洞察发问者的动机、问话的真正含义，对与案情无关的发问可以明确拒绝应答，并向审判长声明，争取庭审主动权。对不便直接回答的问题，可以采用迂回曲折的方法应答。对隐含前提的发问，应对“前提”予以否定，并揭露对方的真正用心。庭审技巧是一种纯粹的经验性工作,必须有大量的实践体验过程。为使法务人员满足企业对该诉讼技能的需求,法务总监可在法律培训中加入"模拟法庭""庭前预演"等活动。当然,这需要法务总监自身对诉讼庭审有足够的实践。如果缺乏这方面的经历,也可以聘请专业咨询机构提供庭审技能的培训。在案件开庭前,通过创造一个与庭审类似的对话环境,使法务人员在法庭上的发言、证据组织等都做到有的放矢,提高其庭审技巧和庭审效果,对其个人成长非常有益,因此,此种实践受到法务人员的欢迎。

最后,企业诉讼或仲裁庭审完毕,法院或仲裁委员会下达裁决书,后期如何执行裁决执行也应构成诉讼策略的一部分。这可能是我国目前司法实践中较为突出的问题。很多时候,企业费尽周折赢得一场诉讼官司,在要求对方按诉讼裁决书执行时,其难度甚至不亚于另一场诉讼。企业作为一个经济实体,其最终目的不是赢得诉讼,而是通过诉讼获得本应有的经济利益或其他利益。如果胜诉,却无法执行到位,这无异于败诉。因此,裁决的执行是法务部诉讼管理的重要工作。在企业是执行申请人的情况下,要尽可能地执行裁决书,一是要仔细研读司法机关的执行程序规定,充分利用制度赋予的权利,督促执行机构第一时间启动执行。二是要主动收集被执行人的财产线索,提供给执行机构。三是一旦发现财产线索或执行机构依职权发现财产线索,则应立即要求执行员采取财产控制措施。四是在已具备被执行财产的情况下,要求执行机构尽快进行财产变现。如变现的财产不足以偿还判决书所记载债权,则应立即要求执行机构穷尽财产调查手段,以最终能全面执行。

二、案件报告

法律诉讼的结果一般都会存在很大的变数,在法官最后给出判决之前,一切都是不确定的。因此,策略制定是一回事,策略的实施又是一回事。为更好地落实诉讼策略,控制诉讼质量,企业有必要建立完整的案件管理制度,其中最为重要的就是跟案件相关的各项报告制度。案件报告可以让法务总监和企业高层管理者了解法务部对案件办理的思路,又能知晓案件进展情况,并能实现对案件卷宗的存档。案件报告,包括案情分析报告、代理思路报告、庭审情况报告、执行结果报告、结案报告、商业改进报告等。

案情分析报告,是指法务部门拿到诉讼或仲裁案件材料之后,对案件进行专业分析并形成企业内部的书面报告。法务总监在进行诉讼管理时,之所以应要求承办案件的法务人员撰写案情分析报告，是因为通过该报告的撰写，迫使承办法务人员必须做好阅读案件材料，查阅相关法规，调查相关事实等基础工作。

通过对案情的分析，经法务部内部讨论，可形成案件代理思路报告。该报告可回答关于以何种方式去提起诉讼或拟定答辩思路，如何收集证据，如何组织与完善证据链条，如何寻找案件的着手点和突破点等案件的代理思路问题。

庭审情况报告，是指法务总监组织人员参加庭审或亲自参加庭审之后，针对庭审情况所撰写的企业内部报告。一般案件可能都会经过1～2次开庭审理，复杂案件或证据繁多的案件可能会开数次庭。每次开庭一般都会间隔不短的时间，短的数周，长的数月。因此，有必要对每次开庭情况进行记录、小结，并形成一份完整的庭审情况报告。

在判决书下达之后，裁判文书的执行是案件的经济利益得以实现的最后一步。企业对执行结果，特别是有利于企业的裁判文书的执行结果，尤为看重。法务部应将每次诉讼案件的执行结果形成报告，以符合企业的真正期望。

结案报告是在案件执行完毕之后，对案件全过程进行回顾所形成的企业内部书面报告。结案报告内容至少应包括两方面内容。一方面是案件相关内容，包括案件的基本情况、案件双方的观点及基本证据、案件的庭审概要及案件判决结果和执行结果等；另一方面是对案件的总结，包括案件处理技巧的总结，对案件所反映的企业运作中存在的风险的分析等。

商业改进报告，是在结案报告的基础上更进一步探讨诉讼所反映的企业风险，并提出商业改进措施。如某企业在数件劳动仲裁之后，发现企业总是败诉。通过结案总结，法务部认为是企业的规章制度不完善，特别是规章制度的执行程序不完善，导致产生了与劳动法相违背的操作行为，从而被判败诉。根据这些案件所揭示的风险，法务人员撰写了一份关于企业规章制度适用程序的改进报告，并获得了企业的认可。

三、诉讼预防

随着企业诉讼案件的增多，预防诉讼才是最好的诉讼策略。那么，法务人员可以从哪些角度进行诉讼预防管理呢？

1. 尽力在企业形成一种诉讼风险防范文化。法务部应向管理层和员工灌输“诉讼是一件非常麻烦、非常昂贵的事”的观念，让他们养成习惯，在打电话、发送电子邮件、签合同之前,就对诉讼风险的存在有一定的意识。法务人员也可经常向企业人员定期发送企业已结案件的案件报告,开展新法律法规的培训,提示企业人员诉讼风险的存在形式,以此增强全员诉讼风险防范意识。

2. 健全诉讼风险防范机制。这类机制包括知识的传达、风险的预警等。法务人员可根据企业所处的行业和生命周期,提炼出自身的诉讼风险事件数据库,告诉员工"什么应该做、什么不应该做",并通过有关流程,将这些要求落到实处。企业内部诉讼法律提供者有责任向其他部门以及合同法律提供者等传达诉讼中获得的知识。[1] 负责诉讼的法务人员可以向负责审查合同的法务人员建议修改合同文本或调整交易操作方式。风险预警,是指在风险实际发生之前,捕捉和监视各种细微的迹象变动,以利预防或采取适当对策,争取将风险降低。风险预警的主要任务是捕捉风险迹象和传递风险信息。

3. 加强对重点诉讼风险的防范。如某制药公司将知识产权视为公司的核心资产,对全公司的知识产权事务实行集中化管理,由总部统一申请注册专利,既防止有关权利被他人冒用,又避免侵犯他人专有权利。某投资性公司,对法律尽职调查的工作标准设置得特别严格,可防止未来出现一些因投资对象故意隐瞒、虚假陈述等行为导致的诉讼风险。

4. 寻求替代性争议解决方案。许多公司为了减少诉讼数量,通常会在交易合同中约定发生纠纷时双方仅采取仲裁、调解等替代性争议解决方案。即使在协议中没有这些条款,有些企业也试图在争议后与对方达成这方面的协议,以减少诉讼费用。其原因就在于,替代性争议解决(Alternative Dispute Resolution,ADR)的方式具备效率高、费用低的特点。

四、案件外包

法务部独立处理公司诉讼案件,固然能替企业节省成本,但不是所有的案件法务部都能搞定,有时必须将案件委托给律师事务所处理。案件必须外包的原因有如下几点:(1)法务部缺乏针对特殊案件或疑难案件的法律知识、经验技能;(2)案件量巨大,法务人员不足,临时增加外部律师来协助完成诉讼案件;(3)地方性原因导致需要当地律师出面合作;(4)出差等问题导致由法务人员提供诉讼服务显得不经济;(5)有时法务部出于职业风险分担的考虑,将个别案

---

[1] 参见[美]卡罗尔·巴斯里等:《公司法律部》,本书译委会译,法律出版社 2010 年版,第 248 页。

件外包给外部律师;(6)企业想借助特定律师的人际关系或名气等对案件有利的因素。

尽管都叫案件外包,但外包的方式却是有区别的。目前,存在三种处理案件外包的方式:(1)法务部将案件完全打包给外部律师处理,自己仅充当联络人的角色。(2)法务部与外部律师共同代理案件。在判决书上,往往显示第一代理人是外部律师,第二代理人是企业法务人员。(3)基本由法务部主导处理,但在某些环节凭借外部律师力量。如复杂的证券案件中的证据收集工作,可委托外部律师进行。选择前述何种方式,取决于案件本身情况、企业与外部律师的关系、企业管理习惯、成本与效率等因素。

不管以哪种方式将案件外包,对法务部来说,都存在一个对外部律师进行管理的问题。本书在后续章节将详细阐述。

五、案件激励

诉讼案件,无论是庭审过程,还是证据采集过程,都充满了对抗。这需要工作激情。外部律师对于案件处理的心态,是“受人之托,忠人之事”。案件量越大,案情越复杂,案件标的额越高,律师的收益越多。因此,律师的动力越大,工作激情越高。法务部门人员对于案件处理的进取心态则不如外部律师。因为法务人员从企业领取固定薪酬,其处理案件的数量、标的额、难易程度,甚至案件结果,都与法务人员的薪酬无关。因此,有必要建立案件激励机制。

案件激励,是指企业模仿律师事务所,在处理企业诉讼案件之后,将一定比例的案件经济利益纳入法务人员的绩效薪酬。如某集团《案件管理办法》规定:“法务人员办理诉讼案件,为公司挽回 20 万元以上的经济损失,给予行政奖励;为公司挽回 50 万元上的经济损失,按挽回损失额的 1% 给予经济奖励;为公司挽回 100 万元以上的经济损失,按挽回损失额的 0.8% 给予经济奖励。”又规定:“法务部门半年内办结案件的胜诉率达 70% 以上的,给予部门 3 万元的集体奖励;一年内办结案件的胜诉率达 70% 以上的,给予部门 5 万元的集体奖励。”

案件激励能将法务人员的诉讼积极性调动起来,但必须慎用。企业应注意引导法务人员不得以案件激励报酬为主要收入来源,否则将导致法务人员的道德风险,即法务人员在审查合同或参与项目时,可能故意制造案件。这就背离了案件激励的初衷。

六、诉讼支持

有效的诉讼管理离不开各方面的支持,包括技术、企业内部资源、行政管理等。在诉讼技术支持方面,法务人员可用来协助处理案件的软件逐渐增多。法务人员可以及时地通过使用个人电脑端和移动终端的诉讼管理系统来实现对案件的动态控制。现在的诉讼管理系统可以将每一个案件的基本信息、案件事由、争议法律类型、作为客户的企业业务部门、案件庭审时间、案件现状、案件结果等全部纳入其中,并可自动生成管理报告。

诉讼支持还包括企业内部资源的支持,如法律数据库的购买、案例库的购买。在线法律图书馆现在越来越普遍,可以包括法律法规检索、查询,司法案例,法律研究期刊,法律专家论坛等丰富内容。目前在我国做得比较好的法律信息服务商包括北大法宝、北大法意、威科中国、汤森路透中国等。

行政管理工作也要提供诉讼支持服务,包括案件的卷宗管理、诉讼格式文本等。

典型示例20

▶ 某公司案件管理办法

第一章　总　　则

第一条　为规范本公司诉讼与非诉讼案件管理工作,依法、及时、高效处理诉讼、非诉讼案件,最大限度地维护公司的合法权益,根据相关法律法规的规定,制定本办法。

第二条　本办法所称诉讼是指本公司及下属子公司(以下合称公司)在经营、管理过程中发生的,以本公司为当事人的各类诉讼及仲裁案件,包括:民事诉讼案件、劳动争议诉讼案件、行政诉讼案件、执行案件、申请复议案件以及各类仲裁案件等。公司以第三人身份参加诉讼的,依照本办法执行。

本办法所称非诉讼是指本公司在经营、管理过程中发生的,以本公司为一方当事人,采取协商、调解(司法机关/仲裁机构主持的除外)等方式解决有关纠纷或争议的法律事务活动。

如无特别约定,本办法所称纠纷案件包括诉讼案件及非诉讼案件。

第三条　诉讼案件直接影响公司的合法权益及声誉,因此公司应本着诚实信用、平等自愿、等价有偿、互惠互利的原则开展经营、管理工作,尽量避免诉讼案件的发生;对发生的诉讼案件应充分重视,及时、妥善处理,有效规避、控制风险,避免造成不应有的损失。

第二章　管理部门、职责、权限

第四条　纠纷案件管理实行业务部门和法务部分工管理、密切配合的原则。纠纷案件发生部门或纠纷案件涉及事项的主管部门是纠纷案件管理的业务部门，法务部是纠纷案件管理的归口部门。

第五条　业务部门的主要职责：

（一）负责提供纠纷案件涉及的事实情况及证据材料；

（二）参与纠纷案件处理讨论；

（三）根据需要承担部分纠纷案件处理事务工作；

（四）负责与纠纷案件相对人的商谈和解工作；

（五）负责协调纠纷案件处理涉及的费用支出及收取（律师费除外）；

（六）建立非诉讼案件工作台账和档案管理制度；

（七）根据纠纷案件处理需要承担的其他工作。

第六条　法务部的主要职责：

（一）制定纠纷案件管理制度，并负责组织实施；

（二）牵头负责纠纷案件的司法程序处理；

（三）负责纠纷案件处理涉及的外聘律师费用管理；

（四）会同业务部门制作重大案件专题汇报并供本公司管理层和相关部门阅知；

（五）建立诉讼案件工作台账和档案管理制度；

（六）负责纠纷案件的报备工作；

（七）签收、发送法律文书（非诉讼案件除外）；

（八）根据纠纷案件处理需要承担的其他工作。

第七条　纠纷案件处理完结前（诉讼案件应在裁决/调解书生效前），案件处理的参与者不得泄露案件的信息内容，坚持保密原则。如违反保密规定，在案件处理过程中泄露公司商业秘密和其他秘密事项的，根据有关法律规定和公司的有关规章制度追究其相应责任。

第八条　具有下列情形之一的纠纷案件为重大案件。对于重大案件，法务部应报有关管理层审批，并形成专题汇报供本公司管理层和相关部门阅知。

（一）涉案标的额为人民币 100 万元（含）以上；

（二）案件主体或标的涉外（含港澳台），单个劳动纠纷案件除外；

（三）涉及公司整体利益或处理结果对本公司有重大影响；

（四）法务部认定的其他重大案件。

重大案件之外的其他案件为一般案件，对于一般案件，由法务部会同业务经办部门决定，在必要时可报公司管理层审批。

第九条　纠纷案件处理过程中所涉及的法律性文件、合同类文件的出具，按照公司的有关规定履行审批程序。

第十条　各相关职能部门依据法律、法规、规章及本公司的有关规定,按照各自的职责范围参与纠纷案件管理。

第三章　非诉讼案件管理

第十一条　公司各部门在工作过程中,如发现本部门难以处理,需要公司法务部和/或律师提供支持的案件及事项,应积极了解情况并与纠纷对方当事人协商,及时填写《非诉讼案件情况登记表》(见附件一),经部门负责人签署处理意见后,连同纠纷情况说明、相关资料等,报法务部。

业务经办部门应根据法务部的具体要求,提供或补充提供详细的情况说明及资料,以便于及时、有效地采取应对措施。

第十二条　法务部对业务经办部门提交的《非诉讼案件情况登记表》及案件资料进行分析,于3个工作日内提出法律意见或建议,并及时通知业务经办部门,同时督促经办部门妥善处理。在必要时可报请公司管理层批示处理意见。

第十三条　非诉讼案件处理原则上由业务经办部门负责;法务部提供法律服务与支持。

对于重大纠纷或疑难法律事务,由法务部联系公司常年法律顾问出具法律意见,作为纠纷处理的参考;或请公司常年法律顾问协助处理。

纠纷处理过程中涉及专业、疑难问题,或需要协调公司其他部门共同处理时,业务经办部门应根据公司相关制度的规定,及时书面上报CEO,由CEO统一协调处理。

第十四条　非诉讼案件发生后,各部门及各所属公司应充分重视并积极处理;杜绝隐瞒不报、推托迟延的情况,避免因纠纷处理不当、不及时而造成不必要的损失。

第四章　诉讼案件管理

第十五条　业务经办部门对需要提起诉讼或仲裁的案件,应提前____个工作日(凡涉及诉讼时效的,最迟应在诉讼时效到期2个月前上报)填写《拟起诉案件审批表》(见附件二),连同相关证据资料、情况说明报法务部。

法务部对《拟起诉案件审批表》及证据资料进行审查,于3个工作日内提出法律意见或建议,必要时报请公司管理层审批,并在3日内将处理意见书面通知案件经办部门。

第十六条　案件经办部门应在收到法务部书面通知后____个工作日内确定案件承办人员,由案件承办人员具体负责诉讼案件的处理。

第十七条　业务经办部门对需要提起诉讼或仲裁案件的时效负责,确保诉讼、仲裁案件在法定的诉讼时效内启动法律程序。

第十八条　确定起诉后,由法务部负责制作诉讼文书,或在必要时将案件材料提交外聘律师,由律师起草,并由其确认。并在确认诉讼文书后7日内,办理完毕立案相关手续。

第十九条　对于公司被动应诉案件,由法务部统一接收法院或仲裁委员会送达的起诉状、仲裁申请、应诉通知书等法律文件。

第二十条　法务部应在收到应诉案件的法律文件后,通知案件所涉及的业务经办部门,并提供诉状或仲裁申请书、应诉通知书等法律文件复印件。

业务经办部门应于收到法务部转发的法律文件后3个工作日内填写《应诉案件情况登记表》(见附件三),备齐相应的证据材料、情况说明,并确定具体经办人,经部门负责人签署处理意见后报法务部。

诉讼案件处理的对接程序及相关诉讼手续办理由法务部负责协调,应在起诉状、仲裁申请、应诉通知书等法律文件送达后7日内办理完毕。

第二十一条 法务部应加强对外聘律师的监督和管理,定期了解案件的进度。与此同时,案件承办人员应积极与律师沟通,如实际情况发生变化,有可能对案件处理产生影响,应尽快通知法务部和律师,以便及时调整诉讼策略。

第二十二条 案件经办部门认为需要提起上诉的案件,应于裁判文书送达后7个工作日内填写《拟上诉案件审批表》(见附件四),连同裁判文书、相关资料报法务部。

法务部对案件经办部门报送的《拟上诉案件审批表》及相关资料进行审查,提出法律意见或建议,必要时可报请公司分管领导审批处理意见。

上诉案件的办理程序,参照本办法关于起诉案件的规定执行。

第二十三条 公司决定不予上诉的案件,法务部应将处理意见及相关裁判文书及时转发相关部门,由相关部门负责裁判文书的履行。

第二十四条 公司申请执行或作为被执行人的案件的审批、办理程序,按照本办法关于起诉、应诉案件的相关规定执行。

第二十五条 诉讼案件承办人员在案件办理过程中,应对案件的情况作详尽的了解,有权调查、收集相应的证据材料,公司各部门应全力配合,不得无故推诿、拖延、拒绝。

第二十六条 对于诉讼案件办理过程中所涉及的法律事项,经办人可随时向法务部咨询,由法务部提供法律服务与支持。对于疑难法律问题或重大法律事务,由法务部联系公司常年法律顾问出具法律意见或提供专项法律服务。

对于诉讼案件办理过程中涉及的专项问题,经办部门可向法务部作出书面通报,由法务部协调相关部门或所属公司协同处理,或报请公司领导批示处理意见。

第五章 档 案 管 理

第二十七条 非诉讼案件的具体经办人员应建立案件档案,一案一档。

案件档案包括但不限于:有关案件的合同、协议、票据、往来函件、履行资料等。

对于已处理完毕的案件,应在15日内,完成整理订卷,并交本部门档案管理机构存档。

第二十八条 诉讼案件的具体经办人应在收到判决/裁定/调解/裁决书后20日内整理归档,并将案卷移交法务部。案卷应包括但不限于:案件受理通知、应诉通知书、起诉状或仲裁申请书、相关证据、答辩状、代理词及判决、裁定、裁决书等。

第二十九条 法务部应及时将诉讼案件案卷交公司档案管理部门归档,并负责对公司的诉讼案件存档情况登记造册备查。

第六章 监督与检查

第三十条 公司各部门应严格按照本办法的规定开展工作;法务部根据本办法的规定对各部门的非诉讼、诉讼案件管理工作进行监督及定期、不定期地检查。凡在检查或日常工作中发现各部门未按本办法的相关规定执行的,有权督促其限期改正。

第三十一条 法务部应对检查工作予以总结,并在检查工作完成后7个工作日内出具工作检查报告,提交公司领导,作为绩效考核的依据。

对于检查中发现的问题与不足,法务部应及时通报相应部门及各所属公司并限期整改。

第七章 问责与考核

第三十二条 公司工作人员如有下列违反本办法的行为,应将相关情况纳入绩效考核。对于未给公司造成损失的,给予批评并限期改正;给公司造成损失的,责令赔偿损失;情节严重的,还应给予处分,直至解除劳动合同;触犯《刑法》的,依法报请有关机关追究刑事责任。

(一)未按照本办法规定的程序及要求办理案件;

(二)在办理案件过程中牟取私利、收受回扣的;

(三)在办理案件过程中拖延、推诿、不予配合的;

(四)违反本办法规定,在案件办理过程中对公司造成不良影响或损失的;

(五)未按照本办法规定及时、准确报告纠纷案件情况的;

(六)其他违反本规定的行为。

第三十三条 对于违反本办法第三十二条规定行为的,除给予相关责任人员处分外,相应追究相关部门负责人的管理责任。

第八章 附 则

第三十四条 本办法由公司法务部负责解释。

第三十五条 本办法自下发之日起施行。

附件:一、《非诉讼案件情况登记表》(略)

二、《拟起诉案件审批表》(略)

三、《应诉案件情况登记表》(略)

四、《拟上诉案件审批表》(略)

第六节　其他业务管理

如本书第二章所述,企业法务的全部工作可分为专业性工作、管理性工作、行政性工作。其中,专业性工作,也称法务业务工作,除了合同管理、合规管理、投融资法务管理、法律风险管理、诉讼管理等以外,这些工作占用了法务人员大部分日常工作时间,还包括知识产权、人力资源、竞争、环保等相关领域的法务及合规工作。

这些专业工作,对于一般企业来说,占用法务人员工作时间不像前几类那么多,但事实上对企业的安全和有效运行非常重要。这些法务管理中的专业性工作,与合规管理的专项合规基本是重合的。本书将知识产权、人力资源等界定为专项法务管理,原因是这些工作除了要求合法合规外,还需要尽量满足企业自身要求,从企业角度平衡利益。将竞争、数据、环保等界定为专项合规管理,原因是这些工作更强调合规遵守,需要通过制度和机制来满足监管者的要求。

一、知识产权法务管理

按有关分类标准,企业知识产权包括专利、商标、著作权及相关权利、商业秘密、商号权、域名权、地理标志、植物新品种、集成电路布图设计等。随着知识产权在改善企业市场竞争地位、支撑企业持续发展、提高企业核心竞争力等方面的作用越来越重要,企业知识产权管理逐渐成为企业管理体系的重要组成部分。因为知识产权的本质是由法律保护的"合法垄断",企业的知识产权管理事项一开始即和法务部的工作紧密相关,因此知识产权法务管理又是企业知识产权管理的重要组成部分。

知识产权法务管理可以基于两条线展开。一条线是根据企业知识产权管理的流程进行;另一条线是根据不同的知识产权种类分别进行。

企业知识产权管理是一个过程管理,其实施分为获取、维护、运用、保护等四个过程。[1] 知识产权法务也应与此对应,在知识产权的权利取得、权利证书的维护、权利的商业化及资本化、侵权的预防和制止等方面进行管理。

权利取得方面,法务人员应与研发部、品牌部、创意部保持定期沟通,建立

---

〔1〕 参见《企业知识产权管理规范》(GB/T 29490－2013),国家标准知识产权局2013年2月7日发布。

共同申请知识产权的机制。如法务总监应指派法务人员和品牌部人员进行商标检索,对竞争对手的商标注册情况进行统计分析,围绕企业既定商标战略目标,列出需要进行注册的商标,然后由法务委托商标注册代理机构申请注册。

权利证书的维护方面,法务人员应联合履行知识产权管理职责的企业内部员工,将专利证书、商标证书、版权证书等制作成数据库,列出每项知识产权的注册日、到期日、续展日,并设置自动提示续费功能。

知识产权权利的商业化或资本化,最为体现知识产权直接创造经济价值的特点。具体形式包括:授权他人使用收取许可费,知识产权出资,知识产权担保融资,知识产权信托、知识产权证券化。[1]

知识产权的保护方面,则主要是由法务部来负责。法务人员应在企业内部建立预警机制,以避免或降低办公、生产等设备及软件侵犯他人知识产权的风险;定期监控企业产品可能涉及的他人知识产权的状况,分析可能发生的纠纷及其对企业的损害程度,向决策层发出警示性信息,并提出防范预案。同时建立知识产权侵权发现与执行程序,及时发现和监控知识产权被侵犯的情况,适时运用行政和司法途径保护本企业的知识产权。在处理知识产权纠纷时,应评估诉讼、仲裁、和解等不同处理方式对企业的影响,选取适宜的争议解决方式。

企业知识产权的主要种类为专利、商标、版权、商号、商业秘密、域名等。不同的知识产权,其形成和保护的方式、涉及的法律规定是不一样的。因此,有必要根据不同的种类采取不同的方法来进行管理。

专利法务事项,绝对是知识产权法务的重头戏。专利申请与专利布局主要集中于企业的研究与开发活动中。因此,法务人员应当与研发部建立定期沟通。从专利申请注册、专利许可、专利维权,到专利权侵权的应诉,其涉及的各项法律文书,包括专利申请书、专利许可协议、专利评估报告、专利侵权诉讼材料等,都须由法务人员进行审核。法务人员要完成相关事务,必须熟悉专利所指向的技术,这无疑对法务人员提出了很高的要求,故实践中专利法务事项往往外包给专业的律师事务所或专利代理机构。

商标法务,同样是法务部应深度参与的专业管理事项。商标涉及商标注册、商标异议、商标许可、商标侵权纠纷、驰名商标的认定与保护等事项。这些事项的具体操作,在企业部门分工中,往往是品牌部的职责。法务部承担其中

---

[1] 参见杨延超:《知识产权资本化》,法律出版社 2008 年版,第 1 ~ 2 页。

的法律相关事宜。如商标许可活动中，由品牌部对商标许可使用的对象、被许可人的资质、许可时间、许可费用等进行确定之后，再由法务部根据这些商务条件拟定或修改商标许可合同，并指导品牌部对该合同依法进行备案。

版权管理作为一项专门的法务工作，经常出现在提供设计服务的公司或以运营影视作品为核心业务的公司，以及计算机软件公司等类型的企业当中。版权的产生确权、版权的登记、版权的许可、版权的维护、版权侵权纠纷的处理，都需要法务部参与，甚至是主导。在互联网新经济时代下，有关网络著作权的纠纷越来越多，这就要求法务人员不仅要熟悉著作权法律制度，而且要熟悉互联网、移动互联网的相关行为特征和法律规定。

其他类别的知识产权，如商号权、商业秘密、域名权等，法务人员应根据该种知识产权的特性，结合企业业务部门的需求以及标杆企业的法务处理模式，拟定具体的针对性的法务管理方案。

典型示例 21

▶ 某公司知识产权管理办法

第一章　总　　则

第一条　为了加强对本公司知识产权的保护，规范知识产权管理工作，最大限度地维护公司的合法权益，根据国家有关法律法规规定，制定本办法。

第二条　本办法适用于公司及下属各关联企业（以下合称公司）及其所有员工。

第三条　本办法所称的知识产权，包括：

（一）专利权和技术秘密。主要是指新产品、新技术、新工艺、新方法、新材料、新设计、新配方、新品种等专利权和技术秘密。

（二）商标权、域名和商业秘密。主要是指本公司的注册商标、商号、域名等，以及所拥有的未公开的规划、工程、设计、图纸、市场、经营、服务、财务、管理等信息。

（三）著作权（含计算机软件）。主要是指本公司的规划图纸、设计图纸及其说明、计算机软件及文档资料、地图、摄影、录像、艺术表演、培训材料、辞书、规范汇编等。

（四）国家法律规定保护的其他知识产权。

第二章　基 本 制 度

第四条　法务部负责本公司知识产权的管理工作。如有需要，各相关业务部门应指定本部门知识产权管理工作的兼职人员。

第五条　法务部关于知识产权管理的主要职责有:

(一)制定知识产权管理规定,协调知识产权管理工作,指导、监督、检查其他部门的知识产权管理工作;

(二)审核业务部门的申请,督促其组织和建立知识产权档案管理;

(三)代表本公司负责知识产权的申请等对外工作;

(四)代表本公司负责知识产权纠纷处理、诉讼等对外工作;

(五)参与签订或审核涉及本公司知识产权内容的各类合同、协议,建立知识产权合同档案;

(六)组织宣传和学习有关知识产权的法律知识并交流经验。

第六条　本公司员工完成公司工作任务、利用公司名义、利用公司物质条件产生的智力劳动成果,属于职务智力劳动成果,其知识产权归本公司所有。其中:

(一)完成本公司工作产生的智力劳动成果是指:

1. 执行本公司工作任务所完成的智力劳动成果;

2. 履行本岗位职责所完成的智力劳动成果;

3. 完成的智力劳动成果属于所在公司的业务范围;

4. 离休、退休、停薪留职、辞职或调离的员工在离开原公司二年内完成的与其在原工作岗位承担的本职工作或分配任务有关的智力劳动成果。

(二)利用本公司的名义完成的智力劳动成果是指:

1. 利用本公司的名誉、名称或社会地位进行的各种行为;

2. 利用本公司的人力及未公开的技术情报资料完成的智力劳动成果;

3. 工作时间内完成的智力劳动成果。

第七条　一切职务智力劳动成果的知识产权归本公司所有,任何其他公司及个人未经允许不得以任何形式转让、授权许可、使用或侵吞本公司所有的职务智力劳动成果。

第八条　职务智力劳动成果的完成人享有在有关成果文件上署名和取得相应荣誉、奖励及获得报酬的权利。

第九条　违反本办法,剽窃、窃取、篡改、非法占有或者以其他方式侵犯本公司知识产权的,或造成公司知识产权被侵犯的,由公司依据规定追究经济责任。构成犯罪的,及时向司法机关举报。

第十条　侵害人为本公司员工的,应责令其改正,并追究直接责任者和部门主要负责人的责任,造成损失的,应当追究其经济责任。

第十一条　侵害人为非本公司员工的,应要求其停止侵害,承担责任;造成损失的,应当赔偿损失。必要时,提请政府部门处理或遵循法律途径解决。

第十二条　本办法在执行过程中如有与国家法律、法规相抵触的,以国家法律、法规为准。

第三章　专 利 管 理

第十三条　专利是指发明、实用新型和外观设计。

第十四条　公司法务部是专利管理的主管部门，具体职责包括：

（一）负责对员工进行专利法和专利知识的宣传培训；

（二）鼓励员工开展发明创造活动，为职工提供有关专利事务的咨询服务；

（三）办理本公司专利申请、专利资产评估、专利合同备案、认定登记和专利权质押合同登记以及专利广告证明等事宜；

（四）保护本公司专利权和防止侵犯他人的专利权，办理有关专利纠纷、专利诉讼事务；

（五）管理公司专利资产，防止专利资产的流失；

（六）协助专利技术实施，管理专利实施许可贸易；

（七）其他与公司专利工作有关的事务。

第十五条　公司专利管理包括如下内容：

（一）专利申请、维持、放弃的确定，职务与非职务发明的审查；

（二）专利评价、评估；

（三）专利申请、优先权、署名权、专利权；

（四）专利申请权转让、专利权转让、专利许可及专利权质押；

（五）专利诉讼；

（六）其他与专利资产有关的事项。

第十六条　在项目开发立项之前，公司业务部门应向法务部提出申请进行由专业机构实施的专利文献检索与分析，避免重复研究与侵权。在项目研究开发过程中及完成后，如有需要，业务部门还应向法务部提出申请进行必要的跟踪检索。

第十七条　在项目规划、设计、开发过程中，技术创新、技术改造，引进技术的消化、吸收等工作中做出的发明创造，凡符合专利授予条件的，业务部门应及时向法务部提出专利申请，以取得法律的保护。

第十八条　专利申请的提出

（一）凡欲申请专利的，发明人或设计人（以下简称申请人）应填写本公司《发明创造专利申请表》，发明人或设计人在填写“申请专利的主要内容”栏时，应对申请专利的发明创造的技术特点包括新颖性、创造性、实用性、有益效果作出清楚完整的说明，并根据已知信息对发明创造的专利性作出评价；

（二）业务部门申请人应在“部门初审的意见”栏，就专利申请发表初审的意见，并提请部门负责人发表部门复审意见；

（三）业务部门申请人将此表交至法务部。

第十九条　专利申请的审批

（一）法务部统一聘请外部专业人士对申请专利的发明创造进行专利文献检索和专利性审查，由其提出专业审核意见，并将检索的情况及专利三性审查意见填入《发明创造专利申请表》中；

（二）法务部将《发明创造专利申请表》报公司 CEO 审批；

(三)CEO 批准后,法务部着手进行专利申请办理。

第二十条　专利申请的办理

(一)专利申请根据其经济价值、市场竞争价值的大小分为:普通级,重要级、重大级。

1. 普通级专利申请,是指经济价值和市场竞争价值的大小均一般的专利申请;

2. 重要级专利申请,是指具有一定经济价值或市场竞争价值的专利申请;

3. 重大级专利申请,是指创造性高,属国内外首创,代表技术潮流或发展方向,能给公司带来巨大经济效益,使公司处于市场优势地位的专利申请。

(二)法务部统一聘请外部专业人士办理专利申请工作。法务部根据外部专业人士的要求通知发明人或设计人提供专利申请技术交底书或其他专利申请文件。

第二十一条　公司与其他公司、国内外组织或者个人合作研究、规划、设计、开发或者委托研究、规划、设计、开发签订相关合同时,合同应当约定包括专利申请权和专利权等技术成果的归属,并符合国家和本公司相应规定。

第二十二条　公司建立合资企业接受对方技术或研发成果作为投资时,相关业务部门应将其包含专利的技术项目,报法务部进行检索。法务部根据检索情况,提供检索报告,为谈判、签约提供依据。

第二十三条　公司有下列情形之一的,应进行专利资产评估:

(一)转让专利申请权、专利权的;

(二)以专利资产与其他公司、企业、其他经济组织或个人合资、合作实施的,或者许可其他公司、企业、其他经济组织或个人合资、合作实施的;

(三)以专利资产作价出资成立有限责任公司或股份有限公司的;

(四)需要进行专利资产评估的其他情形。

第二十四条　公司的专利资产评估,应委托有专利资产评估资格的资产评估机构办理。

第二十五条　公司实施他人专利技术或许可他人实施本公司专利技术,应签订专利实施许可合同。专利实施许可合同应当到合同签订地或者被许可方机构注册地或专利实施地专利管理机关认定登记。

第二十六条　公司及员工有权保护本公司专利权不受侵犯,维护公司的合法权益,发现侵权行为,应及时报法务部,并帮助做好调查取证工作,必要时可请示专利管理机关处理或向人民法院起诉。同时,公司应避免侵犯他人的专利权。

第二十七条　本公司专利权益涉及海关保护的,要按照《知识产权海关保护条例》要求,及时向海关总署申请办理专利权海关保护备案。

第二十八条　本公司对其专利或专利申请,应依法及时交纳年费或申请维持费,维持其有效。对拟在法定期限届满前放弃或终止的专利和专利申请,要予以论证确认并建立管理档案。

第四章　商 标 管 理

第二十九条　公司法务部是商标管理的主管部门,具体职责包括:

(一)负责制定本公司商标管理的规章制度;

(二)负责本公司商标的申请、注册、续展、转让、评估、使用许可的审核及办理,对暂不使用的其他类别商标,应每三年公告一次;

(三)负责对印制前的商标标识物品的样板进行审批;

(四)指导或参与解决本公司商标被侵权及纠纷案工作;

(五)指导和监督本公司各部门商标使用工作,以核准注册的文字、图形或其组合为准;

(六)负责本公司商标的档案管理、信息处理;

(七)向本公司有关人员提供商标专业知识咨询与培训;

(八)负责有关商标的其他事项。

第三十条　在新产品或服务开发初期,必须同时考虑新产品或服务商标使用的合法性,即提前向公司法务部申报商标查询和商标注册:

(一)提出名称:商标使用人向公司法务部以书面形式提出包含拟用商标名称或图案、产品或服务内容及使用原因等信息的《商标注册申请表》;

(二)商标查询:公司法务部在两个工作日内向国家商标局进行商标查询,并在三个工作日内将结果反馈给申请人;

(三)注册申请和核准注册:申请人应根据商标查询结果会同部门负责人、法务部作出是否注册商标的决定,并报请公司 CEO 批准后,由法务部负责会同申请人做好商标申请前的有关文件准备;

(四)法务部在十五个工作日内委托商标代理机构开始办理商标注册的申请事宜。

第三十一条　涉及境外商标注册的,公司法务部根据公司经营战略需要,委托专业商标注册代理机构按国际商标注册的规则办理境外商标注册。

第三十二条　为避免注册商标在相关类别或类似商标被他人抢注,公司应做好联合商标、防御性商标的设计与注册。

第三十三条　商标查询日起至国家商标局对商标申请核准注册之日止,为公司对商标的商业秘密保护期。

第三十四条　法务部应做好商标的档案管理。应遵循维护档案资料的完整性、真实性、安全性的原则,统一存档管理。商标的档案管理应按以下内容分类:商标注册资料;商标侵权案、纠纷资料;广告、展览资料;品牌在市场中的相关数据;同类产品的商标使用情况;国内外相关企业商标注册情况等。

第三十五条　公司因经营需要受让他人注册商标的,应委托专业的商标代理机构对受让商标进行充分论证,并确认该商标权利人没有与第三人发生商标权利纠纷和质押后,方可受让商标。

第三十六条　公司各部门在使用注册商标时,负有维护商标完整性的责任。本公司员工对商标侵权的行为负有举报的义务,对举报有功者予以奖励。

第三十七条　公司市场部及品牌部负责处理市场出现的侵权商标行为事宜,对无法解决的可移交本公司法务部按有关规定和程序处理。

第三十八条　法务部对受理的商标侵权案件应及时进行调查取证,各相关部门予以配合。对经初步审核涉嫌侵权的案件,应分别采取报请工商行政部门查处、与侵权方协商赔偿、对侵权方提出诉讼等方式处理。

第三十九条　其他知识产权,如著作权、域名等,注册工作参考商标注册申请工作执行。

第五章　附　　则

第四十条　本办法由公司法务部负责解释。

第四十一条　本办法自下发之日起施行。

二、人力资源法务管理

鉴于劳动法律的复杂性和政策性,人力资源法务管理有逐渐从人力资源管理独立出来的趋势。人力资源法务管理可归为人力资源管理的一部分,但同样也是企业法务专业管理必不可少的一部分。一位合格的 HR,必须通晓本国的劳动法律制度;一个合格的法务部,必须有懂得劳动法律规定的法务人员。

人力资源法务管理分为劳动就业管理、劳动合同管理、社会保障制度、劳动争议处理等内容。

对于企业来说,劳动就业管理主要是指法务总监要指导法务人员、人力资源部人员在处理公平就业、招聘员工时应注意的法律规定,注意不能因违反相关法律规定而发生员工投诉或举报或申请劳动仲裁的情况。例如招聘员工,特别是高管人员时,须提示相关人员做好员工背景调查工作,保留员工提交的相关文凭证件以及与上一家企业之间的离职证明等。

劳动合同管理,贯穿于员工在职的全部期间。从劳动合同的订立、变更,到劳动合同的解除、终止;从劳动合同履行中的工作报酬、工作时间的规定,到企业规章制度的适用、特殊员工管理等,劳动法律制度规定了复杂的适用前提、判断机制和补偿标准。一份劳动合同,从法务人员的角度看,在法律规定的框架下,存在较大的可设计空间。例如,对于劳动合同的解除,《劳动合同法》规定了协商解除、法定解除和约定解除三种。其中,法定解除和约定解除的提出者又从用人单位和劳动者两种主体加以区分。每种方式都有不同的适用前提和不同的后果。又如,关于企业规章制度的效力,根据《劳动合同法》的规定,企业制定的规章制度并不必然生效。要生效,必须满足一定的前提条件。如不满足或只是部分满足,都将导致企业制定的规章制度对员工不产生约束力,随即带来企业法律风险。按照规定,企业制定的规章制度应当满足以下三个要件方产生法律效力:内容必须依法制定;程序必须符合民主程序;必须经过公示。缺少其中一个要件,都会导致规章制度的效力产生问题。

社会保障制度,通俗指“五险一金”,即养老保险、医疗保险、失业保险、工伤保险和生育保险、住房公积金。五种社会保险是法律强制企业应当为所有员工缴纳的社会保障。对于缴纳的基数、缴纳比例,法律有明确规定。法务人员在处理“五险一金”事宜时,经常会遇到的是“公司领导提出能否让员工发布放弃公司为其缴纳‘五险一金’的书面声明”这类问题。此时,法务人员必须严格遵守法律底线,明确提示其中的法律风险。因为为员工缴纳社会保险是公司的法定义务,无法通过员工的声明或双方的协议而放弃,这种书面声明放弃其实是无效的。

劳动争议处理是人力资源法务管理中最偏于法律的活动。根据《劳动法》的规定,用人单位与劳动者发生劳动争议,当事人可以申请调解、仲裁、提起诉讼,也可以协商解决。因此,劳动争议处理一共四种方式:协商、调解、仲裁、诉讼。协商是员工与企业之间就争议的问题直接进行协商,寻求解决纠纷的具体方案。一般在纠纷发生的初期进行,员工和企业都可以提出协商。偏重事前防范劳动风险的法务人员,总希望能在此阶段即解决劳动争议。如果协商不成,一方当事人可就已经发生的劳动争议向劳动争议调解委员会申请调解。调解程序一般在双方协商未能达成协议之后,提起仲裁之前进行。鉴于劳动争议调解委员会所作出的调解均有赖于双方自行遵守执行,因此在协商程序未能解决劳动争议,调解几乎也很难解决。一般来说,双方即开始着手诉诸仲裁程序。仲裁是由劳动争议仲裁委员会对当事人申请仲裁的劳动争议依法进行裁决。该程序既具有灵活、快捷的特点,又具有强制执行的效力,是解决劳动争议的重要手段。我国法律规定,劳动仲裁是劳动争议当事人向法院提起诉讼的前置程序。即如果想提起诉讼,必须经过劳动仲裁程序,否则法院将不予受理。诉讼程序是由不服劳动争议仲裁委员会裁决的当事人向法院提起诉讼后启动的程序,是劳动争议解决的最后一道程序,其裁判结果具有强制力。以上四种劳动争议处理方式适用于不同的场合,其中协商、调解需要的工作技能与仲裁、诉讼需要的工作技能是不一样的。法务总监在指派法务人员处理具体的劳动争议时,应根据争议的实际情况和其中法律关系的复杂程度,本着成本与效益原则,选择合适的解决方式。

三、竞争合规

市场经济是竞争经济，提倡地位平等、机会均等的市场竞争规则。但在现实中，总是有企业会因各种原因，有意或无意触犯这些规则，从而产生竞争管理的需要。竞争合规，其实质是指法务人员如何协助企业建立良好的市场竞争规范以及如何应对有关竞争主体的限制竞争或不正当竞争行为。

法律一般不会教导市场主体应如何竞争，法律只是规定禁止性的竞争行为。企业的市场竞争规范没有明文规定。只要不从事法律规定的禁止性的竞争行为，即可认为遵守了市场竞争规范。因此，法务人员协助企业建立良好的市场竞争规范，其本质是提示企业不从事法律所规定的禁止性的竞争行为，即竞争要合规。

根据《反不正当竞争法》的相关规定，禁止任何企业从事如下性质的行为：

（1）混淆行为。企业不得实施下列混淆行为，引人误认为是他人商品或者与他人存在特定联系：如擅自使用与他人有一定影响的商品名称、包装、装潢等相同或者近似的标识；擅自使用他人有一定影响的企业名称（包括简称、字号等）、社会组织名称（包括简称等）、姓名（包括笔名、艺名、译名等）；擅自使用他人有一定影响的域名主体部分、网站名称、网页等；其他足以引人误认为是他人商品或者与他人存在特定联系的混淆行为。

（2）商业贿赂。企业不得采用财物或者其他手段贿赂相关单位或者个人，以谋取交易机会或者竞争优势。相关单位或者个人指交易相对方的工作人员；受交易相对方委托办理相关事务的单位或者个人；利用职权或者影响力影响交易的单位或者个人。经营者在交易活动中，可以以明示方式向交易相对方支付折扣，或者向中间人支付佣金。经营者向交易相对方支付折扣、向中间人支付佣金的，应当如实入账。接受折扣、佣金的经营者也应当如实入账。经营者的工作人员进行贿赂的，应当认定为经营者的行为；但是，经营者有证据证明该工作人员的行为与为经营者谋取交易机会或者竞争优势无关的除外。

（3）虚假宣传。企业不得对其商品的性能、功能、质量、销售状况、用户评价、曾获荣誉等作虚假或者引人误解的商业宣传，欺骗、误导消费者。经营者不得通过组织虚假交易等方式，帮助其他经营者进行虚假或者引人误解的商业宣传。

（4）侵犯商业秘密。企业不得实施侵犯商业秘密的行为，包括以盗窃、贿赂、欺诈、胁迫、电子侵入或者其他不正当手段获取权利人的商业秘密；披露、使用或者允许他人使用以前项手段获取的权利人的商业秘密；违反保密义务或者违反权利人有关保守商业秘密的要求，披露、使用或者允许他人使用其所掌握的商业秘密；教唆、引诱、帮助他人违反保密义务或者违反权利人有关保守商业秘密的要求，获取、披露、使用或者允许他人使用权利人的商业秘密。经营者以外的其他自然人、法人和非法人组织实施前款所列违法行为的，视为侵犯商业秘密。第三人明知或者应知商业秘密权利人的员工、前员工或者其他单位、个人实施本条第一款所列违法行为，仍获取、披露、使用或者允许他人使用该商业秘密的，视为侵犯商业秘密。本法所称的商业秘密，是指不为公众所知悉、具有商业价值并经权利人采取相应保密措施的技术信息、经营信息等商业信息。

(5)不当有奖销售。企业进行有奖销售不得存在下列情形：所设奖的种类、兑奖条件、奖金金额或者奖品等有奖销售信息不明确，影响兑奖；采用谎称有奖或者故意让内定人员中奖的欺骗方式进行有奖销售；抽奖式的有奖销售，最高奖的金额超过5万元。

(6)商业诋毁。企业不得编造、传播虚假信息或者误导性信息，损害竞争对手的商业信誉、商品声誉。

(7)不当网络技术使用。企业利用网络从事生产经营活动，应当遵守本法的各项规定。不得利用技术手段，通过影响用户选择或者其他方式，实施下列妨碍、破坏其他经营者合法提供的网络产品或者服务正常运行的行为：未经其他经营者同意，在其合法提供的网络产品或者服务中，插入链接、强制进行目标跳转；误导、欺骗、强迫用户修改、关闭、卸载其他经营者合法提供的网络产品或者服务；恶意对其他经营者合法提供的网络产品或者服务实施不兼容；其他妨碍、破坏其他经营者合法提供的网络产品或者服务正常运行的行为。

针对以上七种典型的不正当竞争行为，法务人员在进行竞争专项合规管理时，应协助企业采取措施，建立经营与销售行为的竞争审查制度。企业在进行广告宣传、促销、展销、进入新市场等活动时，应将相应方案报送法务部门审核，并由法务部门进行合规审查并提出合法合规的意见之后，才能实际操作。如竞争对手或其他经营者对本企业采取了如上的不正当竞争行为，法务人员应立即协助企业采取措施，通过发律师函等进行警告，如未能奏效，则考虑向法院提出不正当竞争诉讼等方式解决。

四、反垄断合规

反垄断合规,是指企业法务人员如何协助企业建立有效的反垄断合规制度体系,该体系至少应包括两部分:反垄断风险识别、反垄断风险控制。

鉴于我国反垄断执法机关的执法力度越来越大,法务人员应对企业反垄断的风险情况有清楚的了解和认识。一般来说,企业要面对的反垄断合规风险主要分为两类:第一类是日常运营中会出现的反垄断合规风险;第二类是并购中的反垄断风险。

日常运营中会出现的反垄断合规风险主要是垄断协议和滥用市场支配地位。(1)根据反垄断法律规定,禁止具有竞争关系的经营者达成下列垄断协议:固定或者变更商品价格;限制商品的生产数量或者销售数量;分割销售市场或者原材料采购市场;限制购买新技术、新设备或者限制开发新技术、新产品;联合抵制交易等。禁止经营者与交易相对人达成下列垄断协议:固定向第三人转售商品的价格;限定向第三人转售商品的最低价格等。(2)根据反垄断法律规定,禁止具有市场支配地位的经营者从事下列滥用市场支配地位的行为:以不公平的高价销售商品或者以不公平的低价购买商品;没有正当理由,以低于成本的价格销售商品;没有正当理由,拒绝与交易相对人进行交易;没有正当理由,限定交易相对人只能与其进行交易或者只能与其指定的经营者进行交易;没有正当理由搭售商品,或者在交易时附加其他不合理的交易条件;没有正当理由,对条件相同的交易相对人在交易价格等交易条件上实行差别待遇等。

并购过程中的反垄断风险主要是经营者集中反垄断申报和审查。反垄断法下所指并购的范围比较广泛,包括合并、收购、设立合资企业、收购资产或者收购部分股权,以及通过合同的方式取得控制权的情况,统称为经营者集中。根据反垄断法律规定,经营者集中达到国务院规定的申报标准的,经营者应当事先向国务院反垄断执法机构申报,未申报的不得实施集中。申报标准为:参与集中的所有经营者上一会计年度在全球范围内的营业额合计超过 100 亿元人民币,并且其中至少两个经营者上一会计年度在中国境内的营业额均超过 4 亿元人民币;或者参与集中的所有经营者上一会计年度在中国境内的营业额合计超过 20 亿元人民币,并且其中至少两个经营者上一会计年度在中国境内的营业额均超过 4 亿元人民币。

反垄断合规除了对企业反垄断事项进行风险识别外,关键是要在企业内部建立反垄断合规体系,以控制反垄断风险。反垄断风险控制手段包括反垄断合规培训、反垄断合规手册和反垄断合规监督。反垄断合规培训的目的不是将每一个员工都训练成反垄断专家,而是通过培训让员工明白自己在反垄断风险出现时的基本应对方式或者知晓及时向公司法务部门咨询。反垄断合规手册是企业反垄断风险控制的核心手段之一,用以明确和介绍企业反垄断合规的内容,是员工确定某一交易或行为是否构成垄断的参考和依据。反垄断合规手册应包括以下内容:(1)竞争法规;(2)需高度警惕的行为;(3)风险识别方法及如何处理;(4)适当的交流渠道和沟通机制,以便处理投诉、应对已经或可能存在的垄断行为。

反垄断合规制度的构建不是将书面的合规政策、程序、指南束之高阁,而是需要企业认真践行,并定期对企业的相关规章和商业实践进行合规监督。监督分为内部监督和外部监督。内部监督,是指企业内部设置相关机构,确保反垄断合规手册能够有效实施;外部监督,是指企业借助外部力量对公司进行反垄断合规评估。企业可聘请专业反垄断律师对企业经营活动以及并购活动中存在的反垄断风险进行评估。

第五章

客户关系管理

第一节　客户关系管理概述

法务部的客户关系管理，是指法务部成员，特别是法务总监，有意识地协调自身和企业内部其他人员的工作关系的管理活动。[1] 法务总监作为企业的内部成员，在工作中必然会发生与上级、同事、下级等人员的活动往来。这些人员可视为法务人员应面对的企业内部客户。如何与内部客户进行有效沟通，以实现内部法律服务的收益，进而帮助企业实现经济目标，是法务总监除了进行部门管理以外的另一个人际关系管理工作。

一、法务部的产品

要与内部客户进行有效沟通，首先要理解法务部的产品是什么。按照美国著名战略学者迈克尔·波特的观点，一个企业的内部经营活动可分解为若干相关的价值活动，每一种价值活动都会对企业的成本与效益产生影响。这些价值活动又分为基本价值活动和辅助价值活动。基本价值活动包括内部后勤、生产作业、外部后勤、市场销售、服务等；辅助价值活动包括企业基本职能活动、采购、技术开发、人力资源管理等。企业基本职能活动，是指企业履行基本管理职能的各种活动，包括企业的总体管理、计划管理、财务管理、会计核算、法律管理等方面的活动。

---

[1] 该定义不完全等同于市场营销学中的客户关系管理（Customer Relationship Management，CRM）。CRM 强调顾客导向，也强调技术运用。

在迈克尔·波特思想的基础上,后人又提出了企业内部价值链的说法。企业被看作服务于客户需要而设计的一系列"作业"的集合体。这些作业形成相关联的"作业链"。每一作业均消耗资源,并产出形成一定的价值,这些价值依次转移到下一个作业,直至形成最终产品/服务,并销售给企业外部顾客。企业最终产品是全部内部作业的集合的结果,是全部作业价值之和的体现。作业链的形成即是企业内部价值链的形成。

综上所述,法务人员的工作属于企业基本职能活动中的法律管理活动。这种基本性的"作业"为其他"作业"提供了支持。法务部的"作业价值"被企业其他作业,如"投资作业""采购作业""销售作业"等吸收、转移、累积,直至企业完成某项商业交易或产出某件有形商品。因此,可以说法务部的产品是全体法务人员的工作输出,是一种内部专业服务型作业,在企业内部价值链中处于辅助价值环节。

因此,法务部产品的本质是一种内部专业服务,具有以下属性:基于法律专业知识与技能;其他部门无法完整提供;与其他部门的"作业"(产品)共同为企业创造价值。这是法务部产品的本质和属性,但每家企业不同,法务部提供的具体产品事实上是可以进行再细分的。

一般来说,法务部的具体产品形式表现为以下几类:法律资讯、法律知识、法律意见、法律方案、法律谈判、法律项目执行、法律事务管理、法务人员管理、外部律师管理、法务战略管理等。

为使得法务部产品/服务产生最大使用价值,必须和外部市场一样,对产品/服务进行内部营销。企业内部市场营销就是在企业中与同事共同工作并向他们提供良好的服务,以使所在机构能够实现其目标。[1] 内部营销的关键是了解客户、识别客户需求,然后用适当的方式使客户满意。

二、法务部的客户

产品/服务是为满足客户需求而产生的。法务部的产品,如对某项并购所设计的交易结构方案,是为满足法务部的客户的需求而提供的。客户对于产品/服务的提供者来说就是"上帝"。彼得·德鲁克曾说过,企业的职责就是创

---

〔1〕 参见[英]艾莉森·吉斯曼、吉尔·伍德:《营销客户沟通》,李毅、黄昊宇译,经济管理出版社2011年版,第10页。

造顾客。顾客的需求决定了产品或服务的内容、形式。客户关系管理的实质即是理解客户，理解客户购买的方式、理解他们与组织的相互联系和相互作用。[1]

理解客户的第一步，是对客户进行角色分类。在企业内部，“客户”一词是指存在于企业中的工作所要求的角色分工。如管理工作，需要由管理人员，特别是 CEO 来完成。采购工作，需要由采购部人员来完成。销售工作，需要由销售人员来完成。

按照内部客户之间的关系不同，内部客户可分为层级客户、职能客户、工序客户等。层级客户，是指由企业内部的职务演变而来的客户关系，如公司内上下级之间就是一种层级客户关系。职能客户，是指企业内部各职能部门之间存在相互提供服务的客户关系。如某采购事项当中，决策部门决定采购量、采购价格；采购部门执行采购任务；法务部门起草和审核采购合同；财务部门支付货物或服务款项。工序客户，是指在工作或作业中存在产品加工或服务的提供与被提供的客户关系。如在某个生产流水线上，每一工种都为下一工种提供输入，每一个工种操作人员都应当考虑下一工种操作人员的可行性、便利性，否则流水线的运转就会出现问题。又如在并购交易中，投资部门应考虑投后管理部门的需求，在投资时即将有关问题提示出来，并予以解决，而不能等到投后管理部门接手时再进行解决，那时为时已晚。

根据以上对内部客户的分类法，并结合本书第二章所述法务部门的工作清单，法务部的客户可分为三类。

一类客户，是公司管理层，特别是 CEO，以及法务部的其他法务人员。

二类客户，是公司职能部门，如财务人员、投资人员、营销人员、采购人员等。

三类客户，是某个法律事项当中的其他参与人员及团队，如技术人员、业务人员、外部专家等。

对客户进行角色分类之后，接下来就要分析客户的需求。CEO 对法务总监的服务要求及服务感知和投资人员对法务总监的服务要求及服务感知是不相同的。不同的客户具有不同的需求。客户需求研究是市场营销理论的核心。

---

〔1〕 参见［英］罗斯玛丽·菲普斯、克雷格·西蒙斯：《营销客户管理》，张毓敏等译，经济管理出版社 2011 年版，第 2 页。

对客户需求的分析往往会引用马斯洛的需求层次理论,[1]但企业内部客户的关注因素不能泛泛地用生理、安全、社交等词语来描述。换句话说,这种描述方法无法与内部客户的实际工作联系起来,不能体现内部客户在工作中的关注点。

事实上,内部客户作为企业的一名成员,会关注两方面的关系。一是企业与员工之间的管理关系;二是员工与员工之间的合作关系。企业对员工的管理、约束、奖罚是否合适、合法并更加人性化,员工与员工之间是否有良好的合作、信任关系等,是内部客户的关注因素。

在对法务部提供法律服务产品上,内部客户的关注因素也围绕这两点展开。CEO需要法务部提出可靠的法律建议、法律操作方案等;财务人员希望法务部能提供可执行的、具体的法律解决办法;并购项目组成员希望法务人员能理解项目的商务意图,并从法律角度对整个项目的风险进行把关。法务部在明白内部客户的需求之后,如能针对需求提供相应的产品/服务,无疑会大大增加客户的满意度,促进内部更有效的合作。

理解客户,还需要对客户满意因素进行分析。客户满意,是指消费者通过对一个产品/服务的可感知效果与他的期望值相比较后,所形成的愉悦或失望的感觉状态。当产品/服务的实际消费效果达到消费者的预期,就会使客户满意;否则,会导致客户不满意。

法务部的层级客户,如CEO,对法务部提供的服务会有一个预期,如果其实际所感知到的法务部的工作技能、工作态度不如预期,则会对法务部感到不满意。如果类似情况发生过几次,CEO就会对某法务人员是否称职产生怀疑。

满意是一个人的感觉状态。客户满意具有极强的主观性和差异性。通过调整预期,也能促成满意状态。如企业发生诉讼案件时,CEO对于案件预判结果的预期,会影响其对法务人员的服务水平的感知。如果CEO认为案件事实非常清楚,企业方应该胜诉,但最后企业方却败诉了,CEO就会对法务人员的工作产生怀疑。如果法务总监在一开始时即与CEO进行充分沟通,从诉讼专业角度说明案件的难度,虽然事实清楚,但证据却不充分的可能后果,引导CEO对案件结果形成合理的预期。那么,等案件最终结果出来后,虽仍是败诉,但CEO的感觉却是不一样的。他(她)也许不再会认为法务总监的能力存在问

---

〔1〕 马斯洛需求层次理论把需求分成生理需求(Physiological needs)、安全需求(Safety needs)、爱和归属感(Love and belonging)、尊重(Esteem)和自我实现(Self - actualization)五类,依次由较低层次到较高层次排列。

题,相反,甚至会更加信任法务总监的分析。

职能型内部客户对法务总监的服务的满意因素会有所差异。如采购人员对于法务人员提供的采购合同审核服务的满意因素集中在快速、高效、不会引起供应商的强烈反对或不同意对合同的修改方面,法务人员在审核采购合同时,应该理解采购人员“消费”法务服务的方式,从采购人员的视角出发,在不违反法律、风险防范的情况下,对于采购合同的修改尽量避免买卖双方可能发生冲突的表述或一些外行的表述。

三、客户沟通

为提升企业内部客户的满意度,有效的客户沟通是必不可少的环节。法务部与企业内部客户沟通,不应是群体营销的问题。群体营销是一对多的关系,法务部的客户沟通应当永远是一对一的关系。

商业沟通一般是有计划的、正式的、非个人化的和简洁的,这取决于沟通的内容和目的。法务人员在向内部客户提供或推行法务产品/服务时,可遵循如下沟通结构原则:

1. 明确沟通目的(Purpose)。在企业内部沟通环境中,法务总监总是会就某事向公司高层汇报,或通知职能部门负责人或下属,对前次沟通做出回应,获得一个决定或要求采取一个行动。如一份关于解雇某员工的法律报告,其目的可能包括:证明该解雇的合法性或非法性;如果涉嫌非法解雇或存在程序上的瑕疵,应出具解决办法;解释法律法规和相关司法案例。

2. 明确受众(Audience)。要沟通的内部客户的职位和对其的了解程度,决定了法务人员会采取的沟通风格。如在向 CEO 口头汇报某合同进展情况时,法务总监应尽量采取简明扼要的语言,并将相关的法律术语用 CEO 能明白的语言进行转换表述。在和法务人员讨论案件时,应强调法言法语,直接陈述案件的争议焦点与证据链的组织等专业问题。

3. 在明确了为什么要沟通和与谁沟通之后,就需要考虑如何组织所要传递讯息的结构(Structure)。在本书第三章中曾经介绍过,组织法律事实的模式有三种,即法律要素模式、时间模式、故事模式。法务人员要传达一份关于某商业项目是否合规的法律建议,可以选择这三种方式的一种来组织材料,并以简洁的语言表达出来。

4. 选择传递信息的风格(Style)。风格是由所使用的词汇、组织句子的方法和语气共同决定的。词汇的使用是个人的习惯。法务总监的用词一定要明确、清晰、不拖沓,应考虑受众和他们对相关词语的熟悉程度,尽量避免使用"行话"。当然,为更精准地表达法律意见,使之看上去有"法律味",必要时可借助一些法律专业词汇。沟通的语气决定了沟通的效果。法务总监的语气应视沟通场景而定,但总体上应友好、谦虚、谨慎、清晰。

以上即是有效沟通的"PASS"原则,法务总监在进行内部客户沟通时,无论是语言沟通,还是非语言沟通,都应遵循该原则。

沟通是分场景的。不同的场景,其沟通原则可以保持一致,但沟通技巧却会大不一样。

法务人员面临的正式沟通场景,最为常见的是会议、会见和谈判。法务总监经常参加各种会议,如列席股东或董事举行的股东会或董事会,参与企业决策层组织的项目评审会、投资部门发起的项目尽职调查会及项目交易方案讨论会、采购部门发起的评标会等。

会议可以面对面的方式进行,也可以视频电话方式进行。会议的优点是能够进行信息充分交流并能迅速作出反应,但若缺乏良好的会议组织和会议讨论安排,会议也会出现"会而不议"的情况。会议的主题决定了法务人员参与会议时的角色。法务人员对于会议的发言,应紧扣主题,表达明确,给出解决方案,而不能仅是提问题。

会见也是法务人员经常遇到的沟通场景。如在评估下级客户——某个法务人员的工作绩效并与之进行谈话时,可称为评价性会见。法务总监应保持客观,既不偏向被会见人也不特别挑剔。语气要适应会见环境。如果被评价人——该下属员工确实表现不佳,那么应该用一种坚决且有理有据的语气。法务总监可提出建设性建议,并告诉该法务应如何改进工作。另一种会见是法务总监必须处理企业内部客户不满意时的投诉。在客户感到失望甚至气愤时,如采购人员对法务人员坚持对采购合同中付款方式的修改不理解,认为这是商务条款,法务不应涉入其中,而投诉到法务总监。这种会见对法务总监是种挑战。

处理突发的投诉非常麻烦。法务总监应尽快消解客户的愤怒,使用沟通技巧让客户冷静,同时自己保持客观和冷静,并要真正地帮助客户,才能应对好局面。谈判其实也是一种以达成双方都可接受的协议为目的的会见。

法务总监进行内部谈判的目的大多数是说服和建议。在本书第三章中详细讨论了法律谈判。本处的谈判不是与企业外部人员,如合作伙伴、竞争对手的谈判，而是法务人员与内部客户的一种沟通方式。谈判的结果必须是对整个企业有利的，以双赢为目的。谈判风格趋向于主动提出建议、提供信息的方式，采取"温和"的态度。

四、客户服务质量标准

为衡量服务质量，无论是内部客户服务，还是外部客户服务，都会有一个参考标准的问题。从客户角度来看，服务质量是提供的服务满足客户隐性和显性需求的特征的总和。服务质量可以从服务的技术质量（服务的结果）和服务的功能质量（服务的过程）两方面来衡量。[1] 对于法务部提供的内部法律服务来说，其服务质量有以下几个标准：

1. 法务部提供服务结论的可靠性。法务部所提供的内部法律建议、方案、意见能否经得起法律的考验、交易对手的认可，以及发生纠纷时能否获得司法机关的保护。无论是上级客户，还是职能客户，或项目组成员客户，都希望法务部出具的法律意见能站在公司立场，在保护公司利益的同时，能有保证地得到法律的支持。

2. 法务人员提供服务过程的时效性。内部客户都是围绕企业某项任务而组织在一起的。如前所述，法务部门的工作作为下一作业的"输入"，是为推动下一作业朝向最终产品发展而设计的。每一作业，显然都有时限。每一作业的操作者，都希望前一作业的操作者尽早地提供其自身作业的"原材料"，以方便推进本作业。因此，无论是审核合同，还是出具法律方案，法务总监都应亲自或督促法务人员在规定的时间内完成，给出最终意见。如果拖延，只会让客户产生不满。

3. 法务人员提供服务内容的共鸣性。法务人员回答内部客户的提问，以及设计的交易方案，必须在理解客户真实需求的基础之上进行。法律服务不是最终目的，达成某次交易也不是最终目的。通过协议的谈判、签订、履行等作业完成协议商务事项，企业取得了销售回款或采购材料入库才是协议的最终目的。所以，法务部提供服务的内容，应取得客户的共鸣，与客户一道，朝着最终目的而努力，而不是仅完成法务环节就宣告大功告成。

4. 法务部提供方式的亲和性。基于内部客户的共同利益基础，法务人员提

---

〔1〕 参见郭国庆：《营销理论发展史》，中国人民大学出版社 2009 年版，第 280 页。

供服务时的态度应具有亲和性。内部客户不会感觉向法务总监或法务部咨询某件法律事项或要求出具某个法律文书是一件很难的事情。法务人员对待不同的内部客户在态度上也不应该有所区别。无论是为决策层提供法律咨询,还是为某个不重要的职能部门提供法律咨询,都应尽心尽力,一视同仁。法务人员应让公司所有员工明白,从法务部能得到同样高效的内部法律服务。

第二节　向 CEO 汇报

法务总监最为重要的客户之一便是公司的管理层,特别是公司经营管理的执行者——CEO。如何与 CEO 保持良好的沟通,取得 CEO 的信任与支持,对于法务总监和整个法务部的工作都是至关重要的。这里的 CEO 一般是职业经理人,由他(她)来作为法务总监的上级,对法务部工作最终负责。当然,在不少企业中,可能是老板自己担任董事长(总裁)同时兼任 CEO,或设置一个主管法务的公司副总。无论怎样,本节所述的 CEO 是指法务总监应向之直接汇报的上级客户。

一、CEO 的角色职责分析

如前所述,法务总监进行客户关系管理的第一步便是了解客户。那么,作为法务总监的上级客户——CEO,其职责有哪些?其处理内部客户关系的特点是什么?对于这些问题的回答,有助于法务总监建立与 CEO 之间的良好关系。

CEO 的工作是一种综合管理工作。哈佛商学院终身教授约翰·科特对总经理(CEO)的角色职责有着务实而清晰的描述。他认为,与总经理(CEO)工作相关的职责和要求可从两方面进行分析:一是与责任相关;二是与关系相关。[1]

在组织中,CEO 分别负有长期、中期、短期的责任。长期责任包括为组织设置长期目标、政策和方向,如决定涉足什么业务以及怎样获取关键资源。中期责任包括为实现长期目标而决定如何为某业务或某些业务有效配置资源。短期责任包括高效使用某业务或某些业务所拥有的人力、物力及财力资源,也包

---

[1] 参见[美]约翰·P. 科特:《总经理》,耿帅译,机械工业出版社 2013 年版,第 13 ~25 页。

括承担一些创造利润的责任。

CEO应关注的内部关系，同样包括向上、平行和向下的关系。向上，是指向公司CEO的上级，如董事长（董事会）汇报。平行，是指偶尔需要组织内部其他团队的支持或与不隶属本职位管辖但与本业务相关联的团队进行协调。向下，是指对数量众多且极为多样化的下属职能部门或业务部门或技术部门的人员进行管理。

CEO置身复杂且广泛的组织与业务环境，在各种不确定因素的影响下开展工作。CEO的工作环境给CEO带来不确定性、多样性、大量性以及关系依存性的挑战。在工作责任方面，CEO需要作出决定、协调、平衡、掌握。

比如，尽管存在不确定性，但CEO仍须设定基本目标、政策，并带领公司朝这个目标前进。CEO还须针对不同类型的职能部门和业务部门需求直接实现对稀缺资源配置的精准平衡，避免短期导向支配长期利益。

如在企业涉及不同产品线时，或某一职能部门过于强大而限制了另一个职能部门的发展时，CEO都需要在稀缺资源的限制下进行资源配置。

CEO还须掌控公司正在推进的各项不同活动的进程，能够及时识别出失控的问题并加以解决。因为最终责任会落到CEO头上，任何与企业业务相关的问题最终都将成为CEO的问题，任何未完成的工作难题最终都将成为CEO的难题。

在工作关系方面，CEO需要获得支持、获取协助、激励和约束。比如，CEO必须从上级即董事长（董事会）那里获得开展工作所需要的信息、协作和支持。与部门负责人一样，没有来自上级的支持和配合，CEO也无法有效开展工作。换句话说，CEO同样需要处理与上级或一群上级的关系。CEO还须获取公司同事、相关部门及重要的外部团体的协作，尽管其对这些人没有正式的管理权限。要让不能直接管辖的人员执行CEO的决策，极为艰难，但CEO有时不得不去做。CEO还须激励数量众多且类型不一的下属、惩罚业绩水平欠佳的人员、处理部门间矛盾冲突，这些事项都极为复杂，牵扯不同的人格特征和迥异的背景环境，但CEO都必须面对和解决。

二、CEO对法务工作的需求

分析CEO的角色职责，目的在于了解CEO的工作需求。法务总监要实现与CEO的良好沟通，还须进一步了解CEO对法务工作的期望和需求。

法务部在CEO眼中，可归为一个利用法律知识和经验完成企业法律事项的专业职能部门。尽管没有两个完全相同的职能部门,但财务部同样也是利用专业知识和经验去完成企业财务事项的职能部门。对于 CEO 来说,财务工作似乎是离最终产品/服务更近的“作业”程序,应更受到重视。

一般来说,离最终产品/服务越近的“作业”,CEO 越关注。比如说,销售工作。企业内部所有“作业”的最终目的都是将企业的最终产品/服务卖给消费者、顾客。不实现足够的销售,企业就没有利润来源,也就无法持续下去。

因此,CEO 对企业内部部门工作的需求,是按其对实现企业核心目标——利润的直接贡献来排序的,如果有必要进行排列的话。这一点,决定了 CEO 对法务工作的需求的基本定位原则。

法务工作不直接创造经济利润,这似乎是事实。它仅是创造利润的“作业集合”中的一个。因此,CEO 对法务工作的基本需求就是希望法务人员能协助其他“作业”在创造利润的过程中“不出事”。不出事,是指不出现法律问题,如触犯法律法规、监管政策,违反合同、协议,侵犯他人合法权益等。

CEO 的这种需求,就是通常所说的“法律风险防范”。CEO 希望企业获取利润的前提是公司面临的不确定性能在可容忍的范围之内。收益和风险总是呈正相关。收益大,则风险必然大。完全无风险的企业事业是不存在的。

CEO 希望法务总监能充当一个预防风险、化解风险,但不至于受制于风险而无所作为的角色。这就说明,CEO 对法务工作的需求是综合的、平衡的,既要法务总监考虑企业事业的风险,“不出事”,又要其维护企业在风险事业中的应得利益。CEO 的这种需求,就是通常所说的法务人员要“既懂业务,又要促进交易”。唯有如此,法务总监才能提供满足 CEO 需求的专业服务内容。

整体思想上,CEO 希望法务总监既懂法律,又懂业务。具体工作上,CEO 希望法务总监能主动提示风险,主动设计符合法律规定的业务模式。CEO 一般对法律不太熟悉,特别是对一些只有专业人士才会去了解的法律规定及其解释。但 CEO 又必须对企业全部职能部门的人员,包括法务人员的工作成果,最终承担责任。所以 CEO 希望法务部门人员能主动汇报其专业范围内观察到的企业非正常事件,为 CEO 决策或判断提供依据。如果法务总监不主动汇报、不主动推进,那么 CEO 事实上很难凭借自身力量获取作出决策所必要的信息。因此,CEO 对法务工作的需求又体现在法务人员的工作方式上,即积极、主动,站在企业整体角度思考法律问题。

以上是 CEO 对法务工作的需求,下面简单列举 CEO 不希望看到法务总监或法务人员的何种行事方式，这也是对 CEO 对法务工作的需求的分析。如 CEO 不希望看到一个不懂业务，满口法律术语但不解决实际问题的法务人员；CEO 不希望看到一个以法律名义武断地否决一项创新商业模式而不积极寻求变通之道的法务总监；当然，一个处处推脱责任的法务总监也是 CEO 不愿意看到的。这些"不希望"，从反面反映了 CEO 对法务工作的期望和需求，也是值得法务总监重视的。

三、向 CEO 汇报应考虑的因素

只有清楚了 CEO 对法务工作的需求，知道了 CEO 的"痛点"，法务总监向 CEO 汇报或进行交流时才会有依据，也才能够顺利推动法务工作的进行。了解他人、了解对方是组织中人际沟通的必要技能。具体来说，法务总监向 CEO 汇报时应考虑如下因素：

1. 时间方面的因素。如前所述，CEO 的工作职责和工作环境决定了他(她)们的时间永远处于稀缺的状态。犹如一些公司 CEO 本人所说的："感觉每天都像打仗一样"，CEO 的工作总是紧张、混杂的，在同一时间内可能需要处理多件完全不同类型的事情。因此，法务总监在与 CEO 沟通时首先要考虑 CEO 的时间分布特点。这要求法务总监汇报时要简明扼要、突出重点，直接讲问题的本质及解决办法，而无须拐弯抹角。然而，尽管 CEO 的时间总处于紧张状态，法务总监却不能认为 CEO 太忙了无暇顾及而自作主张或者认为 CEO 太忙而不及时汇报。

2. 反馈方面的因素。法务总监接受企业给出的任务后，相关人员包括 CEO 总是希望其能在第一时间给予反馈。这与法务总监在向 CEO 汇报后，希望能尽快得到 CEO 的反馈的心情是一样的。在组织内的"各项作业"中，操作者都希望自己的工作能尽快被其他操作者所认可，或者能够结合其他操作者的意见得以修改。现在人们都越来越期盼得到快速的回应。电子邮件、微信的使用使得企业在工作时产生"瞬时回应"的思维。[1] 因此，迅速的反馈，也是法务总监向 CEO 汇报时应考虑的重要因素。

3. 表达方面的因素。无论是书面表述，还是口头沟通，法务总监一定要用

---

〔1〕 参见[美]苏珊娜·杰纳兹、卡伦·多德、贝丝·施奈德：《组织中的人际沟通技巧》，时启亮、孙相云译，中国人民大学出版社 2006 年版，第 187 页。

CEO听得懂的语言去进行交流。诚然,当今的教育体系下,学科和专业越分越细。很少有人能精通超过二门学科,“隔行如隔山”的现象越来越普遍。CEO也不例外。虽然要对法务工作承担最终责任,但CEO并不熟悉法务的工作,这增加了CEO的担忧。因此,法务总监在汇报时,一定要避免使用生硬的、冷僻的专业术语来表述某件事,尽量要用通俗的、CEO经常听到的语言来讲述法律问题或法律风险。这就要求法务总监首先自己得弄清涉及事务的本质,深刻理解其中的商业问题,才能将复杂的法律问题以简单明了的商业语言予以表达。

4. 大局方面的因素。合格的CEO考虑问题应是从企业整体和长远角度来进行的。对同一问题的考虑角度不一样,会导致问题的处理决策不一样。对企业来说,大量的问题需要企业CEO衡量各种利益之后作出决策。法务总监考虑问题,往往会基于法律、法务部门工作、个人自身感知,最后得出的结论不一定是最佳的。因此,法务总监在与CEO沟通时,也可尽量站在CEO的宏观视角,以公司整体利益为出发点来进行商业交易的模式设计,而不是拘泥于法律条文。

5. 情感方面的因素。企业组织以内的人,都是具有丰富情感的具体人。在与企业组织以外的人进行交流,可以保持一个冷静、客观的态度;但和组织内部人员,即那些每天大部分时间都在一起的同事、领导、下级等进行内部交流时,难免会带有较深的个人情感因素。CEO虽然是法务总监的上级、领导,但他(她)也是人,也受理智和情感的控制。既然我们无法建立一个不带任何感情因素的组织或社会,那么,在沟通时就应尽量主动运用情感的因素,为团队合作增加有效的润滑剂。

四、向CEO汇报的技巧

法务总监在向CEO汇报时,考虑的因素和其他部门负责人,如财务总监汇报时应考虑的因素有很大的共性,其原因是这些因素是站在CEO工作需求的角度提出的。同样的,向CEO汇报的技巧也有诸多通用的地方。

1. 有效倾听。沟通是双向的。当交流的各方都能够有讲话和倾听的机会时,交流才会有效果。向CEO汇报,不能光讲,更重要的是要学会倾听。有效倾听能使法务总监对于CEO的期望,对于公司的业务理解更加透彻。

必要时,可多重复几遍所说的事情。虽然本书力荐法务总监在向CEO汇报时应该用CEO听得懂的语言和方式,简洁明了,但毕竟法律知识有其封闭性，CEO 要明白其中的道理，可能还需要一点时间和一点点拨。这提示法务总监在与 CEO 交流时，可对一些重要的用语，多重复几遍，可以用比喻、类比等方式来表述。沟通理论表明，一些必要的冗余信息在某些场合对沟通、传播是存在积极意义的。

2. 因人而异。每一家公司 CEO 的风格是完全不同的，其接收信息的方式也是不同的。有的 CEO 喜欢听，他们一定要通过听来处理信息，作出决策。有的 CEO 喜欢看，他们一定要阅读或看书面信息。有的 CEO 喜欢体验，他们一定要通过亲手操作或实践来学习。有的 CEO 喜欢说教，他们喜欢在处理别人的信息之前通过提问来获得充足的背景资料。针对不同风格的 CEO，在交流时要用适合他们风格的方式来传递信息。

3. 以承担责任的心态来交流。CEO 是法务工作的最终责任人，但他（她）们不希望这个责任最后总是落到他们的头上。他们也需要有人来分担，哪怕是心理层面的分担，也足以激发他们对那个人的信任。所以，法务总监应在深刻理解商业及法律的基础上，勇于以承担责任的心态来与 CEO 进行交流，而不能像法务部的风险管理工作一样，时刻想着个人的职业风险，而对于一些需要决策的事项推而远之。

4. 以支持别人的心态来交流。虽然法务工作的很大一部分是指出商业交易合同中存在的风险和问题，似乎天然地对企业工作说"不"。但支持别人，别人也会支持你，这是通用的人际规则。法务总监在向 CEO 汇报时，也应展现出法务总监对业务人员、其他职能部门人员的支持，以体现出对企业的整体支持，而不能靠他人不懂法律、挖苦他人、对他人作负面评价等方式来取得 CEO 的信任，那样的话，最终却可能丧失 CEO 的信任。

典型示例 22

▶ 某法务总监向 CEO 的一次工作汇报实录

××××年××月××日上午 10:00，某集团公司法务总监 T 先生与集团下属房地产公司 L 总经理，按事先约定时间到 CEO 办公室，共同向 CEO 汇报工作，主题：关于广东某地产公司项目收购事宜。

项目背景:广东某地产公司,系当地知名房地产开发企业,近年来因扩张太快,资金链紧张,且当前房地产市场行情渐下,因此其欲转让其持有的一块待开发的土地。该地已通过当地土地市场“招拍挂”手续合法获得,并已缴纳了部分土地出让金。按原规划,该土地拟分成三期开发,目前该公司的项目公司——HD 公司已基本开发完成第一期,仅剩少量尾盘。

10:00,T、L 二人到 CEO 办公室。CEO 刚结束另外一个会议。在简单寒暄之后,进入正题。

首先,L 总经理用约 5 分钟的时间向 CEO 介绍了项目进展情况:经过为期一周的尽职调查,一周的尽调报告出具时间。目前尽调小组拟订了三套交易方案。

其次,由 T 总监介绍项目交易方案。在 CEO 秘书将项目交易方案 PPT 通过投影仪放映出来后,T 总监开始向 CEO 讲解事前经法务部设计的三种交易方案。第一种,直接收购 HD 公司 100% 股权。该方案的优点是简单、明确,缺点是无法将第一期已完成开发的土地及其收益从 HD 公司中分离出来,一是会增加集团收购成本,二是可能无法利用集团地产品牌优势。介绍过程中,CEO 手机响。T 总监暂停报告,等 CEO 接完电话。六七分钟之后,CEO 接完电话,请 T 总监继续说。

T 总监开始讲述第二种方案,让 HD 公司按第一期土地及对应资产,第二、三期土地及对应资产进行分立,第二、三期土地资产形成新公司或者将第二、三期开发所对应的土地出资成立新公司,然后集团收购新公司 100% 股权。CEO 听到该方案,显得很有兴趣,让 T 总监进一步讲述具体操作方式。T 总监先从法律角度,讲述了公司分立的概念及涉及的操作流程,指出现行税收法律制度对该种方式存在哪些规定,并说明此方式须进一步由财务部门确认税务问题。CEO 立即让秘书请财务总监 D 先生到 CEO 办公室。D 总监来了之后,T 总监又对他做了一个简单的介绍,D 总监表示,公司以土地资产进行分立,该种操作理论上经常有人提起,但实际操作上存在困难。对于其中的税务问题,D 总监表示要回去再咨询外部税务机构才能给予明确答复。于是,CEO 就让 D 总监回去准备。其间,CEO 又回了几个语音微信,签署了几份秘书递交的文件。在 CEO 忙于通话时,T 总监与 L 总经理闲坐一旁。

最后,CEO 再次有时间坐下来。T 总监继续介绍第三种方案,即直接购买 HD 公司的第二、三期土地。T 总监说,该方案最为干净、利索。难点在于第二、三期土地的土地使用权与第一期土地使用权是难以分开的,况且土地使用权的直接转让必须满足法定条件,且必须缴纳高于股权转让方式下的应缴税收。CEO 追问,股权收购方式和资产收购方式的税收分别是多少?能否现在即测算出来?T 总监表示此测算还须财务部门配合完成。CEO 即让 T 总监协调财务部门会后完成测算。

CEO 在听完 T 总监的介绍之后,又向 L 总经理问了几个问题,如 HD 公司与当地政府的关系如何?第一期土地开发后建成商品房出售的效益如何?HD 公司转让第二、三期土地的真实动机是什么?等等。L 总经理试图进行回答,但中断了好几次。究其原因,一是 CEO 不断有电话、秘书传话等引起中断。二是 CEO 的中间插话,追问一些数据问题,L 总经理未能当场回答，表示须进一步研究。

CEO 最后提出几点注意事项，要求 L、T 回去落实，并针对 L、T 二人本次准备情况温婉地提出了批评意见，认为两人准备不够充分，对项目情况未摸透。对于三种方案，CEO 并未拿出决定性意见，只说让 L、T 再研究，并定好下周五下午三人再开一个碰头会，届时把本次会议的疑问再予以讨论。

11:20 左右，汇报工作会议结束。

第三节　与职能部门沟通

法务人员在进行内部客户关系管理时，必然会与各个部门的“职能客户”打交道。部门是一个组织内正式的工作安排。相同的工作活动与岗位组合到一起的方式，称为部门化。[1] 有两种最为常见的部门化形式，一种是根据职能来组合工作岗位，另一种是根据业务来组合工作岗位。前者叫职能部门，后者叫业务部门。

企业典型的职能有战略、财务、人力资源、行政、信息等，对应的职能部门便有战略规划部、财务部、人力资源部、行政部、信息系统部等。如何结合职能部门人员的特点，采取不同于部门内部沟通时“向下”的或与 CEO 沟通时“向上”的沟通方式，是法务人员及法务总监应考虑的问题。

一、与战略规划部沟通

战略规划部是履行企业计划职能的部门。计划，是定义企业目标，确定战略以实现这些目标，以及制订方案以整合和协调相关工作的活动集合。计划通常被称为首要的管理职能，因为它构成了其他所有职能的基础。

计划包括两个重要的方面：目标和方案。从事计划职能的员工，通常属于企业高级管理者。战略规划部人员从事的工作包括拟订战略计划、实施战略管理、调配战略资源、指导单个项目计划操作等。他们对工作的要求是希望环境清晰、目标明确和方案可执行。他们需要不断地进行企业环境扫描分析；设定

〔1〕 参见［美］斯蒂芬·P. 罗宾斯、玛丽·库尔特：《管理学》，李原、孙健敏、董小勇译，中国人民大学出版社 2012 年版，第 264 页。

阶段性新目标;拿出各种新方案。战略规划部人员的特点是既懂行业,又懂商业;既懂经济,又懂管理。他们的视角往往是宏观、整体或长远的,这也造成了战略规划部人员不大注重细节,也不大关注流程。

战略规划部的上述职责和人员特点,决定了法务总监与之进行有效沟通的方式。

首先,对于战略规划部发起的需要法务人员协助的事项,要明白其中的"用意"。在审核一份战略合作框架协议时,己方签订框架协议的意图是"锁定对方"还是"表面文章",涉及框架协议的约束效力、生效前提、排他性等条款。如法务人员对己方相关商业目标不清晰,作出的审核意见将不会完全贴近战略规划部的需要,甚至会造成企业签约后被动的局面。

其次,对于战略规划部人员传送的法律文件文本,须用法律语言进行明确。如前所述,战略规划部人员的视角往往是宏观的,很多他们认为是不言自明的经济现象或文本前提,落实到法律文本上其实是指代不清的。因此,有必要对这些文件文本用法律语言进行明确。很多由战略部门提出的合同当中,会以简称代替某企业名称,如用"国美"代替"北京国美电器有限公司",现实中,"国美"旗下有很多公司,包括"北京国美电器有限公司""国美控股集团有限公司""天津国美物流有限公司"等。仅表述"国美"是无法判断指的是哪个法律主体。

再次,与战略规划部的部门负责人沟通时,应协助其减少不确定性。战略规划部员工的思维方式总是很灵活的,既要考虑企业外部因素,也要考虑企业可能发生的事件。这造成了战略工作的难度,也给战略规划部人员带来了困扰。可以说,他们一直在不确定性与可预测性之间进行权衡。

法务人员处理企业法律风险事项,也是尽量减少企业的不确认性。从降低不确定性这个层面来看,战略规划总监与法务总监的工作理念在某种程度上又是一致的。法务总监应协助战略规划部门处理不确定性对企业事项带来的负面影响,利用不确定性对企业事项带来的积极影响。这是法务部与战略规划部有效沟通的桥梁,也是法务人员风险管理工作的最高境界。

最后,法务人员应当理解公司的整体战略及其变化。公司整体战略决定了公司的使命和目标,以及公司各个部门将扮演的角色。对于战略的理解会大大影响各部门的绩效。企业是复杂的组织体且其内部是多元化的,企业的各个组成部分必须齐心协力才能实现企业目标。而将企业各部门组织和维系的纽带便是企业战略和企业文化。因此,法务人员对于由战略规划部门制定的企业整体战略的熟悉,将有助于法务部提高内部客户服务水平,使法务部门的工作也能聚焦于那些由企业目标所决定的重要事项上。

二、与财务部沟通

财务部负责关于资产的购置(投资)、资金的融通(融资)和经营中现金流量(营运资金)及利润分配的管理工作,是企业中最为重要的职能部门之一。财务部一般由财务总监、总会计师、资金总监、会计经理、审计经理、税务经理、会计、出纳等人员组成。

财务部的工作职责包括会计核算、报表制作、资金管理、资产管理、预算管理、税务筹划、利润分配、投融资决策等。

财务人员工作的特点是工作涉及面广、价值管理观念强、数字灵敏度高。

涉及面广,是指财务活动一方面涉及企业生产、供应、销售等环节,企业内部各个部门与资金均会发生联系,各部门启用资金时也均会受到财务部门的监督和约束;另一方面也涉及企业与股东之间、企业与债权人之间、企业与政府之间、企业与金融机构之间等各种资金与资本的关系。这种特点决定了财务人员必须具有大局观,能对所处行业以及业务有整体了解。

价值管理观念强,是指财务管理是一种价值管理,通过资金的收付及流动的价值形态,渗透全部经营活动之中,涉及企业人、财、物等各个要素。企业价值管理对于承办人员的职业道德要求非常高,对财务支出要求有严格的审批流程。即财务合规对财务人员特别重要。

数字灵敏度高,是指企业经营活动的一切结果最后均通过财务账簿上的数字反映出来,财务人员对数字天生具有敏感性。财务人员能凭借财务报告中的各种财务指标的变化——以数值变化反映的企业绩效,探测出企业是否呈良性发展。

法务人员与财务部,特别是与财务总监打交道时,应注意以下事项:

1. 尊重财务人员对财务流程的要求。财务人员无论是在审核合同中的财务与税务相关条款时,还是在办理资金收付等相关事项时,对财务制度和财务流程的执行总是一丝不苟的。在某些场合,法务人员较为重视与交易对手的权利义务,但可能会忽略企业内部流程的要求。如在一次并购交易文件的起草中,交易对手要求 3 日内付款,法务人员认为可以同意该条件。但财务人员提出,按照公司审批流程以及公司资金预算管理规定,至少应保留5个工作日作为筹款的准备时间。这时,法务人员就应站在财务部立场,充分考虑公司内部财务规定,事先与财务总监沟通,以避免出现己方延迟履行的情况。

2. 与财务人员共同做好企业内部控制工作。保持财务实力和正面的公众形象是所有企业的目标,但所有的经营决策总是会产生风险。管理层只能通过内部控制,努力将风险降低在可接受的水平范围以内。内部控制的核心目标之一便是编制可靠的财务报表。对于公众公司来说,可靠的财务报表和有效的经营同样重要。财务报表的编制首先是由财务部门来完成的。法务部可对财务报表所反映的数据和信息的真实性、合规性、合法性提供法律意见。

3. 法务人员应懂得必要的财务常识,并且在需要时能够快速学习相关财务理论。如同财务总监也应懂得一些法律知识,法务总监也要能听得懂基本的财务语言。在一些并购交易协议当中,财务方面的条款往往很多,而且都涉及利益界定、资金收付、税负承担等重要资金问题,法务人员如果不熟悉其中的财务知识,将无法出具合格的法律意见。可以说,法务部与财务部两个部门之间的交流是否有效,取决于一方对另一方所拥有的知识和理念的理解程度。法务人员越是理解财务人员的知识体系、思维方式,与财务人员交流起来就越通畅,越能取得对方的尊重和理解。

三、与人力资源部沟通

人力资源部的工作职责包括人力资源规划、人员招聘、员工培训与开发、绩效管理、薪酬福利管理、劳动关系管理六个方面的内容。这六个方面构成了人力资源管理的六个模块。六个模块之间相互衔接、相互作用、相互影响,形成人力资源管理体系。

人力资源规划是人力资源管理的起点,通过规划帮助企业预测未来人员需求的数量和人员素质的构成要求。人员招聘,是按照企业经营战略规划的要求,把优秀、合适的人招聘进企业,把合适的人放在合适的岗位。招聘以人力资源规划成果为输入,目的在于解决企业人员配置、人岗匹配的问题。培训与开发,是企业通过学习、训导的手段,提高员工的工作能力、知识水平和潜能,最大限度地使员工个人素质与工作需求相匹配,其主题是“育人”。绩效管理是六大模块的核心,是其他各模块的主要输入,旨在设立标准,考核员工的工作成绩,并采取措施帮助员工提高工作产出;薪酬福利,旨在提供员工积极性,激励人,解决企业留人的问题。最后，劳动关系管理，旨在合法地调整人、裁人，帮助企业形成合理的人力资源配置循环。

综上可见，企业中凡是与人有关的工作，都属于人力资源部的工作范畴。人力资源部的工作会对企业的每个个人产生实际影响，进而影响部门和整个公司的管理运营。

人力资源总监是企业中的一个重要角色，权力甚大，但同时也是最受诟病的一个角色。在实际工作中，有效的人力资源总监及人力资源部的工作并不多见。这取决于人力资源部人员，特别是人力资源总监的思维方式是否适应人力资源部的工作目标。

专家总结人力资源总监的思维方式，有换位思维、超前思维、多元化思维等。换位思维，是指人力资源总监应学会同时站在对方、公司高层、公司外部等不同角度看待问题。这一点，与法务总监的思维方式存在明显差异。法务总监是站在公司商业利益角度，根据事实，以法律为依据发表意见，要求准确、合法。同人力资源总监相比，法务总监讲的“人性”似乎更少。超前思维，是指在企业人员一直处于变动的态势下，人力资源总监处理问题必须提前计划、未雨绸缪。多元思维，是指人力资源总监必须适应多种可能性，容许多种不同的观点存在，而不能简单地以正确与错误、优与劣、强与弱来划分事件。

人力资源部的工作思维在很多方面都不同于法务工作的思维。这就提示法务人员在与人力资源部人员沟通时，应按照其认可的方式，并能指出双方思维差异的原因，以说服其同意己方主张。

如在处理劳动关系方面，人力资源总监按公司高层意思对员工岗位和薪酬调整时，喜欢以快速且不致引起其他员工情绪波动的方式处理。但是根据劳动法律规定，对员工调岗调薪属于对劳动合同的重大变更，原则上必须经用人单位和劳动者的协商一致。如属于劳动者存在过错的情况，也必须经过严格的程序要求。法务总监希望人力资源能按照法律规定，适当履行法律程序，而不是“想到哪，做到哪”。因此，在执行流程和力度方面人力资源总监和法务总监之间产生了不同意见，两人的目的都是解决该员工的调岗调薪问题，但处理方式却是有区别的。

对于法务总监来说，此时最好的解决办法是理解人力资源工作立场，迅速地配合人力资源总监出具一套方案，既能满足人力资源工作的要求，又能使其行为在法律与政策规定的范围之内。同时，法务总监应向人力资源总监解释相关法律规定,并尽可能取得人力资源总监对该法律规定原理的理解,从而其也能理解法务总监提出程序要求的原因。

四、与信息系统部沟通

随着IT在企业运用得越来越广泛和深入,信息系统部逐渐成为企业的极为重要的职能部门之一。在不同的企业,负责信息系统管理职责的部门名称可能不一样,如有的叫信息系统部,有的叫信息IT部、信息中心或IT中心,有的甚至放到行政部下面的IT小组。

但无论如何称呼,信息系统部门负责的事项主要包括:(1)企业PC端或移动端的网站、平台建设等。这是企业对外宣传自身的窗户。(2)企业内部管理的信息化系统建设,包括办公自动化系统OA、决策支持系统DSS、企业资源计划管理ERP、知识管理KM等。(3)企业某业务环节信息化系统建设,如客户关系管理CRM、供应链管理SCM、生产制造管理系统(计算机辅助设计CAD、计算机辅助制造CAM)等。

在某些企业,信息系统的建设已上升到战略层面。信息系统的布局与运用,已成为这些企业的核心竞争力。很多CEO本身就是首席信息官(Chief Information Officer,CIO)升任的。

信息系统部人员不仅是计算机、网络、通信、软件等方面的技术人员,因其工作涉及对业务架构与流程的深刻理解,成为掌握企业信息整体知识的企业设计人员。这使信息系统部人员的工作思维方式有两个特点:一是技术人员的逻辑性、开放性;二是设计人员的宏观性、创造性。

现在,越来越多的法务部开始提出建立高度信息化和互联网化的法务管理系统。法律资讯收集,合同管理,案件管理,档案管理,法律风险管理,合同范本库、企业风险事件库的建立等,都需要信息系统部的支持。同时,网络安全、信息安全、个人信息保护及电子证据等信息系统部会遇到的重要的法律问题,也需要法务部协助解决。

法务总监与信息系统部人员沟通的关键要素,还在于法务总监能否理解信息技术"对一切正在改变"的意义。信息系统人员,特别是互联网技术与运用人员,正在掀起一场改变世界的革命,可谓"走在时代的前沿"。法务人员也应积极响应,参与进去,追求同步创新。

在沟通心态上,法务总监应注意提醒法务人员与IT技术人员平等相处,尽量能在同一语境下实现交流。这要求法务人员平时应多与 IT 技术人员接触、多了解各自专业,并能尊重对方的专业。

五、与行政部沟通

此处行政部的工作范围包括办公室管理、会议管理、文档管理、公关接待、后勤保障管理等。行政部工作的特点就是“杂”。如果说法务部是提供专业服务的部门,那么行政部可以说是提供综合服务的部门。

综合服务的专业性不强,且有时很琐碎,但对于企业的正常运转业也是必不可少的。通常要求从事企业行政部工作的人员要有热情,对工作不论大小事务都能主动去做、及时去做。

行政部人员与法务人员的“交集”不太多,主要涉及以下两方面的工作。

一是行政部涉及一些日常事项,如办公用品采购、酒店预订、保洁、车辆管理等,可能会对外签署一些简单的合同,需要法务人员出具审核意见;或者遇到一些普通企业民事权益保护的法律问题需要咨询法务人员。

二是法务人员涉及行政事务,如考勤、办公室管理、出差、文档复印等,需要由行政部统一安排。

在“交集”部分,行政人员与法务人员可定位为相互服务的关系。在这里,互惠原则应得到双方的尊重,及时反馈能加强双方的沟通效果。法务总监应提醒法务部人员切忌因自己拥有法律专业知识而看轻行政人员,相反,应主张法务部人员学习行政人员的“耐得住性子”“工作细致”等行事方式,以及能服务于各种类型领导的谦虚风格。

第四节　与业务部门沟通

业务部门只是相对于职能部门来说的,并没有明确的或固定的业务部门定义。一般来说,业务部门涉及的职责有对外投资、采购、销售、生产制造、研发等。

从职责范围来看,业务部门是企业与外界直接发生联系的部门。从价值生成来看,业务部门是企业内部价值链中直接创造价值的部门。

当然,随着项目团队工作机制的普及,企业业务部门与职能部门的区别日渐模糊。本节阐述法务人员与负责投资、采购、销售等职责的企业内部员工的交流,探索他们之间的有效沟通方式。仍按传统对业务部门的划分,对各业务部门进行逐一分析。

一、与投资部沟通

投资部是为企业“赚钱”的部门,但其运作的方式却是先“花钱”。如何把钱花在合适的地方,是投资部首先要考虑的问题。如何让花出去的钱能安全地收回,并能尽可能地产生最大化利润,是投资部需要解决的核心问题。

这些问题,决定了投资部的职责。对于一些专门从事投资业务的公司,如私募股权投资基金,整个企业都是基于投资而存在的。

一般来说,投资流程包括:(1)寻找投资项目信息,建立投资项目库,进行市场调研,对投资项目进行前期考察。(2)选定拟投资项目,进行项目尽职调查。(3)研究拓展融资渠道。(4)拟订投资方案,并对投资方案进行财务预测、风险分析。(5)执行投资方案。(6)评估投资绩效并改进。

投资部的职责是围绕投资流程而规定的。投资流程中涉及的相关计划、组织、协调、控制、报告等工作,都是投资部的职责范围之事。此处投资部之投资不包括对股票、期货、债券等有价证券在二级市场的买卖,多数情况下仅指企业股权投资,也包括过程当中的债权投资运用。

投资部对企业的重要性不言自明,投资部人员在企业中的“权力”当然也是水涨船高。投资所需要的经验和能力,以及投资在企业中的地位,决定了投资部人员的工作思维。

投资,首先是对行业发展、产业运行、商业模式、企业家才能等的未来判断。未来充满了不确定性,没有人能百分百预测未来。因此,投资人员的判断仅仅是对投资事项成功或失败概念的判断,且投资时的判断是建立在一系列假设条件的判断。

这一点,与法律思维所要求的准确性显然有很大区别。如体现在某个股权收购交易中,投资人员所拟的收购合同是沿着双方设想的交易路径进行描述的,很少考虑一旦未能按假设路径进行后如何处理的问题。法务人员此时即必须向投资人员阐明,该种操作方式是建立在交易完全按照双方预想的基础之上的,在后期运作过程中,如果发生双方意料之外的事情或与设想出现偏差的事情，那时该怎么办？对这个问题的深入思考，将改变现有的收购合同部分内容。不仅需要增加“不可抗力”“除外规定”“第三方因素”等假设前提变化条款，还需要增加对应的“违约责任排除”“合同可分割”等解决办法条款。

其次，通过投资获取收益是一件长期的行为。在多个投资项目中，可能“东边不亮西边亮”，投资人员不能保证仅通过某次投资就一定能获得可观收益，因此在投资交易协议的条款上表现为“以促成交易为主，可容忍一定的风险”。法务人员却天然是“风险厌恶型”的，对于风险有一种本能地排斥，在投资交易协议的条款上“寸土必争”。

投资人员与法务人员对于风险的不同态度，使两者对合同条款的要求程度是不一样的。此时，法务人员应充分理解投资人员对风险的偏好。在审核投资交易文件时，除非涉及法律底线和己方根本权利义务，否则应当以“促成交易”为工作理念。这一点，企业法务人员的工作理念又不同于外部律师的工作理念。外部律师是尽力提示风险，是否能达成交易则是次要的。但在企业法务看来，促成交易虽然是投资人员的职责，却也同样是法务人员的职责。明白这一点，将大大拉近法务人员与投资人员的距离，提高两个部门之间有效沟通的效果。

最后，投资是科学，也是艺术。法律的生命在于经验。艺术有先天的成分，更多的是经验的积累与升华。投资与法律，在某种程度上都基于经验。有成效的投资人员或法务人员，都离不开经验的积累。法务人员认识到这一点之后，对于投资部门操作投资事项经常会变化这一状态应有所准备。因为投资就是投资于未来，投资于风险，凭借的是眼光和经验。如此，法务人员是否提出法律意见以及提出何种法律意见，都能为投资部人员所接受。

二、与采购部沟通

采购部是企业最为常规的部门之一。任何一家企业都需要采购原材料，包括商品和服务。如果企业是一个有机体（来自管理学大师彼得·德鲁克的比喻），那么采购就是企业的摄入过程。通过消化所购入的原材料，企业制造出产品和服务，然后卖给顾客，获得收入。如果收入大于支出，企业就能获得利润，就能生存下去。所以，采购可以看作企业运转的起点。

采购部的职责包括：(1)采购计划的制订以及采购所需资源的准备工作。(2)确定采购方式，如招标、竞争性谈判、询价、单一来源采购等。(3)采购申请与内部程序审议。(4)采购活动实施，如采购合同签署、采购货运、采购物料管理、采购付款等。(5)供应商管理。(6)采购的监督与检查等。

在采购活动中,与法务部门密切相关的事项有采购合法合规性建议、采购合同签署、招标采购中的文本审核等。

采购合法合规,是指对采购中的违反法律、公司规章制度的不当采购行为的限制,如采购回扣、利用采购侵占公司利益、商业贿赂等行为。《反不正当竞争法》第7条规定:“经营者不得采用财物或者其他手段贿赂下列单位或者个人,以谋取交易机会或者竞争优势:(一)交易相对方的工作人员;(二)受交易相对方委托办理相关事务的单位或者个人;(三)利用职权或者影响力影响交易的单位或者个人。经营者在交易活动中,可以以明示方式向交易相对方支付折扣,或者向中间人支付佣金。经营者向交易相对方支付折扣、向中间人支付佣金的,应当如实入账。接受折扣、佣金的经营者也应当如实入账。经营者的工作人员进行贿赂的,应当认定为经营者的行为;但是,经营者有证据证明该工作人员的行为与为经营者谋取交易机会或者竞争优势无关的除外。”对于可能发生的非法行为的预防和控制,法务总监有义务联合采购总监在企业内部制定书面制度报高层管理者审批。在发生违法和违反制度的行为时,应积极保留相关证据,从公司整体利益出发,迅速拟订合理合法的解决方案,报公司决策层审批。

采购合同,是法务部门服务于采购部门当然的职责。现在很多企业的采购合同都增加了反商业贿赂条款。

采购方式中的招投标活动,可能是法务部与采购部接触最多的领域。法务部应协助采购部制定招投标制度、起草招标文件和招标邀请函、审核投标人提交的投标文件。在投标过程前后,对于出现的串标、废标、议标等引起的法律问题,予以处理。

采购人员与法务人员均为企业内部人员,无根本利益冲突。但鉴于采购中容易发生腐败、个人牟取私利的现象,法务人员基于职责所在,往往对采购人员持一种质疑的态度。这是不恰当的。法务总监应指导法务人员在与采购人员交流时基于事实和证据,以法律为准绳,以公司制度为依据,对于采购行为和采购人员谨慎发表意见,而不能形成片面怀疑和对抗的思维方式。

三、与销售部沟通

销售部如同采购部一样,是企业最为常规的部门。任何一家企业,即使是非营利性质的组织，也需要将其生产出来的商品或服务销售出去，否则无法维持下去。企业通过向顾客销售产品，获取收入和利润，可以看作企业这个有机体运转的终点。此时，可把售后服务看成销售的一部分。

销售部的使命是将企业生产的东西以合理的价格卖出去，其职责包括：(1)收集市场信息，寻求潜在顾客，确定主要目标市场。(2)制订销售计划，拟订销售政策和方案。(3)促销或展销活动。(4)销售渠道推广建设。(5)销售合同签订、执行、变更。(6)客户管理制度及执行。(7)销售货运。(8)销售回款。(9)售后服务。

销售必须紧贴顾客。法律服务也必须紧贴销售队伍的需求。根据顾客的分布，销售部可按地域、产品、客户等进行销售队伍组建。

在地域型组织模式中，各个销售人员被派到不同地区，在该地区执行企业销售任务。在此种组织模式中，区域主管的权力较集中，可独立行使总部授权范围之内的决策事项。法务人员与这种派出式的区域销售人员沟通时，应体谅其工作难度，在制度范围内尽量给予方便。

如某个区域销售合同中关于管辖地的约定，很多企业会争取将管辖法院约定到总部所在地法院，但这种想法往往会引起采购方的不同意见，他们希望约定在合同货物实际交付地。法务人员在处理这类问题时，重点考虑的因素应是如何方便交易，如何方便销售人员。当然，前提是不存在其他需要特别考虑的因素，从而必须把管辖放到总部所在地法院。事实上，那种无论如何都要把管辖约定为己方所在地法院的认识，并不是必需的。不根据实际情况，一味强调这种性质的约定，并不能说明什么，只是心理上觉得己方好像占据了主动。有经验的法务总监，应有意识地抛弃这种做法，真正地以商业交易为目的来设计双方的权利与义务，安排合理的风险承担机制。

在产品型组织模式中，销售人员按产品专门化组成销售队伍。当产品技术复杂、产品之间联系少、产品种类较多时，这种模式是较为合适的。这种组织模式要求销售人员对产品非常理解。法务人员在与产品型销售人员交流时，也应对产品有所了解。了解越深，越能取得销售人员的共鸣，提出的相关法律意见越能被销售人员所接受。如在某个销售合同中，对于卖方销售产品的质量指标的描述，法务人员应充分征求销售人员的意见，确保企业所销售产品能符合所描述的质量标准。

在客户型组织模式中，销售人员根据客户的类型而分成若干小组，如大客户销售人员、政府销售人员、金融客户销售人员等。这种模式的优点是销售人员能了解客户的特定需要,减少渠道摩擦,为新产品开发提供思路。法务人员与该类型销售人员交流,同样应以客户为中心,不仅服务于销售人员,也应将特定外部客户视为服务对象。如在将产品或服务销售给政府的合同中,买方的优势很明显,法务人员应承认这种买方优势,在条款上进行适当地让步,而不能埋头做个“交易杀手”。

四、与生产部沟通

生产部是企业的基础部门。没有生产、制造,企业无法将采购来的原材料加工成可销售的产品或服务。生产部门的主要职责包括生产计划管理、生产技术管理、物料管理、仓储管理、生产实施与调度管理、生产过程及质量控制、设备管理、安全管理等内容。

生产部人员在质量控制及安全管理等方面的工作与法务工作的“交集”较其他工作要大。

为达到质量要求所采取的作业技术和活动称为质量控制。质量控制既是国际、国家、行业或企业标准的实际运用问题,又是生产现场管理的实施问题。质量控制可通过契约的形式来保障,也可以通过制度的形式来维系。无论是契约,还是书面制度,都可由法务人员来协助完成。当然,前提是法务人员应融入生产部对质量控制的热情当中。唯有如此,法务人员起草的仅适用于企业内部的质量控制契约才能符合生产部的要求,也才会被生产部人员所遵守。

生产过程中可能涉及的法律问题,更多地集中在安全管理上。安全管理的对象是生产过程中一切人、物、环境的状态管理与控制。安全管理的核心是控制风险。安全管理必须考虑法律、法规的强制性要求,将法律规定转化为规章制度内容。

进行安全管理,先要识别危险、有害因素。危险因素,是指能对人造成伤亡或对物造成突发性损害的因素。有害因素,是指能影响人的身体健康导致疾病,或对物造成慢性损害的因素。

根据有关国家标准,生产过程中危险、有害因素可分为六大类:(1)物理性危险、有害因素,如电、噪声、振动、辐射,明火、高温、低温、粉尘等。(2)化学性危险、有害因素,如易燃易爆物质、有毒物质、腐蚀物质。(3)生物性危险、有害因素,如致病微生物、传染病媒介物、致害动植物。(4)心理、生理性危险、有害因素,如负荷超限、从事禁忌作业、心理异常、识别功能缺陷。(5)行为性危险、有害因素,如指挥错误、操作错误。(6)其他危险、有害因素,如搬举重物、工具不合适等。

这些危险、有害因素都应有相应的国家标准、行业标准以及企业规章制度的限制性规定。法务人员应协助生产部门制定可具体执行的书面制度,并定期进行安全生产制度的宣讲、培训工作。在安全生产教育中,法务人员还应本着服务的理念,提醒生产总监应根据《安全生产法》的规定,要求生产人员正确穿戴劳动保护用品,在劳动的过程中免遭或减轻事故伤害和职业危害。

五、与研发部沟通

虽然创新已成为企业每个部门、每名员工的责任,但专门的创新开发部门仍是必不可少的。企业设立研发部的目的是规范研发流程,提高研发效率,保证研发产品的质量符合要求,形成公司技术与知识的积累和储备。

研发部的职责包括:(1)根据企业战略进行研发规划。(2)对企业现有产品、工艺进行改进、完善,寻找新型原材料,开发、设计新产品。(3)研制的新产品投产后的技术、工艺、质量的验证。(4)协助生产部就新产品、新工艺进行员工培训工作。(5)进行专利等知识产权申报、成果鉴定、论文发表等工作。

研发人员与其他业务部门人员相比,肯定有不同的思维特点。首先,毫无疑问是创造性、创新性。研发人员对工作追求完美,敢于提出与他人不同的思路和方法。其次,是自主性。研发人员的工作是以脑力劳动为主,没有具体的工作说明书,也没有固定的工作流程,强调的是工作中的自我引导,自我管理。最后,注重知识更新。由于知识和技术更新速度不断加快,研发人员的知识和能力面临贬值风险,所以研发人员非常注重不断地学习、培训和继续教育,以保持其人力资本价值。

企业法务部在与研发部门打交道时,应着重注意两个方面:

1. 研发部对其研究成果的保护方面。法务人员应积极参与到企业研发部的知识产权申请、保护和运用当中。事实上,如本书第四章所述,知识产权管理是法务部的一项重要的业务管理活动。在协助研发部申报专利等知识产权时,法务人员应从企业整体利益出发,按企业内部规定,将研发人员的个人知识产权利益和企业知识产权利益区分开来。

2. 与研发部人员交流的方式。如前所述,研发人员具有创新性、自主性强,爱好学习,注重培训等特点。其实,如果说研发人员是知识型员工,那么法务人员也可归为知识型员工。企业对知识型员工的激励方式,也可以拿来协助法务与研发的沟通,如强调培训与发展。培训一方面可提高知识型员工的能力,另一方面也可激发知识型员工的潜能,进而提升企业的实质绩效。培训方式多种多样,不只参与者广泛,内容也要丰富。法务人员可以参加新技术、新产品的培训,研发人员也可以学习法律知识、专利知识的课程。法务总监与研发总监要善于利用内部刊物、信息技术、动员会等方式提升员工能力,促进自发性合作和知识分享。

第六章

知识管理

第一节 知识管理概述

知识正逐渐成为组织和个体取得竞争优势的关键因素。对知识进行管理是一个内涵丰富的管理领域,目前还没有统一的定义。

大体上,知识管理可从狭义和广义的角度来理解。狭义的知识管理,主要是对知识本身的管理,包括对知识的归集、获取、创造、存储、传播和应用的管理。广义的知识管理,不仅包括对知识本身的管理,还包括对与知识有关的各种资源和无形资产的管理,涉及知识组织、知识设施、知识资产、知识人员等的全方位和全过程的管理。[1]

本书所述法务知识管理,从狭义角度讲,是指以法务总监为代表的法务人员出于提高工作绩效等考虑,对有关知识本身进行的管理。

一、知识管理的目标

法务人员进行知识管理,是以法务人员作为一个个体,对相关知识所作出的有意识地归集、获取、创造、存储、传播和运用的过程。它与企业作为一个组织所进行的知识管理是不同的。

法务人员,特别是法务总监应当致力于知识管理,其原因如下:(1)如本书一再强调的,法务人员是典型的知识工作者。法务人员的工作要取得成效,其基础便是法务人员掌握的知识和技能。这里的知识不仅是法律知识,也包括运

---

〔1〕 参见朱晓敏、张润彤编著:《知识管理导论》,高等教育出版社2010年版,第7页。

用法律知识解决企业商业问题方面的知识。作为知识工作者,法务人员及法务总监当然必须对其已经拥有和应当拥有的知识进行管理。(2)法务人员是处理企业全部相关法律问题的工作人员。随着经济环境变化节奏的加快,企业面临的法律问题越来越复杂,不确定性越来越大,对知识与技能的精确性、广博性的要求越来越高。这种环境逼着法务人员必须有计划地去掌握企业经营管理相关的各种知识,如法律知识、行业知识、财务知识等。(3)法务人员不可能永远只服务一家企业。他们经常会流动,会升职。为做好跳槽或升职的准备,法务人员需要进行相关知识的储备,对其未掌握的知识进行管理。

无论是个体,还是组织,进行知识管理的目的总在于整合知识资源,提高主体对知识的掌控能力,挖掘有用的知识体系,发现和培育新的思维模式等。

那么,法务人员,尤其是法务总监进行知识管理的目标是什么?可归纳为以下三点:(1)提高法务人员及法务总监个人的工作绩效。一般来说,知识工作者都具有很高的知识水平。但是,一个人的工作绩效,与他拥有的知识数量之间,似乎没有太大的关联性。要取得成效,必须通过对其知识进行有条理、有系统的归纳、整理、运用,才可能产生效益。(2)增强法务团队的凝聚力和战斗力,改善法务部门与其他部门的内部客户关系。通过对管理知识、领导知识的理解和运用,法务总监可增加自身在法务部的威望,加强法务团队的内部团结,提高法务团队在企业中的地位。通过对内部客户服务理念的推广和相关知识的理解,法务总监可推进改善法务部与其他部之间的关系。(3)为职业规划做准备。如一个法务总监不可能一直在一家企业担任法务总监。他(他)有可能到更大规模的公司去从事法务工作,也可能转行做执业律师,还可能在本企业升职为副总,乃至CEO。因此,法务人员进行知识管理时,应将个人职业规划的准备列为目标之一。

二、知识管理的原则

法务人员的知识管理,应当围绕企业对法务工作的需求以及法务人员个人的职业规划需求,而不能盲目进行。综合有关专家意见,本书认为法务人员的知识管理原则有:

1. 业务驱动。以法务人员和法务部遇到的业务热点或主题来推进知识管理。法务人员的知识管理本来就为法务工作服务的,当然应当以企业对法务的需要为驱动因素。如某企业过去主营业务为房地产,近期拟进军文化传播行业，法务总监即应立即组织法务人员，包括自己，对文化传播领域的法律规定、行业惯例、监管要求、合同文本等进行系统的学习，并应熟悉文化传播领域的商业模式、竞争态势等行业知识。对于新领域知识的摄取，是法务人员进行知识管理的首要原则。

2. 法律知识与非法律知识并重。法务人员在企业中的任务是提供法律支持。但事实上，提供"法律支持"，重点不在于"法律"，而在于"支持"。法律知识是法务人员的基本知识，但要使得法务人员发挥有效性，法务人员的法律基本知识不是最重要的。法务人员能运用法律知识解决企业商业问题，这才是最重要的。而解决问题，就需要综合各方面因素、信息和知识。这些非法律的知识领域包括企业经营管理方面的、财务税务方面的、商业模式方面以及行业技术方面的等，法务人员对其都应有一定了解。

3. 持续进行。企业面临的经济与商业环境一直在变，对知识的需求也不断深化。法务人员必须主动去适应这种变化，对自身的知识结构不断地调整与更新。唯有如此，才不至落后于企业的需求，落后于同行的水平。因此，在进行知识管理时，法务人员应将其作为一项日常管理工作，定期检查，持续改进。

4. 书面化知识管理成果。根据有关专家意见，知识可分为两个方面：一方面是"个人化的主观知识"；另一方面是"社会化的客观知识"。前者又称为"隐性知识"，后者又称为"显性知识"。[1] 隐性知识的特点是其由经验和五官直接获取的，建立在个人经验基础之上的知识。显性知识的特点是可以借助语言表达的，从隐性知识中分离出来的系统性知识，可以通过语言媒介实现共享和编辑。法务人员，特别是法务总监在持续进行知识管理的同时，应把其对法务管理的经验总结出来，并予以系统化、逻辑化，如通过撰写正式发表的论文、书籍，将个人法务工作体验写出来，这可谓法务总监知识管理的最高原则。

三、知识管理的内容

如前所述，本书对知识管理的定义取其狭义角度。即知识管理是对知识本身的管理，不涉及知识组织、知识设施、知识资产等的管理。根据狭义的知识管理定义，法务知识管理的内容，是指法务人员为达到知识管理的目标，所应掌握

---

〔1〕 参见［日］野中郁次郎、绀野登：《知识经营的魅力——知识管理与当今时代》，赵群译，中信出版社 2012 年版，第 85 页。

的知识领域和知识结构。

知识领域,是指法务总监进行知识管理过程中所应涉及的知识类型。法务总监的知识管理内容按照不同的标准进行分类。

首先,可按知识的性质进行分类。根据该分类标准,知识可包括事实知识、原理知识、技能知识和人际知识。[1] 事实知识,是指关于客观事实的知识。如法务总监在诉讼过程中对于案件事实知识掌握的充分程度,可决定案件办理的效果。原理知识,是指关于自然界(包括人类社会)的原理和法则的科学知识。整个法律体系其实就是关于人类社会法则的知识。技能知识,是指关于做事的技艺或能力的知识。法务总监区别于一般法务人员的关键因素之一便在于法务总监掌握了全面的法务方面的技能知识。一般的法务人员可能缺少必要的法务技能,或法务技能经验不足以应对企业对全面法律业务的需要。人际知识是关于谁知道以及谁知道如何去做某事的知识。人际知识也是法务总监区别于一般法务人员的一个因素。事实上,人际沟通能力在很大程度上决定了法务总监的工作成效。本书前几章所述的法务部门管理、内部客户关系管理,其实都是一种人际知识的体现。法务总监对这四个方面的知识,都应进行有计划地管理。

其次,可按法务人员实际工作需要及职业发展规划的需要,对知识进行分类。根据该分类标准,法务人员应掌握的知识领域可分为法律知识和非法律知识。法律知识包括实体方面的法律知识,如公司法、证券法、合同法、劳动法、劳动合同法、会计法、招标投标法、反不正当竞争法、反垄断法、物权法、破产法等;诉讼程序方面的法律知识,如民事诉讼法、行政诉讼法、刑事诉讼法等。非法律知识包括经营相关的知识,如商业模式、企业与政府、行业结构与发展趋势等,涉及学科有宏观经济学、微观经济学、企业理论、公司治理、发展经济学、产业经济学等;管理相关的知识,如各职能管理、管理思想、领导技巧等,涉及学科有战略管理、人力资源管理、市场营销管理、运营管理、领导学等;财务相关的知识,如会计记账、财务报表、融资模式、内部控制、资本运作等;以及技术相关的知识。非法律知识包括的范围非常广,但基本上是围绕法务人员的工作需要而安排的。很多企业法务总监,因为其一直接触的领域均是法律方面的知识,可能

---

[1] 参见《知识管理第2部分:术语》(GB/T 23703.2-2010),原国家质量监督检验检疫总局、中国国家标准化管理委员会2011年1月14日发布。

对非法律知识管理的重视程度不够,甚至存在畏难的情绪。他们认为,不需要懂那么多,把法律知识搞清楚就够了。但事实上,正是非法律知识决定了法务总监的视野,决定了法务总监能对企业商业,甚至企业战略的支持力度。这也是本书强调的,法务总监的工作有效与否,在很大程度上是看法务总监懂得的非法律知识的多少。

法务总监应掌握的知识领域,可谓广而博。那么,如何在有限的时间内,对广博的知识进行筛选和组合,以建立一个合理的知识结构?这就涉及法务人员知识内容管理的另一方面,即知识结构管理。所谓知识结构,是指一个个体经过专门学习、培训后所拥有的知识体系的构成情况与结合方式。合理的知识结构能优化法务人员的知识体系,节省法务人员搜寻知识的成本,满足企业对法务人员的多方面的知识需求。建立合理的知识结构是一个长期的过程,可遵循如下原则:(1)整体性原则。专博相济,一专多通。每一名法务人员的知识结构既存在相同的地方,又必定有不同的地方。理想的结构是在法律知识上精通,在经营管理知识上广博。(2)层次性原则。知识划分为基础层次、中间层次和最高层次,没有基础层次,高层次就会成为空中楼阁,没有高层次,则显示不出水平。法律知识应成为法务人员的基础层次知识,经营管理知识应成为法务人员的高层次知识。但任何层次的知识都不能忽视。(3)比例性原则。根据知识管理的目标和任务,各种知识在数量和质量之间合理配比。一般认为,法律知识与非法律知识的比例各占 50% 比较合理。(4)动态性原则。为适应职位和工作变动等因素的需要,知识结构不应僵化,而须是能够不断进行调节。如法律知识与非法律知识的比例,在法务总监刚就职时,可能法律知识会占到 50%,但随着法务总监对业务的熟悉,法律知识的比例会下降,非法律知识的比例会提高。

四、知识管理的过程

知识管理本身即是一种过程。法务人员作为个体进行知识管理,与企业的知识管理的过程是不一样的。通常,法务人员知识管理的过程可归为以下几个步骤:

1. 知识鉴别。法务人员首先应根据自身知识管理的目标,分析知识需求,包括对现有知识的分析和对未来知识的分析,确定适用于企业层次的知识需求和个人层次的知识需求。经过鉴别,法务人员可以排除一些无关紧要的信息,集中精力管理对企业和个人最为有效的知识集合。如一家房地产开发企业的法务总监,其知识库就很少会包含互联网企业法务总监所关注的移动互联技术知识。法务总监应克服想学习一切的冲动,毕竟人的精力和时间都是有限的,不可能熟悉一切领域的知识。因此,知识鉴别是知识管理活动中关键性的工作。

2. 知识获取。强调对已有知识的整理、积累或获取。对于法务人员来说,应收集整理多方面知识,并使沉淀下来的知识具有可重用的价值。同时,还可以通过有针对性地与他人合作,共同构建某一领域的知识权威。知识获取的来源主要有:(1)互联网;(2)图书、音像、视频;(3)培训;(4)学习小组;(5)人际网络;(6)专家网络等。知识获取是实施知识管理的基础。

3. 知识整理。即对原有资料、信息、知识进行深入学习和消化吸收后进行编辑整理的过程。这是一个非常耗时、耗力的梳理过程。如果没有将个人知识管理进行到底的决心,个人知识管理就很容易半途而废。法务人员不仅要对法律知识进行编辑和整理,更重要的是将其掌握的和认为应掌握的非法律知识进行细心的整理。因为非法律知识本身就是极为广泛的,对非法律知识体系的掌握,决定了该法务人员的高度与深度,使得该法务人员能够区别于另一个法务人员。

4. 知识存储。法务人员应考虑建立自己个人的知识库,将知识予以存储。知识库中应包括显性知识和存储在法务人员头脑中的隐性知识。显性知识一般可用文件档案进行储存与管理。文件档案,不只是文本文件,而且还包括简报文件、影像文件、声音文件、图形文件等。对于隐性知识,法务人员应尽量使其转化为显性知识。如法务总监可将其合同审核的经验,编成一部合同审核手册,或者将投资并购中的尽职调查经验,编成一套法律尽职调查指引。

5. 知识创造。即将法务人员在各个环境和场合下获得的知识汇集起来,进行再生产的过程。知识创造过程其实就是显性知识和隐性知识相互转化的过程。通过循环的转化过程,实现知识质与量的提升以及能动性的增值。法务人员进行知识创造的方法,可以从实践中学习,或者联合其他法务共同解决问题,或者运用头脑风暴法吸收专家意见。事实上,向专家咨询请教或者与同行深度交流,是法务人员获得知识并给出创造性地解决企业法律问题的方案的最佳途径。

6. 知识运用。通过正确的行动与有效的知识传播,将知识分享给有需要的个人或企业，才能让知识的价值真正产生，进而协助企业创造知识利润。知识只有在运用时，才能增加价值。在其他部门的支持和政策支持下，法务人员可依据已有知识，结合具体的情景解决实际问题，帮助实现企业的运营绩效，提升企业的竞争力。

五、知识管理的工具

知识管理的各种功能及服务在很大程度上须依靠知识管理技术来实现，如查询服务离不开搜索引擎技术。没有强大的知识管理技术，企业或个人将很难有效地实施知识管理。可以说，知识管理技术是使知识管理得以实现的主要工具，它在知识管理的任何一个环节都发挥着重要作用。

知识管理所可运用的技术工具种类繁多，覆盖知识获取、分享、创造、运用等各个过程。如文档管理技术、数据挖掘技术、专家系统技术、搜索引擎技术、BBS 技术等。因此可从不同角度对知识管理工具进行分类。结合法务总监的工作实际，按照一种知识结构化程度以及知识连接对象标准，可将法务总监知识管理的工具分为以下四类：[1]

第一类，结构化的知识物件。该类工具体现为具有一致性结构的数据，或有组织的、编码化的文档，如文档库、数据库、知识地图等技术。基于数据库管理的系统来获取和存储文档，并对文档赋予一些预定义的关键词等文档分类标准，这样就能够快速、有效地定位知识内容。如法务人员经常要用到的法规库、案例库、裁判要点库、风险事件库、法律论文库等，就属于典型的该类工具。

第二类，结构化的专家个人知识。该类工具表现为知识存在于个人，但这些知识被结构化。专家黄页、专家技能库等技术就是这类工具的代表。通过某个类型的专家库、法官库等，法务人员可迅速找到相关领域的专家以寻求帮助。在诉讼处理过程当中，法务人员可用到该类工具。

第三类，非结构化的知识物件。该类工具很难通过结构化的方式获得，需要借助一定的过滤和搜索技术，包括内联网、协作过滤及搜索引擎技术等。如企业配置的 OA 系统中的文档管理模块，重要的内部文档可以在网上被发布和浏览。协作过滤技术能够记录用户的浏览和搜索行为，当用户进行类似搜索时，系统可基于用户的历史记录向其推送相关知识。搜索引擎技术则可协助法

---

〔1〕 参见朱晓敏、张润彤：《知识管理导论》，高等教育出版社 2010 年版，第 81 页。

务人员进行全文搜索、上下文搜索、智能知识检索等,以快速找到所需要的知识。

第四类,非结构化的个人知识。该类工具的典型体现为公告栏、视频会议、电子邮件等。这类工具提供知识交流的环境,使法务人员与其他员工在“你问我答”的过程中实现知识的传递、共享。

以上几种知识管理工具,各自有不同的应用特点,但其目的都是帮助法务人员提高工作效率和效果,将日常繁杂的工作变成常规性工作,从而使得法务人员可将时间和精力集中在最为重要的事情和非例行的事情之上。知识管理工具不是一个静态的概念,它在实践中能得到不断地改善和发展。现代信息和网络技术的发展,也使得知识管理的工具逐渐会发生质的飞跃,法务人员应对此随时予以关注。

第二节　经营知识

企业是一个经营实体,以获取利润为导向。法律支持只是利润获取“作业”中的一环。如前所述,法律支持的重点是“支持”,而不是法律。而提供支持的有效性,取决于法务人员对非法律知识的深刻理解。因此,法务人员进行知识管理的难点是法律之外的知识。

这里的非法律知识,首先就是企业经营方面的知识。即将企业视为一个整体,如何处理企业与外部——竞争对手、同行、政府与社会等——之间的关系的知识,涉及企业本质、企业环境、商业模式、商业伦理、企业社会责任、企业管制等主题。理解这些主题知识,对企业法律工作的理念和方式将大有裨益。

一、企业本质

企业(公司)作为一种经济组织,在人类历史上已存在了很长时间,在传统经济学理论中,企业一直是一个“黑箱”(black box),一端连接投入,另一端连接产出。该种理论把企业组织视为投入与产出之间的生产函数。至于企业为什么会产生并不断发展,为什么在人类经济发展史中会出现企业这样的组织形式来协调生产、交换和分配,企业存在的规模等问题,则从无人追究。直到 1937

年，美国学者罗纳德·科斯发表了《企业的性质》一文后，企业这只“黑箱”才算被打开一角。20世纪70年代后，阿门·阿尔奇安、哈罗德·德姆塞茨、迈克尔·詹森、W.麦克林等产权学派学者继续科斯的研究，以个人主义方法论为基础，从解释新古典经济学的理论盲区——企业与市场并存的现象出发，深入企业内部，分析了企业产生和存续的原因，进而揭示了企业的本质。

科斯等认为，如果企业仅仅是一个生产函数，企业就没有存在的必要，因为任何个体都可以作为生产单位来替代企业；如果市场的功能就是组织劳动分工，为什么还需要企业呢？科斯认为，对于这个问题的分析是讨论企业本质的起点。科斯的企业理论分析是通过交易成本概念的提出展开的，交易成本概念在科斯的企业理论中处于核心地位。后人将其关于交易成本的论述概括为“科斯定理”，即“在没有交易成本的情形下，无论财产权如何界定，资源使用都会达到最有效率的境界”。

科斯提出，企业之所以存在，是因为有某种特别的比较优势，这种比较优势产生的效应是市场在协调个体生产单位时无法获得的。科斯认为，市场是协调经济活动的一种组织形式，企业也是协调经济活动的一种组织形式，但使用价格机制的市场交易中存在相当高的交易成本，而企业内部组织的交易比通过市场进行同样的交易成本要低。在比较了市场中和企业中的交易成本后，他认为企业存在的根本原因在于企业的组织成本与市场的交易成本的差异。企业替代市场价格机制协调个体生产是因为其节约了市场运作所需要的交易成本，具有比较成本优势。而企业具有比较成本优势的两个理由是：(1)劳动作为一种特殊商品通过市场交易成本较高；(2)企业作为一个组织，允许某个权威来支配资源，就能节约某些市场运行成本。[1]

企业比较成本优势的获得是通过合同来实现的，从而企业是一组存在“权威”合同关系的组合。首先，企业通过不完全契约获得了对劳动的控制，降低了劳动的交易成本。其次，企业通过权威实现了对劳动的支配，降低了对劳动的协调成本。在企业内部，企业家有指挥生产要素的权威，但这种权威只能通过契约的方式获得，并且是有限度的。也就是说，企业实际上是劳动力同意在一定时期内交出劳动的控制权，然后形成的契约关系。这个契约关系是一个不完

〔1〕 参见[美]罗纳德·科斯：《论生产的制度结构》，盛洪、陈郁译校，上海三联书店1994年版，第6～7页。

全的长期契约:“不完全”是因为劳动难以测度和计量;“长期”是因为劳动的权益需要更有力的保护;这个契约包含了权威,因为劳动协调要花费成本。

企业和市场是资源配置的可相互替代的方式,但企业作为一种长期契约形式是一种更便宜的协调机制,企业的契约代替了市场的契约。科斯提出,企业的本质在于它是一个能够节省市场交易成本的不同的生产要素所有者及消费者之间缔结的契约集。阿尔钦、德姆塞茨、詹森和麦克林等继科斯之后更是明确地提出了企业是一个“契约的集合”(Nexus of Contracts)的观点,从而逐渐打开了企业这只“黑箱”。

如此,立足于公司外部,可以得出公司是一个实体的结论;而着眼于公司内部,则应注意到公司是各种有着独立意志、利益诉求的行动者的集合,包括股东、经营者、员工、债权人等。这些利益相关者之间——股东之间(控股股东与少数股东、普通股东与优先股东、既存股东与后来股东等)、股东和经营者之间、股东和债权人之间、物资资本出资者与人力资本所有者之间,以及公司和其他利益相关者之间的利益错综复杂。如何协调这些利益以及如何降低协调成本,成为公司存在和存续的理由。而公司协调的方式即是通过一个“契约的结”来完成的。因此,作为现代国家的缩影——现代公司[1]就是一系列交织在一起的明示和隐含的契约,其本质就体现为“契约的集合”。

二、企业环境

企业永远是某种环境下的企业。这是任何企业经营都必须面对的客观情况。我国著名企业家张瑞敏曾说过,“没有成功的企业,只有时代的企业”。所有的企业都要跟上时代的步伐才能生存,所谓成功的企业,是因为踏准了时代的节拍。企业环境对管理者具有深远的意义。

当今影响企业的主要环境要素大概有七种,[2]每一种要素的力量都会造成企业、政府和社会间关系的变化。这些力量经常是相互联系的,某一领域的重要变化很少会孤立发生。

1. 经济环境。由影响市场运营的各种力量构成所营造的环境,如总体的经

---

〔1〕 参见梅慎实:《现代公司机关权力构造论——公司法人治理结构的法律学分析》,中国政法大学出版社2000年版,第1页。

〔2〕 参见[美]约翰·斯坦纳、乔治·斯坦纳:《企业、政府与社会》,诸大建、许艳芳、吴怡等译,人民邮电出版社2015年版,第30页。

济活动、商品价格、利率水平、货币价值变动、薪酬水平、竞争者的行动、技术变革以及政府政策。经济环境包括宏观经济形势,如国民经济发展水平及其发展趋势;政府财政;金融情况;本行业在整个经济体系中的地位和行业特点;企业直接经济环境,如人均实际收入、平均消费取向、消费支出分配模式等。在全球范围内,产出、消费与投资的长期持续增长是主要特征。

2. 技术环境。当今新的科学发现使得企业环境充满了各种新技术。如纳米技术,可以使人们操纵原子量级的物体;人类基因图谱保证了新的生物基因产品的诞生,将能令许多难以对付的疾病得到治愈;燃料电池与可再生能源的利用可以大大减少石油燃料的使用;维基(Wiki),一种开放的供众多个体协作编辑的网站,已被用于建立搜索引擎、百科全书、字典等,它能使众多个体参与复杂的知识产品的创造。技术会带来机遇,能促进平等,冲击旧的商业模式,但也可能给社会带来负面的后果。

3. 文化环境。包括社会结构、社会风俗、习惯、信仰、价值观念、行为规范、生活方式、文化传统等。文化是一个通过社会学习而获得的体系。这一体系共享知识、价值、规范、习俗和仪式。不存在正确或错误的文化,也不存在唯一普遍适用的文化。文化会导致商业习俗的冲突,管理者必须适应多元文化发展。

4. 政府环境。政府对企业既存在激励,同时也会约束企业。政府政策的变化,对企业的发展有着明显的引导作用。政策的稳定性,直接影响企业长期计划的制订和企业战略的安排。当今社会,政府的活动范围大大扩张。政府努力提升社会福利,将收入的一部分转移支付,进行再分配的安排。另外,为保护公民免于权力滥用,政府不断制定针对各行业的规章制度和临时管制措施。这些也对企业经营产生了非常大的影响。

5. 法律环境。包括立法、司法、行政执法。法律环境自身在发生变化。首先,法律和法规在数量上与复杂程度上都在持续增加。其次,保护员工、消费者和公众利益的法律责任扩大,举证责任倒置。再次,某些商业道德和社会责任被逐渐编入法律。最后,法律在不断演进。由于技术进步,新技术的出现、新商业模式的创造也促使企业必须提前预测不断出现的,要求其承担责任的情况。尤其是创业型企业,在进入那些尚未有明确法律规定的行业时,必须权衡法律会带来的潜在商业风险。

6. 自然环境。主要是指一个国家或一个区域的自然环境、地理条件、气候条件等。经济活动受自然环境的约束,也能改变自然环境,甚至是破坏自然环境。20世纪惊人的经济发展是以牺牲地球为巨大代价的,耗尽了矿产资源,减少了森林覆盖,灭绝了许多物种,改变了地球大气层的化学构成,甚至引发了气候的变化。幸运的是,人们对经济活动与自然关系的态度正在改变,人类的思想正朝着保护自然的方向转变。管理者必须适应这一变化,随着形势发展,越来越多的环境指标会进入企业绩效评价体系。

7. 内部环境。如企业契约理论所述,企业是股东、债权人、员工等利益相关者之间的契约集。企业的内部环境由四种人构成,分别是所有者、董事会、经理人、员工。每一种人都有其各自不同的目标、信仰、需求及功能。管理者对这些人员必须加以协调,以达成企业的总体目标。在这个过程中,可以创造出超越内部四种人的价值观的企业文化。

三、商业模式

说到商业模式,人们自然会想起彼得·德鲁克的那句名言:当今企业间的竞争,不是产品之间的竞争,而是商业模式之间的竞争。那么,什么是商业模式?这是一个仁者见仁、智者见智的话题。但商业模式对于理解当今企业的经营又是如此的重要,故有必要对商业模式的概念和构成等基本问题进行探讨。

商业模式的定义有很多种。笔者认为,商业模式的研究者魏炜、朱武祥两位教授对商业模式的定义可谓清晰、恰当且实用。本书以下将引述两位教授的精彩论述。根据两位学者的观点,商业模式本质上就是利益相关者的交易结构。[1] 企业的利益相关者包括外部利益相关者和内部利益相关者两类。外部利益相关者,是指企业的顾客、供应商、各种合作伙伴。内部利益相关者,是指企业的股东、企业家、员工等。这与企业的契约理论其实是一致的。商业模式解决的是企业战略制定前的战略问题,同时也是连接客户价值和企业价值的桥梁。商业模式为企业的各种利益相关者提供了一个将各方交易活动相互联结的纽带。一个好的商业模式最终总是能够体现为获得资本和产品市场认同的独特的企业价值。

完整的商业模式体系包括定位、业务系统、关键资源能力、盈利模式、自由现金流结构和企业价值六个方面。[2] 这六个方面相互影响,构成有机的商业模

---

〔1〕 参见魏炜、朱武祥:《发现商业模式》,机械工业出版社2009年版,第10页。

〔2〕 参见魏炜、朱武祥:《发现商业模式》,机械工业出版社2009年版,第11页。

式体系。

1. 定位。一个企业要想在市场中赢得胜利，首先必须明确自身的定位。定位是企业战略选择的结果，是商业模式体系中其他有机部分的起点。企业定位体现在商业模式所需要实现的顾客价值上，强调的是商业模式构建的目的。同样的定位可以有不一样的商业模式，同样的商业模式也可以实现不同的定位。定位可以帮助理解企业的状态。这个状态包括提供什么样的产品和服务、进入什么样的市场、深入行业价值链的哪些环节、选择哪些经营活动、与哪些合作伙伴建立合作关系、怎样分配利益等。

2. 业务系统。即企业达成定位所需要的业务环节、各合作伙伴扮演的角色以及利益相关者合作与交易的方式和内容。可以从行业价值链和企业内部价值链来理解业务系统的构造。业务系统是商业模式的核心。高效运营的业务系统不仅是赢得企业竞争优势的必要条件，同时也有可能成为企业竞争优势本身。围绕企业定位所建立的，将内外利益相关者联系起来的业务系统将形成一个价值网络，该价值网络明确了客户、供应商和其他合作伙伴在影响企业通过商业模式而获得价值的过程中所扮演的角色。

3. 关键资源能力。要完成企业的各项活动，维持企业业务系统运转，需要掌握和使用一套复杂的有形和无形资产、技术及能力，这便是关键资源能力。商业模式构建的重点之一就是明确商业模式有效运作所需要的资源能力，以及如何才能获取或建立这些资源和能力。事实上，企业中不是所有的资源和能力都同等珍贵，也不是每一种资源和能力都是企业所需要的，只有和企业的定位、业务系统、盈利模式、现金流结构相吻合，能相互强化的资源能力，才是企业真正需要的。

4. 盈利模式。即企业如何获得收入、分配成本、赚取利润。盈利模式是在给定业务系统中各价值链所有权和价值链结构已确定的前提下，企业利益相关者之间利益分配格局中企业利益的表现。良好的盈利模式不仅能为企业带来收益，更为企业编制了一张稳定共赢的价值网。各种客户怎么支付、支付多少，所创造的价值应当在企业、客户、供应商、各种合作伙伴之间如何分配，是企业收入结构所要回答的问题。成本结构是和企业提供的产品和服务、业务系统及其资源能力分布紧密相关的。传统盈利模式的成本结构往往和收入结构一一对应，而现代盈利模式中的成本结构和收入结构则不一定完全对应。

5. 自由现金流结构。是企业经营过程中的现金收入扣除现金投资后的状况,其贴现值反映了采用该商业模式的企业的投资价值。不同的现金流结构反映了企业在定位、业务系统、关键资源能力以及盈利模式等方面的差异,体现企业商业模式的不同特征,并影响企业成长速度的快慢,决定企业投资价值的高低、企业投资价值递增速度以及受资本市场青睐程度。

6. 企业价值。企业价值是指企业预期未来可以产生的自由现金流的贴现值,即企业的投资价值。企业投资价值是商业模式的归宿,是评判商业模式优劣的标准。企业价值由成长空间、成长能力、成长效率和成长速度决定。

四、商业伦理

商业伦理研究的是在企业行为中什么是好的,什么是坏;什么是对,什么是错;什么是公正,什么是不公正的问题。[1] 一般来说,可以运用到商业领域的伦理准则包括讲真话、诚实、保护生命、尊重各种权利、公平以及守法,这些准则可以追溯到几千年前。而其他一些道德准则,比如公司对员工的安全健康负责,仅在最近才出现。利用这些长久存在以及不断发展的道德准则,人们可以比较清楚地判断哪些商业行为属于道德行为,哪些属于不道德行为。当然,这不是说道德决策总是非常清晰的。有时候很难判断,即使可以运用基本的伦理准则,但这些准则之间的冲突使得人们很难作出决定。

商业伦理是否比普遍的社会伦理或个人伦理更为宽容?关于这个问题,存在以下两种基本观点。[2] 第一种观点,非道德理论。该理论认为商业行为不需要考虑道德问题,管理者可以采取妥协的伦理观,因为竞争会让他们自私的行为产生有益于社会的结果。第二种观点,道德统一理论。按照这种理论,商业行为必须遵循社会的普遍道德标准,而不是用一套更为宽容的特殊标准。只存在一种基本的伦理标准,企业行为也必须符合其他生活领域内这个统一的伦理原则。

在商业环境中,有很多强大的力量在制约伦理行为。如何应对这些力量,决定了商业伦理标准的严格与否。其中,有四种最为突出且相互联系的力量,即领导、战略和政策、企业文化和个人特点。以下做详细说明。

---

〔1〕 参见[美]约翰·斯坦纳、乔治·斯坦纳:《企业、政府与社会》,诸大建、许艳芳、吴怡等译,人民邮电出版社2015年版,第170页。

〔2〕 参见[美]约翰·斯坦纳、乔治·斯坦纳:《企业、政府与社会》,诸大建、许艳芳、吴怡等译,人民邮电出版社2015年版,第171页。

1. 领导。企业领导者或许是对诚信最有力的影响因素。领导不仅制定正式的规制,而且还通过他们的行为表达出什么样的行为是正确的。下属是精明的观察者,很快就能观察到坚守伦理标准会带来好处还是遭到惩罚。

2. 战略和政策。管理者的一个重要职能是制定强有力的竞争战略,这种战略可以使公司在不违背伦理标准的前提下实现财务目标。如果企业经营不善,管理者很难实现经营目标,由于业绩压力大,他们会在伦理标准上做出妥协。即便是优秀的公司,战略也必须有助于达到诚信目标。不切实际的企业战略,会使员工为达到目的而不择手段。

3. 企业文化。企业文化是存在于企业当中的一系列价值观、规范、仪式、正式规则以及有形的表现等。企业文化的作用范围广,影响深远。所有的企业文化中都有关于伦理的内容。文化是有弹性的,如隐藏在人类本质中的邪恶一样,企业文化深处也包含着矛盾。

4. 个人特点。尽管文化很重要,但个人特点依然能发挥作用。人们的行为由环境中的各种激励因素和个体内在因素决定。如果一个公司极度忽视伦理,哪怕是非常诚实的个体也可能会屈从,但个体的内在特点也可能非常强大,足以抵消文化所带来的强有力的影响。

五、企业社会责任

企业社会责任(Corporate Social Responsibility,CSR),是指企业在其商业运作过程中对利害关系人应承担的责任。利害关系人包括所有可以影响或会被企业的决策和行动影响的个体或群体,包括股东、债权人、员工、顾客、供应商、社区、政府、母公司或子公司、合作伙伴等。企业社会责任基于商业运作必须符合可持续发展的想法,企业除了考虑自身的经营状况外,也要考虑其对社会和自然环境所造成的影响。

企业社会责任可以分为两类:一类是反应型企业社会责任,另一类是战略型企业社会责任。反应型企业社会责任有两种形式:一是做一个良好的企业公民,关心各利益相关者所关注的社会问题的变化;二是减少企业经营活动已经产生的或可能会产生的负面影响。战略型企业社会责任不只是做一个良好的企业公民,也不只是减轻价值链活动所造成的不利社会影响,而是要推出一些能产生显著而独特的社会效益和企业效益的重大举措。战略型企业社会责任既包括由内及外的维度,也包括由外及内的维度,还包括投资于竞争环境中某些能促进企业竞争力提高的社会因素,发挥企业与社会的共享价值,并由此建立起企业与社会的共生关系。企业越成功,社区就越繁荣;进一步,社区越繁荣,企业就越成功。通常而言,某个社会问题与企业的业务关系越紧密,利用企业的资源和能力造福社会的机会就越大。

美国学者戴维斯就企业为什么以及如何承担这种责任提出了自己的看法,其观点被称为"戴维斯模型",具体内容如下:

1. 企业的社会责任源于它的社会权力。由于企业对诸如少数民族平等就业和环境保护等重大社会问题的解决有重大的影响力,因此社会就必然要求企业运用这种影响力来解决这些社会问题。

2. 企业应该是一个双向开放的系统,既开放地接收社会的信息,也让社会公开了解企业的经营。为了保证整个社会的稳定和进步,企业和社会之间必须保持连续、诚实和公开的信息沟通。

3. 企业的每项活动、产品和服务,都必须在考虑经济效益的同时,考虑社会成本和效益。也就是说,企业的经营决策不能只建立在技术可行性和经济收益之上,而且要考虑决策对社会的长期和短期的影响。

4. 与每一活动、产品和服务相联系的社会成本应该最终转移到消费者身上。社会不能希望企业完全用自己的资金、人力去从事那些只对社会有利的事情。

5. 企业作为法人,应该和其他自然人一样参与解决一些超出自己正常范围的社会问题。因为整个社会条件的改善和进步,最终会给社会每一位成员(包括作为法人的企业)带来好处。

没有任何一种社会责任模式适合所有的企业。企业需要系统地评价自身业务,挖掘与业务相关的、独特的社会影响和社会期望。挖掘企业社会责任环境要素,需要考虑业务规模、财务结构、产品、生产流程、员工、文化、地理位置等。

六、企业管制

企业管制,或称管制企业,是政府为了达到经济或社会目的而对公民、团体和企业作出的行为指导或规定。管制是由一系列法规和政策构成的。典型的管制法令,如本书前述的《反不正当竞争法》和《反垄断法》。管制规则非常庞杂,可通过立法、司法、执法等多种途径予以实现。事实上,政府对企业的管制已有很长的历史。可以说,自资本主义自由经济学说以来,政府"这只看得见的手"就在对企业进行有意识的调控。

政府对私营企业管制的主要原因在于:(1)市场缺陷会导致不良后果。对于生产何种产品,何时生产以及如何生产等问题,市场给出了最佳答案。然而,尽管自由市场是高效的,但并非十全十美,市场也会失灵。比如市场会产生自由垄断、破坏性竞争、外部性、信息不充分等问题。为克服这种缺陷,政府应该进行管制。(2)存在大量要求政府管制的社会原因和政治原因。如管制可以确保企业生产安全产品,有些管制禁止企业以有害的方式生产产品,管制能解决单个地方政府及个人不能解决的问题,管制还能保护特殊利益群体等。

企业管制会对企业和每个人产生重大影响,因此必须慎重,必须以某种方式来衡量企业管制的影响。这就是管制的成本与收益。尽管计算管制的成本和收益都是一件很难的事,但通过不断的努力和经验的增加,最终能形成一套能适用于本地的企业管制模式。

研究发现,有效的企业管制存在一些共同原则,这些原则对于很多国家,包括发达国家和发展中国家,都是适用的。这些原则包括:[1](1)在竞争性市场简化和放松管制。(2)强调和提升财产权。(3)扩大新技术的使用,特别是在互联网和信息系统方面。(4)减少法律对企业经营活动的直接介入。(5)持续改革。如果政府能够遵从这些原则,就能促使企业成长,取得经济增长。

第三节　管 理 知 识

如前所述,法务总监进行知识管理的难点是法律之外的知识。首先就是企业与外部之间关系的知识,即经营知识。另外,围绕企业运作内部关系方面的知识,可称为管理知识,涉及管理本质、管理思想、管理行为、管理者,有效领导等主题。理解这些主题知识,对企业法律工作的理念和方式同样大有裨益。

---

[1] 参见[美]约翰·斯坦纳、乔治·斯坦纳:《企业、政府与社会》,诸大建、许艳芳、吴怡等译,人民邮电出版社2015年版,第288页。

一、管理的本质

在人类发展的历史长河中,管理出现的速度之快和影响范围之广是其他体制所无法比拟的。在不到150年的时间里,管理已经改变了世界上发达国家的社会与经济的组织形式。[1] 然而,什么是管理? 至今虽有极多的真知灼见,但却未有统一的答案。正如管理学大师彼得·德鲁克所说,管理是一种人文艺术。之所以被称为"人文",是因为管理涉及知识、自我认知、智慧与领导艺术等基本要素;之所以被称为"艺术",是因为管理是一种实践与应用。管理者从人文科学和社会科学中汲取所需要的知识,但是却必须将这些知识集中到效益与结果上。

知名的国内管理学者陈春花教授,对于管理的本质有精辟的阐述。她认为,管理实际上是人、物、事三者的辩证关系,不同的组合会得到不同的结果。[2] 管理就是确保人与物结合后能够做出最有效的事情来。第一,管理就是让下属明白什么是重要的。第二,管理不谈对错,只是面对事实,解决问题。第三,管理是管事,而不是管人。第四,衡量管理水平的唯一标准是能否让个人目标和组织目标合二为一。第五,管理就是让一线员工得到并可以使用资源。陈春花教授同时还提出了一种对绩效负责的管理观,即管理只对绩效负责;管理是一种分配;管理始终为经营服务。

杰出的管理思想家亨利·明茨伯格对管理工作的本质也有清晰但不同的描述。他认为,管理者是掌管一个正式组织或其分支机构的人。管理者被赋予负责组织单位的正式权力,这就造成了他的两个基本目的。[3] 第一,管理者必须确保组织可以高效地生产产品或提供服务。第二,管理者必须确保其组织为控制它的人服务。管理者必须解读影响者的价值观,并将之结合起来形成组织的价值观,以此指导组织的决策。管理工作是通过所有管理者都要扮演的十种

---

[1] 参见[美]彼得·德鲁克:《德鲁克管理思想精要》,李维安、王世权、刘金岩译,机械工业出版社2009年版,第2页。

[2] 参见陈春花:《管理的常识——让管理发挥绩效的7个基本概念》,机械工业出版社2010年版,第2页。

[3] 参见[加]亨利·明茨伯格:《管理工作的本质》,方海萍等译,中国人民大学出版社2012年版,第201页。

相互关联的角色来完成的。[1] 这些角色分为三组:第一种是源于管理者的权力和地位的人际关系角色,包括“名义领袖”“领导者”“联络官”;第二种是源自人际关系角色以及他们所提供的信息访问权的信息传递角色,包括“监控者”“传播者”“发言人”;第三种是决策制定角色,源自管理者的权力和信息,包括“创业者”“故障排除者”“资源调配者”“谈判者”。总之,管理者必须规划自己组织的工作,监控组织内部和外部的环境,必要时进行变革,遇到干扰因素时进行恢复并保持组织稳定运营。

管理者感到自己有大量的工作不得不做,他的工作步伐永不停歇。管理者在工作日中很少有自由时间,也很少休息。管理者活动的特征可以用短暂、多样和零碎来形容。大部分工作的持续时间都很短暂,他们要完成的活动多种多样,没有明显的模式可循。琐碎的小事和重要的大事接踵而来,管理者必须要能够迅速地、频繁地转换心境。上述问题揭示了管理其实很复杂,解决之道自然也不会简单。通过研究,明茨伯格提出了有效管理的十个要点。这十个要点都是针对管理工作的本质而言的,都是在深刻理解管理工作的基础上提出的,分别是:分享信息;有意识地避免表面化;分担工作;从义务中获益;从义务中自我解放;强调适合于情景的角色;小中见大;认识自己在组织中的影响力;面对联盟的发展;借助管理学家等。

彼得·德鲁克从管理的三项任务来揭示管理的本质。他认为,要回答管理是什么,首先必须通过管理任务或在管理任务中来界定管理是什么。为了使组织机构能够正常运转,并做出应有贡献,管理必须完成三项同等重要,而又极为不同的任务:[2]管理的第一项任务,是经济绩效。管理必须始终把经济绩效放在首位,而且在每一项决策和行动中都要以经济绩效作为出发点。管理的第二项任务,是使工作富有生产力,并且使员工有所成就,产生效益。管理的第三项任务,是管理组织机构产生的社会影响和应承担的社会责任。

二、管理思想的演变

管理思想是在管理理论中体现出来的。从不同时期、不同的实践环境中诞

---

〔1〕 参见[加]亨利·明茨伯格:《管理工作的本质》,方海萍等译,中国人民大学出版社 2012 年版,第 202 页。

〔2〕 参见[美]彼得·德鲁克:《德鲁克管理思想精要》,李维安、王世权、刘金岩译,机械工业出版社 2009 年版,第 11 页。

生出来的管理理论往往有着极大的差异,但管理学研究的主题仍有着共同的特点,即涵盖人、思想、观念、行为、方法和结果等。

以时间为主轴,最能体现管理思想的演变。这里的管理思想,主要是指市场经济条件下所形成的西方管理思想。

(一)早期管理思想

人类社会形成以后,在各种活动中产生了"群体"的概念。这个群体为了共同应付自然界的各种威胁,并考虑自身生存的挑战,在内部就需要有一位"召集人",以便共同决定群体中的各项事务。从群体,到部落,再到国家,内部领袖由召集人演变成具有决定权的首领,这种演变可以视为管理职能的一种演变过程。[1] 在早期管理思想中,古希腊的苏格拉底、柏拉图、亚里士多德等伟大的思想家均提出了一些管理思想。经历了 14 ~ 16 世纪的欧洲文艺复兴运动,新兴资产阶级出现,对管理思想的思考又有了进一步的发展。

(二)1911 年前后,古典管理理论

古典管理理论是在当时市场环境比较稳定的情形下产生的。开管理理论先河的管理学大师弗雷德里克·温斯洛·泰勒,提出"科学管理"的概念。科学管理建立在两个基本原理之上,即作业研究原理和时间研究原理。[2] 同时,科学管理具有三个基本出发点,即效率至上;为谋求最高的工作效率可以采取任何办法;劳资双方应该共同协作。在泰勒之后,又产生了很多伟大的管理学者,最为知名的是亨利·法约尔的组织管理理论和马克斯·韦伯的行政集权组织理论。法约尔把企业的全部活动概括为以下六种:技术活动(生产、制造、加工);商业活动(购买、销售、交换);财务活动(募集和最适当地利用资本);安全活动(保护财产和人员);会计活动(财产清点、资产负债表、成本、统计等);管理活动(计划、组织、指挥、协调和控制)。[3] 法约尔根据自己多年的工作经验,提出著名的"十四项管理原则":劳动分工、权力和责任、纪律、统一指挥、统一领导、人员的报酬、集中、等级制度、秩序、公平、人员的稳定、首创精神、人员的团结。被称为"组织管理之父"的韦伯则提出了经典的行政组织理论,该理论分成

---

〔1〕 参见郭咸纲:《西方管理思想史》,世界图书出版公司北京公司 2010 年版,第 5 页。

〔2〕 参见郭咸纲:《西方管理思想史》,世界图书出版公司北京公司 2010 年版,第 81 页。

〔3〕 参见郭咸纲:《西方管理思想史》,世界图书出版公司北京公司 2010 年版,第 115 页。

三个部分，[1]即理想的行政组织、权力的分类、理想的行政组织的管理制度。他认为，理想的行政组织是通过职务和职位来管理的，而不是通过传统的世袭地位来管理的。要使组织发挥作用，管理应以知识为依据进行控制，管理者应有胜任工作的能力，应该依据客观事实而不是凭主观意志来领导。任何一种组织都是以某种形式的权力为基础的。权力可以消除组织的混乱，使组织有序运行。权力可以分为合理的法定权力、传统的权力、神授的权力。组织的内在要求是稳定、严密、有效、精确，采取的最优方式是科层制。有专家总结说，20世纪初，古典管理理论由泰勒、法约尔、韦伯从三个不同角度，即个人、组织和社会来解答整个资本主义社会宏观和微观的管理问题，为资本主义解决劳资关系、生产效率、社会组织等，提供了管理思想。

（三）1920年前后，行为科学理论

从乔治·埃尔顿·梅奥的霍桑实验开始，西方出现了一种完全不同于科学管理学派的管理理论，即行为科学理论。行为科学强调人的行为，认为从人的行为本质中激发动力，才能提高效率。行为科学理论研究包括：人的本性和需要、行为动机、人际关系等。主要研究个体行为、团体行为和组织行为。这些理论包括我们耳熟能详的马斯洛需求层次理论、赫茨伯格的双因素理论、麦克利兰的成就需要理论、弗鲁姆的期望理论、麦克雷戈的X理论—Y理论、沙因的复杂人假说等。各种行为科学的一些观点，虽然从不同的角度探讨人的行为问题，但都有共同的特点，就是从人道主义的立场出发来看待管理问题。

（四）“二战”至20世纪80年代，现代管理理论

“二战”以后，人类对管理的认识进入分化、多元的阶段，出现十余种学派，被称为“现代管理理论丛林”。主要的代表人物及学派有哈罗德·孔茨的管理过程学派、切斯特·巴纳德的社会系统学派、赫伯特·西蒙的决策理论学派、拥有多个研究者的系统管理学派、A. V. 希尔的数量管理科学学派、汤姆·伯恩斯的权变理论学派、彼得·德鲁克的经验主义学派、亨利·明茨伯格的经理角色学派以及计算机管理学派。继法约尔之后，孔茨再次提出把管理的各项职能分为计划、组织、人事、指挥和控制五项。他认为，管理工作是一门艺术，其基本原

[1] 参见郭咸纲：《西方管理思想史》，世界图书出版公司北京公司2010年版，第125页。

理和方法可以应用于任何一种现实情况。巴纳德把组织看成是一种开放式的系统,认为组织中的所有人员都是寻求取得平衡的系统,通过调整内部和外部的各种力量,不断地使整个系统得以保持平衡。巴纳德对“沟通”“动机”“决策”“目标”“组织关系”等重要问题进行了开创性的专题研究。西蒙认为,组织就是作为决策的个人所组成的系统。决策贯穿于管理的全过程,管理就是决策。信息联系在决策过程中具有重要作用,当今是信息爆炸的时代,重要的不是获得信息,而在于对信息的加工和分析,使之对决策有用。系统管理学派是运用系统科学的理论、范畴及一般原理,全面分析组织管理活动的理论。该学派的主要观点是:组织是一个由相互联系的若干要素组成的人造系统;组织是一个为环境所影响,并反过来影响环境的开放系统。数量管理科学学派的管理思想是建立在系统思维的基础上的,系统的观点要求从系统的整体效果出发,考察、分析与解决问题,其目的是使整个系统的总效果达到最优。该学派强调应用模型化和定量化来解决问题。权变学派反对不顾具体的外部环境而一味追求最好的管理方法和寻求万能模式的教条主义,强调要针对不同的具体条件采用不同的组织结构领导模式及其他的管理技术等。以德鲁克为代表的经验主义学派的基本管理思想是:有关企业管理的理论应该从企业管理的实际出发,特别是以大企业管理经验为主要研究对象,加以抽象和概括,然后传授给管理人员,向经理提出实际的建议。以明茨伯格为代表的经理角色学派理论是在现代企业组织理论基础上发展起来的,是经营权与所有权分离之后经理成为一种职业的产物。该理论对理解经理人的角色、工作性质、职能、经理的培养具有重要意义,还对如何提高经理工作效率,尤其是对经营管理体制(如激励体系、监控机制、决策机制)设计具有重要的意义。计算机管理学派继承了系统学派的观点,认为组织是一个由相互联系的若干要素组成的人造系统。因此,对这个系统的管理就需要采用系统的工具和软件。

(五)20世纪80年代以后,当代管理学说

在20世纪80年代以后,世界处于一种动荡的过程,在激烈的竞争环境下,出现了大量新的管理学说。主要有托马斯·彼得斯的管理思想、迈克尔·波特的竞争战略学说、约翰·科特的领导学说、彼得·圣吉的学习型组织、威廉·爱德华·戴明与约瑟夫·M.朱兰的质量管理理论、威廉·大内的企业文化理论、迈克·哈默的企业再造理论、六西格玛理论等。总的来说,当代管理事项出现

了以下五大趋势：(1)从过程管理向战略管理转变。(2)从产品的市场管理向价值管理转变。(3)人本管理思想的深入。(4)以不断创新追求经营绩效的持续改善。(5)从行为管理向文化管理转变。很多学说来自实践，但未形成完善的理论体系。但是都是围绕管理的核心问题“效果”(做正确的事)或“效率”(如何正确地做事)展开的，对于今天的企业而言，没有哪种理论过时或无用。

三、管理职能

从职能方法来看，管理者需从事特定的活动或职能，以有效率和有效果地协调他人的工作。这些职能是什么？如前所述，管理思想家法约尔首次提出，所有的管理者都从事五种管理职能：计划、组织、指挥、协调和控制。今天，这些职能已经被精简为四种：计划、组织、领导和控制。[1]

1. 计划。定义组织目标，确定战略以实现这些目标，以及制订方案以整合和协调工作活动。它同时涉及结果和手段。管理者需要计划的理由至少有四个：[2](1)计划为管理者和非管理者提供指导。(2)通过迫使管理者展望未来，预测变化，考虑变化的影响以及制定妥善的应对措施，计划可以降低不确定性。(3)计划可以尽量减少浪费和冗余。(4)计划可以设定在进行控制时使用的目标或标准。计划是首要的管理职能，构成管理者其他职能的基础。计划包括两个重要的方面：目标和方案。目标是所期望的结果或对象，它指导管理者决策，并且构成衡量标准以测量工作结果。方案则是描述如何实现目标的文件，通常包括资源的配置、时间表以及实现目标所必需的其他行动。

2. 组织。安排和设计工作任务以实现组织目标。管理者在这个过程中设计组织的结构。组织的工作包括：(1)把需要完成的工作划分为具体的工作岗位和部门；(2)把任务和职责分配给各个工种岗位；(3)协调各种各样的工作任务；(4)把工作岗位组合成部门或业务单元；(5)确定各个体、群体和部门之间的关系；(6)建立正式的职权链；(7)分配和调度组织的资源。组织结构设计分传统的组织结构设计和当代的组织结构设计。传统的组织结构设计将组织分成简单结构、职能结构、事业部结构；当代的组织结构设计将组织分成团队结

---

〔1〕 参见[美]斯蒂芬·P. 罗宾斯、玛丽·库尔特：《管理学》，李原、孙健敏、董小勇译，中国人民大学出版社2012年版，第9页。

〔2〕 参见[美]斯蒂芬·P. 罗宾斯、玛丽·库尔特：《管理学》，李原、孙健敏、董小勇译，中国人民大学出版社2012年版，第201页。

构、矩阵结构、项目结构、无边界结构、学习型结构。

3. 领导。领导者带领某个群体以实现其目标的过程。领导者是能够影响他人并拥有管理职权的人。有专家提出,领导是一个涉及领导者、追随者和情境的复杂现象。[1] 当然,领导的定义有很多种。有研究者关注人格、生理特质、领导者的行为;有研究者研究领导者与追随者之间的关系;还有研究者研究情境的各个方面如何影响领导者的行事方式。各研究者从各自角度,得出了不同的领导理论。这导致领导这个领域保持着一半科学、一半艺术的特性;领导既涉及人类经验理性的一面,也涉及感性的一面。在很多场合,领导与管理会交叉在一起。但更多的观点认为,领导者是要做正确的事,管理者是正确地做事。

4. 控制。控制是监控、比较和纠正工作绩效的过程。管理者应当实施控制职能,有效的控制可以保证各项活动圆满完成并导致目标的实现。人们制订计划、创建组织、激励员工,但这些并不能保证所有活动的进展都如同计划的那样。必须有所控制,才会了解组织目标是否实现以及没有实现的原因。作为管理过程的最后一个环节,控制提供了返回到计划的关键纽带。对组织绩效的控制是最为重要的一种控制。用来测量或控制组织绩效的手段包括:前馈/同期/反馈控制、财务控制、平衡计分卡、信息控制、标杆管理等。企业要控制的事项还包括跨文化差异调整、工作场所中的问题、工作场所暴力、控制客服质量、公司治理等。

四、卓有成效的管理者

作为管理者,必须提高自己的工作绩效,才能为组织作出贡献。企业聘用管理者,就是希望他(她)的工作能卓有成效。那么,管理者应该如何做到卓有成效呢?彼得·德鲁克在其相关著作中,对这个问题有极佳的回答。德鲁克先生认为,卓有成效是可以学会的,但必须在思想上和行动上养成以下五项习惯:[2]

1. 掌握自己的时间。有效的管理者要知道他们的时间用在什么地方。他们所能控制的时间非常有限。通过分析时间记录,消除不必要的时间浪费,需要管理者采取某些行动,在行为、人际关系和工作重心上做出一些改变。衡量各

〔1〕 参见[美]理查德·L. 哈格斯、罗伯特·C. 吉纳特、戈登·J. 柯菲:《领导学》,朱舟译,机械工业出版社 2012 年版,第 3 页。

〔2〕 参见[美]彼得·德鲁克:《卓有成效的管理者》,许是祥译,机械工业出版社 2009 年版,第 15 页。

项耗用时间的工作项目的轻重,其结果也将改变管理者的工作水平和质量。

2. 管理者要把眼光集中在贡献上。管理者并非为工作而工作,而是为成果而工作。着眼于贡献,比第一步更深入了一层:由技术进入观念;由机械性工作进入分析性方法;由效率进入成果。这是培养管理者的反省:为什么组织聘请他为管理者。这些自省要求管理者承担责任,而不是要求管理者单纯地执行命令。管理者如果能着眼于贡献,那么他所重视的就应当不仅是“方法”,而是“目标”和“结果”。

3. 充分发挥人的长处。这个步骤是一种行为的态度问题。这是对人的尊重,尊重自己,也尊重他人。利用长处,包括自己的长处、上司的长处、同事的长处和下属的长处。不过,充分发挥人的长处也需要“边做边学”,需要通过实践才能掌握。管理者如果能充分发挥人的长处,就能使个人目标与组织需要相融合,使个人能力与组织成果相融合,也能使个人成就与组织机会相融合。

4. 要事优先。管理者要按工作的轻重缓急设定优先次序,而且坚守优先次序。重要的事先做,不重要的事放一放,除此之外也没有别的方法,否则反倒会一事无成。

5. 有效的管理者必须善于做有效的决策。有效的决策事关处事的条理和秩序问题,也就是如何按正确的次序采取正确的步骤。一项有效的决策,总是在“不同意见讨论”的基础上做出的判断,它绝不会是“一致意见”的产物。

管理者的自我提高往往要比卓有成效的训练更为重要。管理者必须增进其知识与技巧,必须养成各种新的工作习惯,同时也必须放弃旧的工作习惯。今天的组织,需要的是由平凡人来做不平凡的事业。这正是有效的管理者所应自勉的目标。这些目标并不高,我们只要肯去做,就一定能做到。

第四节　风 险 知 识

风险可能存在于企业经营管理的任何环节,随着企业内外部环境的不断变化,企业面临的风险越来越大。如何规避、降低,转移以及应对这些风险,是企业长治久安的基础。有迹象表明,企业风险管控这项重任已越来越多地落在了法务部的身上。因此,法务人员需要系统地了解风险相关知识。

一、风险的概念

对于“风险”(risk)一词,比较权威的说法是,它源自意大利语中的“risqué”,本意是在充满危险的礁石之间航行。这里所说的“风险”,其实是一种危险。

美国经济学家J.海尼斯在其1895年出版的《风险:一项经济因素》中将“风险”定义为“亏损产生的概率”,他认为:“某种行为能否产生有害的后果应以其不确定性界定,如果某种行为具有不确定性,该行为就反映了风险的负担”。这种观点代表了传统意义上对风险的理解,影响深远。美国另一位经济学家富兰克·H.奈特在其1921年出版的《风险、不确定性和利润》中认为:“一个事务在以后的时间内可能出现各种各样的变化或走向,这种未知性即代表风险的存在,风险是一系列概率型随机事件,这些事件具备可计量的不确定性”。[1] 这两位学者对风险的界定,可谓一种不确定性观,即风险是指可用具体概率来描述的未来的不确定性。

美国学者小阿瑟·威廉姆斯、理查德·M.汉斯在其1985年出版的《风险管理与保险》中,把风险定义为:“在给定的情况下和特定的时间内,那些可能发生的结果间的差异。如果肯定只有一个结果发生,则差异为零,风险为零。如果有多种可能结果,则有风险,且差异越大,风险越大”。[2] 这种对风险的界定,是一种结果差异观,即风险是实际结果与预期结果之间的差异,或风险是实际结果之间的差异。

以上学者对“风险”所下的定义,基本上代表了目前几种风险认知的观点。不同主体对风险的认识存在差异,这也反映了风险的复杂性。也就是说,目前还没有统一的“风险”概念。但国际标准ISO 31000:2018《风险管理指南》对风险的定义,相对来说获得了更多的认可和推广。其中第3.1条规定,风险是“不确定性对目标的影响”。这种描述,综合了不确定性观和结果差异观两派的定义,无疑更容易被接受。

根据ISO 31000:2018《风险管理指南》第3.1条的解释,“风险”通常可以用4~5个要素来表示,包括风险源、潜在事件、预期目标、后果和可能性等。深刻

---

〔1〕 参见冯萌、宋志强:《企业内部控制:从懂到用》,机械工业出版社2021年版,第34~35页。

〔2〕 参见冯萌、宋志强:《企业内部控制:从懂到用》,机械工业出版社2021年版,第35页。

分析和认识风险的要素非常重要，因为这与未来的风险管控工作密切相关。充分的风险要素剖析，可带来有效的风险管控。

二、风险的特征

风险概念的复杂性，带来对其特征进行归纳的广泛性。

首先，风险存在两面性。即风险既有损失，也有收益。损失是一种危险，收益是一种机会，两者是并存的。风险的两面性还体现在风险是客观存在的可能性，也是主观认定的可能性。客观性表现在影响目标实现的各种因素并不因为人的主观上没有认识到它们而不存在；主观性表现在主体对实现目标过程中可能存在的各种影响因素进行识别和评估，但由于这是对未来可能出现情况的预测或猜测，并非现实的客观存在，因此是主观的。[1]

其次，风险具有不确定性。不确定性包括两层含义：一是影响因素的不确定性，既有正面的、积极的因素，也有负面的、消极的因素；二是实现结果的不确定性，可能发生，也可能不发生。一定会发生的事件，不能称为风险。

最后，风险具有部分可预测性和部分可控性。风险可以事先通过概率统计和经验总结在一定范围内做出预测，为防范风险提供准备。随着企业对风险的识别、评估能力的提高，可以对一些风险通过管理进行控制，以保障风险带来的预期收益和风险损失在企业的可接受范围内。

三、风险的划分

每一家企业由于其经营模式、操盘团队、交易对手、市场环境等的不同，所面临的风险也不同，因此有必要对风险进行划分，以便更好地理解和掌控风险。不同的分类标准，当然会有不同的风险类型。

1. 按风险发生的来源，企业风险可分为外部风险和内部风险。外部风险是由于企业外部环境、交易对手和监管政策等原因，导致企业经营目标实现的不确定性。内部风险是由于企业内部主客观原因或不当操作等原因，导致企业经营目标实现的不确定性。

2. 按风险的影响程度，企业风险可分为重大风险、重要风险和一般风险。重大风险对企业的经营管理活动影响巨大，可能产生巨大损失，甚至超出企业

---

〔1〕 参见周玮、苏妍：《企业风险管理——从资本经营到获取利润》，机械工业出版社 2020 年版，第 4 页。

的承受能力。重要风险、一般风险依次减弱。

3. 按风险的业务属性,企业风险可分为战略风险、财务风险、合规风险、操作风险等。每一类风险,均与企业要实现的某项业务目标一致,如因内外因素造成业务目标实现存在不确定性即可以认为存在某一类业务上风险。

4. 按风险的可控程度,企业风险可分为不可承受风险、可承受风险、必须承受风险、系统性风险等。不可承受风险,包括合规风险、刑事犯罪风险、企业资格吊销风险等;必须承受风险,包括转型、创新等行为,这些行为会带来一定的风险,但这些风险原则上属于企业必须去承担的风险;系统性风险,包括行业性周期、宏观经济增长放缓、不可控的自然灾害等,这类风险无法降低、规避或转移,只能准备一定的预案,在风险真正发生时有较好的准备或缓冲。

四、风险管理的国际标准

当今风险管理领域具有较大影响力的国际标准或指南主要有三个:

其一,是 COSO 于 1992 年提出的《内部控制整合框架》、2004 年提出的《企业风险管理整合框架》。并分别于 2013 年对《内部控制整合框架》提出修订版、2017 年对《企业风险管理整合框架》提出更新版,更名为《企业风险管理——与战略和业绩整合框架》。

其二,是国际标准化组织于 2009 年 11 月发布的 ISO 31000:2009《风险管理——原则与指南》。该标准在 2018 年发布了第二版 ISO 31000:2018《风险管理指南》,以此取代第一版。

其三,是巴塞尔银行监管委员会自 1983 年以来制定的关于银行监管规定,如 1983 年的《巴塞尔协议》、1988 年的《巴塞尔资本协议》。虽然巴塞尔银行监管委员会不是严格意义上的银行监管国际组织,但事实上已成为银行监管国际标准的制定者。

三大风险管理国际组织的影响力都是不言而喻的,COSO 统揽了国际资本市场的监管,国际标准化组织掌握全世界所有行业标准化规则的制定,巴塞尔银行监管委员会规模虽小,但也是统领全球经济命脉的银行业监管者。他们代表了目前国际上最权威、最有影响力的三大风险管理流派。[1]

---

〔1〕 参见周玮、苏妍:《企业风险管理——从资本经营到获取利润》,机械工业出版社 2020 年版,第 8 页。

近年来,大多数国内外大型企业都把风险管理标准或指南的理论和方法应用到实际的风险管理中,并取得了显著的效果。正因如此,穆迪和标准普尔等知名国际评级机构也把风险管理融入他们的评级方法中。[1]

五、风险管理的防线建设

风险管理的三道防线理论,是企业内部控制、风险管理、合规管理等建设的一个非常重要的理论工具。它一开始是21世纪初国有银行进行股份制改革时从国外银行引入的先进理念和方法。目前,这种管理机制已在金融领域全面推广并向非金融领域全面扩展。

相对于企业风险管理组织架构,风险三道防线的设置在形式上是虚拟的,根据风险管理的需求,在企业各部门的现有职责的基础上,进行风险防范职责的分配和协同。

从企业风险管理的整体结构看,构建三道防线旨在实现全方位监控、全过程监控和全员监控。三道防线采取不同的方式履行风险管控职责,形成分工明确、相互联系、相互依托的控制体系。通过信息交流、检查评价,在不断发现问题、解决问题,发现新问题、解决新问题的循环往复中推动企业风险管理水平螺旋式上升。当前一道防线不能完全发挥作用时,后面的防线向前替补空缺;相反,当前一道防线运行良好时,后面的防线可通过降低检查频率等方式,将有限的资源用于其他领域。

一般来说,企业的业务部门或职能部门充当风险管控的第一道防线,作为日常业务活动80% ~90%风险的防范者;法务风控部门是风险管控的第二道防线,作为专业的风险管控监督和政策制定部门,协助企业防范和解决10% ~20%的风险;监察审计部门是风险管控的第三道防线,对前二类部门及其工作成效进行监督、评价,对风险管控操作过程中存在的不规范、舞弊进行调查、核实,并给出整改意见。三道防线建设理论,对于单个子公司或集团公司,都是适用的。

六、风险管理的组织和实施

一家企业风险管理的组织和实施工作,一般要包括以下内容[2]:

---

〔1〕 参见白文华主编:《企业风险管理制度建设》,上海交通大学出版社2014年版,第1页。

〔2〕 参见李国华:《风险管理原理》,经济管理出版社2018年版,第192页。

1. 建立风险管理的组织架构。企业风险管理组织架构是风险管理的基础性工作。目前企业风险管理组织架构较为普遍的设置是按四个层级进行设置。第一层是董事会。董事会通过下设专门的“风险管理委员会”来对企业的全面风险管理负全部责任和最终责任。第二层是企业高管层。高管层负责建立健全企业风险管理体系,负责组织并指导企业的全部风险管理工作和任务。第三层是企业的风险管理部门。该部门负责具体的风险管理执行工作,并由专业的风险管理人员来推动企业风险管理政策实施。第四层是企业的各业务部门和下属单位,负责落实企业董事会和高管层下达的风险管理规定和要求。

2. 确定风险管理目标。确定了风险管理组织架构,就需要确定各参与者的各自风险管理目标。《中央企业全面风险管理指引》认为,要实现如下五大目标:(1)确保将风险控制在与总体目标相适应并可承受的范围内;(2)确保内外部,尤其是企业与股东之间实现真实、可靠的信息沟通,包括编制和提供真实、可靠的财务报告;(3)确保遵守有关法律法规;(4)确保企业有关规章制度和为实现经营目标而采取重大措施的贯彻执行,保障经营管理的有效性,提高经营活动的效率和效果,降低实现经营目标的不确定性;(5)确保企业建立针对各项重大风险发生后的危机处理计划,保护企业不因灾害性风险或人为失误而遭受重大损失。

3. 设计实现各风险管理目标的行为。风险管理目标确定后,就要设计实现各个目标的行为,要做哪些事情才能实现目标。COSO《内部控制整合框架》认为,要实现一个风险管理目标,需要做八件事,包括营造内部环境、目标设定、事项识别、风险评估、风险应对、控制活动、信息与沟通、监控。

4. 制定合理有效的行为流程。实现各风险管理目标的活动设计出来后,就要为每项活动制定流程。流程必须有效、合理,与业务相关。有效,是指活动按流程完成后,风险管理目标能够得以实现;合理,是指从事该活动时,没有资源损耗。对于此处的流程,应做广义理解,包括以制度实施的形式体现出来的业务流程的改变、调整与校正。

5. 实施与改进。风险管理流程制定后,就要严格执行风险管理流程,并在执行一段时间之后,重新评估流程的有效性、合理性,并评估风险管控活动的充分性、必要性,评估管控活动与风险管理目标的关系等,必要时进行调整或改进。

第五节 财务知识

从对经验和专业的要求来说,与法律知识相对等的知识,恐怕就是财务知识了。而事实上,财务知识对于一名合格的法务人员来说,也异常重要。在一些复杂的投资并购活动中,法务人员必须懂得其中的财务与会计原理,才可设计出精巧的交易架构和完备的交易文件。财务知识体系广泛而复杂,对理论和经验的要求都很高。作为非财务人员,需要了解的财务知识涉及企业活动与财务的关系、财务报表、会计准则、管理会计、管理控制系统等基础主题。

一、企业活动与财务

企业目标是企业一切活动的基础。目标决定了企业可能将精力放在何方。企业的策略传达了实现这些目标的途径。企业管理层会从整体、事业部以及产品等不同层面来设立企业策略。如企业在与竞争对手一较高低时,会考虑加强成本控制,以成为行业内的低成本的生产商为目标来组织企业运营。这就是成本领先策略。建立企业目标和策略,可谓企业的首要活动。

在执行企业的全部策略时,无论是增长还是控制成本,企业首先必须获得必要的资金。这就是企业的融资活动。企业从两个基本来源——所有者和债权人获得资金。[1] 所有者向企业注入资金,作为回报,收取证明其所有权的凭证。当企业以公司形式存在时,所有者即被称为股东。公司不需要在某个确定的日期向股东还本,但公司会在一定的时期向股东分配一定的利润,称为股利。与所有者不同,债权人提供的资金要求公司在某个具体日期还本,通常要求付息。借款时间的长短影响着所要求的利息量。原材料供应商一般不认为他们也向公司提供资金。然而当它们销售了原材料,买方却没有在 30 天或 45 天内付款时,他们无形中就在提供资金。公司所需资金可以从所有者、短期债权人、长期债权人处获得。所有的公司都必须选择各种资金占总资金的比重。

---

〔1〕 参见[美]克莱德·P. 斯蒂克尼、罗蔓·L. 威尔:《财务会计——概念、方法与应用》,刘华伶等译,机械工业出版社 2011 年版,第 4 页。

企业筹得资金后,通常要将资金进行投资,以开展业务活动。这就是企业的投资活动,包括购置如下要素:(1)土地、建筑物和设备。这些要素为公司提供了生产和销售产品的能力,但常常要历经数年才能提供公司要求的所有潜在服务。(2)专利、许可证和其他契约权利。这些投资使公司拥有使用特定专有权或工艺来开展企业活动的法定权利。(3)股票或其他公司的债券。公司可以购买股票或债券,从而变成别的公司的所有者或债权人之一。(4)存货。为了满足客户的购买需求,公司必须维持一定的产品存货以供销售。公司不会长期投资于特定的存货项目,因为这些东西很快就会被顾客买走,但公司手头上必须备有起码的存货量。(5)应收账款。当公司销售产品却允许顾客不立即付款时,公司就是在向顾客提供融资服务。持有一定量的应收账款符合公司的利益,因为这样做可以帮助公司提高销售量,进而提高利润,但是应收账款必须占用一定的资金。(6)现金。大多数公司都会以现金支票账户持有一定比例的现金,以支付需要即时付款的账单。精打细算的现金管理工作可以使企业需要持有的现金数量降到尽可能低的水平。

公司获得资金并将资金分配给各种资源以获利,这就是企业的经营活动。包括:(1)采购。商业企业的采购部采购其零售所需的产品;制造企业的采购部采购生产所需的原材料。(2)生产。制造企业的生产部将原材料与劳动力和其他辅助材料相结合,生产产品。服务企业将人工服务与其他输入相结合创造产品。(3)营销。营销部门监管公司产品的销售和分配。(4)管理。公司的管理活动可以给采购、生产、营销和其他经营部门提供支持。

二、财务报表

财务报表包括三张表,即资产负债表、利润表、现金流量表,以不同的方式反映了企业的经营成果。

1. 资产负债表是公司在某一时点的投资和融资活动的"快照"。根据这张"快照",财务报表用户可以对企业的投资类型和在那一刻为这些投资融资的方式进行比较,但应该意识到,企业其他时点的财务状况可能与这张"快照"所披露的信息大为不同。资产负债表相当于一份资产、负债和所有者权益清单。资产是一种经济资源,它有能力或潜力给公司带来未来收益;负债代表债权人对公司资产的要求权,显示了企业用以购买资产的资金来源;所有者权益显示了所有者提供给公司的资金数量及与此对应的对公司资产的要求权。所有者权益一般由两部分组成：实收资本和留存收益。资产负债表从两个角度来列报同一经济资源：公司拥有的资产清单；提供资金的团队清单，这些团体对资产具有要求权。因此，资产 = 负债 + 所有者权益。

2. 利润表是公司在某一期间的经营活动结果，反映这一段时期的净利润或收益。净利润是收入与费用之间的差额。利润表可反映公司收入的来源和数量，反映公司费用的性质和数量。收入，是指通过向顾客销售商品和提供服务所形成的资产的流入（或负债的减少）。费用，是计量在产生收入的过程中资产的流出（或负债的增加）。某一项费用，都对应着资产的减少或负债的增加，或二者同时发生。净利润反映了公司在开展经营活动时实现的成果（收入）与付出的努力（费用）的对照。在一定期间内，费用超过收入，公司就发生了净亏损。在利润表上，可以用不同的方法划分收入和费用。

3. 现金流量表是公司在一段时期内的现金流入和现金流出的情况。该表反映了公司的经营活动、投资活动和融资活动所产生的现金流量。现金流量表回答"企业的客户付给企业的现金能否满足其维持经营活动或购买建筑物和设备的需求"以及"企业是否需要向出借人或所有者筹集新的资金"等问题。公司都希望它们主要的现金来源是开展经营活动过程中获得的现金收入，且比同期它们支付给供应商、员工和其他地方的现金多。事实上，公司无论是想保持现有的经营水平，还是想扩张，都必须持续不断地获得建筑物、设备和其他非流动资产。仅就维持日常生产能力而言，替换已消耗的资产也需要资金，扩张就自然需要更多的资金。公司可以通过发行股票或债券，来获得额外的资金来支持经营和投资活动。

总之，财务报表向财务报表的用户提供如下企业信息，以度量企业的业务活动成果：财务状况（资产负债表）、获利能力（利润表）、产生现金的能力（现金流量表）。[1]

三、会计准则

企业应当编制财务会计报告。财务会计报告的目标是向财务会计报告使用者提供与企业财务状况、经营成果和现金流量等有关的会计信息。如何真

〔1〕 参见［美］克莱德·P. 斯蒂克尼、罗蔓·L. 威尔：《财务会计——概念、方法与应用》，刘华伶等译，机械工业出版社 2011 年版，第 12 页。

实、客观、公允地计量这些信息,就需要一套统一的规则。这套规则,在中国称“会计准则”,在美国称“公认会计原则”(Generally Accepted Accounting Principles,GAAP)。

会计准则包括基本准则和具体准则。根据准则,企业应当以实际发生的交易或者事项为依据进行会计确认、计量和报告,如实反映符合确认和计量要求的各项会计要素及其他相关信息,保证会计信息真实可靠,内容完整。企业提供的会计信息应当与财务会计报告使用者的经济决策需要相关,有助于财务会计报告使用者对企业过去、现在或者未来的情况作出评价或者预测。企业提供的会计信息应当清晰明了,且具有可比性。同一企业不同时期发生的相同或者相似的交易或者事项,应当采用一致的会计政策,不得随意变更。确需变更的,应当在附注中说明。不同企业发生的相同或者相似的交易或者事项,应当采用规定的会计政策、确保会计信息口径一致、相互可比,企业应当按照交易或者事项的经济实质进行会计确认、计量和报告,不应仅以交易或者事项的法律形式为依据。企业对交易或者事项进行会计确认、计量和报告应当保持应有的谨慎,不应高估资产或者收益、低估负债或者费用。企业对于已经发生的交易或者事项,应当及时进行会计确认、计量和报告,不得提前或者延后。

1. 资产的确认规则。资产,是指企业过去的交易或者事项形成的、由企业拥有或者控制的、预期会给企业带来经济利益的资源。企业过去的交易或者事项包括购买、生产、建造行为或其他交易或者事项;预期在未来发生的交易或者事项不形成资产。由企业拥有或者控制,是指企业享有某项资源的所有权,或者虽然不享有某项资源的所有权,但该资源能被企业所控制。预期会给企业带来经济利益,是指直接或者间接导致现金和现金等价物流入企业的潜力。符合前述资产定义的资源,在同时满足以下条件时确认为资产:(1)与该资源有关的经济利益很可能流入企业;(2)该资源的成本或者价值能够可靠地计量。

2. 负债的确认规则。负债,是指企业过去的交易或者事项形成的、预期会导致经济利益流出企业的现时义务。现时义务,是指企业在现行条件下已承担的义务。未来发生的交易或者事项形成的义务,不属于现时义务,不应当确认为负债。符合前述负债定义的义务,在同时满足以下条件时,确认为负债:(1)与该义务有关的经济利益很可能流出企业;(2)未来流出的经济利益的金额能够可靠地计量。

3. 所有者权益的确认规则。所有者权益,是指企业资产扣除负债后由所有者享有的剩余权益。所有者权益的来源包括所有者投入的资本、直接计入所有者权益的利得和损失、留存收益等。直接计入所有者权益的利得和损失，是指不应计入当期损益、会导致所有者权益发生增减变动的、与所有者投入资本或者向所有者分配利润无关的利得或者损失。利得，是指由企业非日常活动所形成的、会导致所有者权益增加的、与所有者投入资本无关的经济利益的流入。损失，是指由企业非日常活动所发生的、会导致所有者权益减少的、与向所有者分配利润无关的经济利益的流出。所有者权益金额取决于资产和负债的计量。

4. 收入的确认规则。收入，是指企业在日常活动中形成的、会导致所有者权益增加的、与所有者投入资本无关的经济利益的总流入。收入只有在经济利益很可能流入从而导致企业资产增加或者负债减少且经济利益的流入额能够可靠计量时才能予以确认。

5. 费用的确认规则。费用，是指企业在日常活动中发生的、会导致所有者权益减少的、与向所有者分配利润无关的经济利益的总流出。费用只有在经济利益很可能流出从而导致企业资产减少或者负债增加，且经济利益的流出额能够可靠计量时才能予以确认。企业为生产产品、提供劳务等发生的可归属产品成本、劳务成本等的费用，应当在确认产品销售收入、劳务收入等时，将已销售产品、已提供劳务的成本等计入当期损益。

6. 利润的确认规则。利润，是指企业在一定会计期间的经营成果，包括收入减去费用后的净额、直接计入当期利润的利得和损失等。直接计入当期利润的利得和损失，是指应当计入当期损益、会导致所有者权益发生增减变动的、与所有者投入资本或者向所有者分配利润无关的利得或者损失。利润金额取决于收入和费用、直接计入当期利润的利得和损失金额的计量。

四、管理会计

管理会计是从传统会计中分离出来的，与财务会计并列的一个会计分支。管理会计主要服务于企业内部管理需要，是通过利用相关信息，有机融合财务与业务活动，在企业规划、决策、控制和评价等方面发挥重要作用的管理活动。

管理会计的目标是通过运用财务会计系统所提供的资料进行再加工、再提炼、再延伸，进而形成更高层次的管理信息，为经营者预测前景、规划未来、经营决策、改进管理，以提高经济效益。其本质是一种全局性、长期性、决策性的企业经济管理活动。

与财务会计相比,管理会计从财务会计单纯的核算扩展到将解析过去、控制现在、筹划未来等有机地结合起来。管理会计的基本内容如下:(1)规划与决策会计。是以企业经营目标为依据,在预测分析的基础上,运用一系列现代管理技术和方法,分析评价各种决策的经济效果,为各级管理人员提供所需信息的会计方法。主要包括预测分析、短期经营决策、长期投资决策和全面预算。(2)控制与业绩评价会计。是以全面预算为依据,通过标准成本制度,实施有效的成本控制;通过划分责任建立责任会计,对企业内部各单位实施控制考核和评价,以保证企业的各个环节和各项经营活动朝着既定的目标前进的会计方法。主要包括标准成本系统和责任会计。

管理会计是企业的战略、业务、财务一体化最有效的工具。管理会计的作用在于:(1)提供管理信息。现代企业生产经营活动需要大量的经济信息,不仅需要财务会计提供的财务成本、经营情况等方面的信息,而且需要企业内部管理的各种管理信息。这些管理信息既包括经过进一步加工后的财务信息,也包括大量具有特定形式和内容的非财务信息,如实际的和预期的、历史的和未来的、局部的和全局的、技术的和经济的信息等。只有这样,企业管理者才能够据此对未来的生产经营活动进行规划和控制,达到预期的目标。管理会计由于不受有关会计法规和固定会计程式的制约,且可以采用多种技术方法,所以有可能对从各种不同渠道取得的信息进行加工、整理、改制,使之成为符合企业内部管理要求的数据,成为管理者进行预测、决策、计划、控制等各种工作所需要的管理信息。(2)直接参与决策。决策是现代企业经营管理的核心。决策过程是管理人员选择和决定未来经营活动方案的过程。只有正确地进行各种决策,企业才能实现未来生产经营的最优化运转。然而,要制定正确的决策,不仅需要及时获取和提供管理信息,而且需要对管理信息进行科学的加工和有效的利用。管理会计积极主动地参加企业的经营管理过程,正确地提出和评价决策方案,帮助企业各级管理者做出正确决策,实际上它将自己置身于决策计划过程,直接参与了企业的经营管理活动。(3)实行业绩考核。为确保预定目标的实现,必须对生产经营过程及其结果进行严密的跟踪和监控,将反映企业经营目标完成情况和经营计划执行过程的实际情况,与预订的目标、计划、预算等进行比较分析和检查考核。生产经营活动得以按最优化原则进行的重要手段,也是衡量和控制决策、计划和实际执行,进而最终实现预期经营目标的可靠保证。在对企业生产经营过程和结果进行控制、考评的问题上,管理会计既可以建立完备的控制系统,又可以确定严格的考核措施,从而随时掌握实现现代企业经营目标的进程,正确考评企业内部有关部门的工作业绩,并为修订决策、调整计划提供客观依据。

五、管理控制系统

管理会计的一个重要组成部分,便是管理控制系统。管理控制系统,是指构成管理行为的计划、策略及奖惩的组合。管理控制是管理者影响组织的其他成员以实现组织战略的过程。管理控制系统是一种管理过程中形成的权责结构,这种权责结构相应地表现为一定的决策结构、领导结构和信息结构。

著名的管理控制系统学者罗伯特·安东尼以及维杰伊·戈文达拉扬认为,管理控制的中心思想是战略实施。管理控制系统包括:战略计划、预算编制、资源配置、业绩计量、评价和奖酬、责任中心分配以及转移定价。[1] 管理控制的理论来源是管理会计学、战略学、组织行为学、人力资源管理学等。根据罗伯特·安东尼以及维杰伊·戈文达拉扬的观点,管理控制活动涉及各种各样的活动,包括计划组织应该做什么;协调组织各个部分的活动;交流信息、评估信息、决定应该采取的必要行动以及影响人们改变行为。[2]

管理控制系统包含一系列循环发生的活动的正式系统。借鉴国内外先进经验,结合目前经济环境和企业内控现状,通俗地说,管理控制系统框架由制度控制系统、文化控制系统、预算控制系统、绩效考评控制系统、激励控制系统、风险防范控制系统等子系统构成。

1. 制度控制系统。制度规范是组织管理过程中借以约束全体组织成员行为,确定办事方法,规定工作程序的各种规章、条例、守则、标准等的总称。制度控制是以制度规范为基本手段协调企业组织集体协作行为的内部控制机制,一般包括制度的制定、执行和考核。

2. 文化控制系统。企业文化是在一定社会历史条件下,企业在物质生产过程中形成的具有本企业特色的经营管理方式、文化观念、文化形式和行为模式,以有价值量和时间量为标准。

---

〔1〕 参见[美]罗伯特·安东尼、维杰伊·戈文达拉扬:《管理控制系统》,刘霄仑、朱晓辉译,人民邮电出版社 2011 年版,第 1 页。

〔2〕 参见[美]罗伯特·安东尼、维杰伊·戈文达拉扬:《管理控制系统》,刘霄仑、朱晓辉译,人民邮电出版社 2011 年版,第 7 页。

3. 绩效考评控制系统。绩效考评控制,是指企业通过考核评价的形式规范企业各级管理者及员工的经济目标和经济行为。它强调的是控制目标而不是控制过程,只要各级管理目标实现,企业战略目标就得以实现。绩效考评系统主要包括考评指标和考评程序的制定、考评方法的选择、考评结果的分析和纠正偏差与奖励措施等关键环节。

4. 激励控制系统。激励控制,是指企业通过激励的方式控制管理者及员工的行为,使管理者及员工的行为与企业目标相协调。激励控制强调的是通过激励调动管理者及员工的积极性和创造性。激励控制包括激励方式的选择、激励中的约束和业绩评价等事项。

5. 预算控制系统。预算控制系统的突出特点是通过量化标准使管理者及员工明确自身目标,实现企业总体目标与个人目标紧密衔接。预算控制突出过程控制,可在预算执行过程中及时发现问题、纠正偏差,保证目标任务的完成。

6. 风险防范控制系统。企业在现代市场经济环境下,会不可避免地遇到各种风险,风险防范控制应成为企业内部管理控制系统中的重要组成部分。企业的风险防范控制系统一般应包括风险预警与辨识系统、风险评估系统和风险预防系统。

第七章

外部律师管理

第一节　外部律师管理概述

外部律师对于一个法务部来说,是必不可少的。甚至,在一些中小型企业只有外聘的律师,而没有法务部或法务人员。这种情况尽管近年来大有改善,但经调查研究,大多数企业仍然倾向于倚重外部律师。特别是在一些重大的项目或诉讼案件过程中,外部律师的参与几乎是必然的现象。如何管理所聘请的外部律师,逐渐成为法务部的一项重要职责。法务部要对律师进行管理,首先要明确对外部律师的管理目标,建立管理的绩效标准。至于如何管理,要做的第一步便是了解外部律师所处的环境及其工作与思维特点。

一、外部律师管理的目标

任何管理行为,首先要明确管理的目标。随着企业管理者逐渐不再与外部律师直接接触,而将对外部律师工作成果的检查与评估工作交给企业的法务部门,法务总监就必须承担起对外部律师进行有效管理的职责。这既是法务部进行外部律师管理的缘起,也是法务部确定律师管理目标的基础。

根据法务部门的工作职责,法务部进行外部律师管理的目标至少应包括以下几项:(1)把控外部律师的服务质量。外部律师向企业提供法律服务,第一要素便是其质量问题。虽然律师都有职业道德的要求,但毕竟法律服务是种专业性质极强的服务,必须借助行业内人士的综合判断才可感知其质量与效果。法务总监作为法律职业的人群之一,有的可能本身也是由执业律师转型而来,对外部律师的服务质量判断,相比于企业其他人员来说无疑是最有发言权的。律师服务质量的把控,可谓法务部进行外部律师管理的核心目标。法务总监通过自身对企业委托给律师事项的理解,结合法律规定,对外部律师的工作成果进行专业的把关,并采取措施督促外部律师为提高其工作质量而采取行动。(2)控制外部律师费用。律师费作为企业的一项重要开支,越来越受到企业的重视。法务部也要同其他部门一样严格控制企业支出,为企业节省成本。法务总监通过对委托事项的筛选、对律师的选择、对律师费率的讨价还价,可以帮助企业在同等支出的情况下得到最优、最恰当的外部律师服务。对律师费用的严格要求,虽然会导致企业法务人员与外部律师之间的关系发生一些微妙的变化,甚至会产生冲突,但出于当今企业法务工作理念的考虑,法务总监以此为目标也是值得的。(3)与外部律师共同防范企业法律风险。对外部律师进行管理的最终目的,还是防范企业法律风险,处理企业法律风险。这是法务部的核心工作。但在日益变化的经济环境下,仅靠法务部及法务总监的力量是不够的。因此有必要借助外部律师的专业和经验,取长补短,共同将企业法律风险防患于未然。这是法务部门进行外部律师管理的终极目标。

法务人员对外部律师提出业务及工作方式等方面的要求,可能会被认为是对外部律师的一种干预。有人认为,这种干预会影响外部律师作为独立的职业工作者的中立性,从而会影响企业聘用外部律师的本来目的。这涉及法务人员对律师工作的“管理”深度问题。显然,法务人员确实不能越俎代庖,明示或暗示外部律师出具法务人员所希望的法律意见,除非该意见正好也是外部律师根据其自身专业判断之后认为应该出具的。但笔者认为,外部律师作为有“牌照”的专业工作者,必须有自己的职业判断力和职业素养,其对某项交易的意见必须独立发表,不应受其他法律之外的因素的影响。这也提示法务人员在进行外部律师管理时,还有个“度”的把握问题。

二、法律服务市场

如何进行外部律师管理,首先要对律师有所了解。律师,像任何职业人士一样,永远都只是在一定的工作环境下采取行动的。环境,可从宏观、中观和微观三个角度来观察。律师的宏观环境,是指律师是在整个法律服务市场环境下开展执业活动的。

法律服务市场是由像律师一样的法律服务提供商作为卖方,个人、企业、政府和其他组织等作为买方所组成的专业服务性市场。法律服务提供商可以是律师,也可以是仲裁员或公证员、专利代理人以及实际提供法律服务的咨询人员,还可以是像法务总监一样的企业内部法律顾问。当然,律师、公证员等在提供服务的时候,通常必须以其所在机构,如律师事务所、公证处等的名义进行。法院的法官、检察院的检察官、仲裁委员会的仲裁员、政府的法制工作人员、公安部门的侦查人员等,虽然广义上也是法律服务人员,但他们的服务并非商品,无法市场化,因此应排除在法律服务提供商范畴之外。企业内部法律顾问,即法务人员,对其所提供的内部法律服务不单独向企业收费,但基于服务的可定价、人员(服务)的可流动等比较符合市场化、商品化的特点,本文将法务人员界定为法律服务提供商的一类。律师,在中国还有个“小兄弟”——基层法律服务工作者,即未取得律师职业资格,但领取了《法律服务工作者执业证》的人员。在中国,他们可以和律师一样作为诉讼代理人参加民事诉讼。这是中国特色,是历史发展的产物。总体来说,律师是法律服务市场的主要卖方,法务是企业内部法律服务的提供商。

法律服务市场中被出售的产品是法律服务,其中包含了提供商的知识、经验、技能和相应的态度、情感以及传送这些信息的设备、技术。客户对提供商的产品的满意度,最终决定提供商可获得的回报金额。因此,客户满意度,是法律服务市场对律师的第一个要求,也是核心要求。在以律师为卖方的法律服务市场,企业处于买方地位,然而随着企业法务的兴起和强大,一个很有意思的现象出现了——“公司法律顾问对于一个为企业工作的外聘律师而言越来越像客户,因为他是外聘律师联系企业和搜寻信息的接口。”[1]法务人员同时作为法律服务市场的买方和卖方存在。作为买方时,他们对外部律师的服务进行审查,提出标准和要求;作为卖方时,他们为企业高层及企业员工提供法律咨询、法律文本和方案。

在法律服务市场内,作为卖方的律师不仅要说服企业决策层,而且越来越多地要说服企业法务人员,特别是法务总监。这对律师的专业性及服务质量的要求无疑是提高了。律师的竞争压力也变大了,靠单纯的人际关系已无法“征服”一家企业,因为该企业里有律师潜在的挑战者、监督者。这改变了律师的竞争规制,也改变了律师所在的法律服务市场的竞争格局。

---

〔1〕 参见[美]卡罗尔·巴斯里等:《公司法律部》,本书译委会译,法律出版社2010年版,第263页。

三、律师事务所的运转

律师事务所由律师、助理人员、行政人员三大类群体组成。其中律师又可分为合伙人、负责人(主任)、专职律师、兼职律师等,助理人员包括实习律师、律师助理、其他辅助人员等,行政人员包括办公室人员、会计、接待员等。律师事务所作为一种组织,其群体构成简单、明确,且其运转是以精英律师的代理活动为基础的。这些“精英分子”利用自身业绩和专业技能的影响力将其他群体的劳动组织到律师事务所当中。业绩前列的律师是律师事务所的核心,其工作的效率和效益决定了律师事务所的整体环境。

律师事务所的组织特征,与律师的作业方式密切相关,这区别于法务总监的作业方式。首先,在律师事务所中,律师最渴望解决的问题——也是区别单个律师的标准——是作业启动的数量与质量。启动取决于律师与当事人的互动。律师是“以客户为中心”的。法务总监也“以客户为中心”,但不必担心是否有“作业”。律师事务所的律师,可以说整个执业生涯都围绕如何启动作业,如何收到足额的代理费用进行。其次,在律师事务所内部,没有强烈感情意义上的晋升制度。律师的职务对律师来说,并不与其薪酬直接相关。因此,从某种角度上看,律师的晋升不重要,“金钱才是重要的”。再次,律师事务所的作业方式原则上是简单的,成员表现得富有理性。由于处处可预见,行政人员对精英者的依附强于对组织的依赖。可以说,律师事务所把资源都集中在成果之上。以业绩为导向,是不言自明的。最后,律师事务所的成员可能都认为,组织只是提供了一个场所,成员们在此借以谋生,同事们个个非常理性,缺乏集体的精神需求,所以难以产生明确的组织归属感。

律师事务所的组织特征决定了律师的行为偏好。律师以业绩为导向,愿意以客户为中心。在专业追求上,律师认可精益求精的想法,因为这是其长期发展的需要。律师对专业的忠诚远胜过对组织的忠诚。一个律师在回答以什么为生这样的问题时,总是会说“我是律师”,而不会说“我在某某律所工作”。因此,一个律师,就犹如一个企业的高管和知识型员工,他们的激励应该是以自我驱动为主。按照律师自己发现的最有效率的方法来安排自己的工作,提供给他们专业知识的培训机会,搭建行业交流的平台等,比定规则、发指令更会受到律师的欢迎。鼓励个人成长、自治和创造性成就等要素,是组织对知识型员工的主要激励方式,[1]也是律师事务所对律师的主要激励方式。

律师喜欢在律师事务所内部组建团队。采用团队是基于客户需要更专业的法律知识、更有力的谈判力量、更丰富的行业经验等原因。[2] 组建起来的律师团队有助于以下工作:更加有力的市场营销、法律服务含金量的提高、市场竞争能力的增强、律师知识技能的扩大等。当然,律师团队也会产生一些成本,如“搭便车”、协调费用等。

四、律师的工作内容

了解律师的日常工作内容,是理解律师的最好方式。如前所述,我们把律师的工作看作一个提供专业法律服务的过程。按照美国生产力和质量中心(American Productivity and Quality Centre,APQC)对过程的分类框架,可将一种复杂的专业服务的运作过程分为五个阶段,分别是:愿景和战略的制定、产品和服务的设计与开发、产品和服务的市场营销、产品和服务的提供以及顾客服务的管理等。[3] 用这种分类方法来描述一名普通的律师的日常工作内容,可分为如下几部分:

1. 律师定位和计划。一名执业律师首先必须思考和实践其专业上的定位问题。因为现在法律体系、法律条文和法律案例已经多得让任何一名律师无法完全掌握其全部内容。律师只能根据自身情况,选择一到两个领域深入研究,方可取得一定的专业成绩,也方可为客户提供满意的法律服务。那些“万金油”式的律师、号称什么都懂的律师,逐渐会因其无法提供合适的法律服务而被市场淘汰。

2. 专业知识的学习、积累与法律服务产品的开发。在明确了专业领域方向后,律师必须不断地学习所定领域内的知识、法规政策,熟悉该领域的行业与商业背景,并开发出相应的法律服务产品。如某律师定位于劳动争议专业方向,那么该律师日常的工作就应该围绕劳动争议所有相关法律知识、判例进行学

〔1〕 参见[英]劳里·J. 穆林:《管理与组织行为》,李丽、廖羽、闫甜译,经济管理出版社 2008 年版,第 511 页。

〔2〕 参见[美]Mary Ann Altman,Robert I. Weil:《律师事务所管理》,冯蕊、刘斌等译,社会科学文献出版社 2006 年版,第 60 页。

〔3〕 参见[加]Jean Harvey:《复杂服务过程管理——从战略到运营》(第 2 版),上海市质量协会、上海质量管理科学研究院译,中国质检出版社、中国标准出版社 2013 年版,第 63 页。

习，并考虑如何将自身专业知识体系化、系统化，并最好能有形化。

3. 法律服务产品的市场营销。在掌握一定专业技能之后，律师的重点即应为将自己拥有该技能的信息传达出去，与潜在客户建立联系，保持沟通。在条件成熟时，与客户达成委托代理关系。律师要研究市场营销的技巧，摸清律师行业营销的规律，布局业务营销渠道。这个工作内容占据了很多律师的很大一部分时间，然而大多数律师在此收获甚微。

4. 法律服务产品的交付。客户委托律师之后，律师必须尽其所能地运用自身法律知识、技能与技巧帮助委托人实现商业目的。很多律师也注意到，自己交付的其实不仅仅是一纸文件或一句忠告，而是律师的责任心、同情心。法律仅仅只是一方面，对商业的认识、对企业的熟悉、对委托人的情感，都包括在交付的过程中。这样的交付，才能获得委托人的重视，从而使委托人持续委托。

5. 客户维护与管理。单个委托事项完毕之后，律师有必要再拜访客户，与客户就其需求进行交流。这是律师经常忽略的事。但其实，客户维护是最为明智的事，也是最为“小投入，大产出”的事。现在的客户要求苛刻，且想法多变，竞争者又常常“无孔不入”，所以律师也应专门花时间用于客户维护与管理。

以上五部分，基本涵盖了律师的日常工作内容。值得强调的是，五个部分是把律师提供法律服务视为一种专业服务运作过程来进行描述的，但其中缺少支持性工作的描述。如律师日常工作中会涉及信息技术管理、人力资源管理、财务管理、办公行政管理等支持性工作。本书不再赘述。另外，实践当中，律师的日常工作虽然可分为五部分，但这五部分是没有严格的顺序的，即任何一个律师都可能随时处于五个部分的一个或多个工作状态中。

五、律师的思维特点

法务总监要进行有效的外部律师管理，理解律师的思维特点也是非常重要的。任何一个职业群体总是有其可总结的思维特色。这与该群体的工作内容和工作性质密不可分。根据律师的工作特点，可总结律师的思维特点如下：

1. 多元性思维。在不同案件中，律师为维护不同当事人利益，可以对于同一类法律问题寻找不同的理论依据和法律依据，主张不同的证据规则，得出不同甚至相反的结论——只要合乎逻辑而且有事实、法律、法理支撑。这是职业要求。律师只是客户利益的代理人，而客户利益可能是完全对立的。

2. 建设性思维。建设性思维，是指通过提出与以前不相同的但合法、合规、合理地解决问题的思维。律师不能满足于挑毛病、指风险，却不提供解决方案，应当将自己融入客户事务中，配合客户做事，提出有建设性的建议或意见。

3. 规则性思维。这是一种以权利义务为基点，以合规性优于客观性的思维。如没有履行合同不必然等于违约、没有来上班不必然等于旷工、没有完成某项工作不必然等于失职。前提都是要有法律规定、制度规定或合同约定的明确的权利义务。从管理上则要求规则明确，规则透明，规则稳定，规则公平。

4. 程序性思维。该思维特点强调程序先于实体，形式优于实质。讲究讲理不讲情，对事不对人。讲究决策的程序化，执行的非人格化。这种思维方式可能会与企业商业运作的要求相违背，那时就要求律师能灵活运用，考虑具体场景，而不能一味坚持所谓“程序”。

5. 证据思维。律师都把事情往坏处想，总是考虑可能发生，也可能不发生的事件。为保证意外情况发生时能够占据主动地位，他们总喜欢留痕或让别人留痕。这就是证据思维，是长期接触诉讼案件促使律师养成如此思维的。

第二节　外部律师的聘用

法务部对外部律师进行管理，第一步是了解律师及其所处环境。接下来，法务人员就要考虑如何启动对外部律师的聘用。聘用过程是个对内与对外结合的过程。对内，法务人员须考虑企业的决策流程，企业的业务需求；对外，法务人员须考虑外部律师的核心竞争力以及如何建立通道来获取有竞争力的律师服务。

一、外部律师的聘用权

在集团性公司或具有一定数量的分、子公司的母公司里，对于外部律师的聘用一般有两种模式，即集中管理式和授权式。集中管理式，是指法务部位于公司总部，对公司所有分、子公司聘用外部律师进行统一把关。集中管理式还体现为一种形式，即总部对于某一领域的律师进行统一聘用，然后让其服务于各分、子公司的相同领域。如总部专门聘请一名著作权律师，由他为各分支机构的所有著作权事业提供法律服务。授权式，是指总部有自己聘请的外部律师，分、子公司也拥有自己的外部律师队伍，他们与总部的业务是相对独立的。

分、子公司的外部律师向分、子法务部汇报,在分、子公司未设法务部时,外部律师直接向分、子公司的负责人汇报。

在集中管理模式下,一般先是企业高层要求法务总监发起建立一个明确的外部律师管理制度。当然,法务总监主动提出应该建立这样一个制度的也不在少数。通过外部律师管理制度的制定,企业规定所有请求外聘律师协助或要求外聘律师的申请都必须通过法务部提交,并由法务总监进行审核。法务部是外部律师聘用管理的"归口部门"。各业务部门如果想聘用外部律师,如带区域性的运营部门想聘请当地律师提供日常合同审核服务,那么其应当将律师事务所、律师的基本情况材料以及聘用协议报送总部的法务部,由法务部进行审核,按制定的外部律师管理制度的规定,作出是否聘用及如何聘用的决定。

在授权模式下,总部的法务总监可将外部律师的聘用权授权给分、子公司法务部或者分、子公司的某个经同意的业务部门。这种安排一般是基于地理位置、律师成本、律师特定专业要求等因素考虑的。如在一个偏远的县级区域,由总部直接参与对当地律师的聘用似乎是不恰当的。其原因就在于,如果由总部直接主导,对当地律师的熟悉程度、律师服务的接收、律师服务质量的反馈,对于总部来说都是一件困难的事情。不如授权给该分、子公司的法务部或业务部门,由他们来进行符合实际的外部律师选聘工作。当然,应注意的是,在该模式下,总部的法务总监应设立衡量标准来确定何时需要将事务转回总部法务部来处理。如律师费用超过某限额,事务范围超出该分、子公司人员所能代表公司行使的权限等。

二、聘用外部律师的时机

为满足企业的全部法律事务的需求,法务总监既使用企业内部法律顾问——法务人员,也使用外部律师。使用内部法律顾问的好处是他(她)们熟悉企业情况,便于管理,对于反复出现的问题可以积累经验,响应时间短,并可以安排一些预防性的法律研究工作。缺点是他(她)们对某些领域的事务是生疏的,是不具备相应解决能力的。而这正是外部律师的长处,也是聘请外部律师的一个时机。

企业处于不同的时期,对于聘请外部律师的需求也是不同的。如处于发展扩张期的企业,比处于稳定期的企业更需要聘请外部律师。处于扩张期的企业,面临多种新的需求,劳动政策、股权激励、贸易规则和融资机会等法律规定和外部环境不断变化,企业在内部有能力处理这些问题之前,聘请外部律师还是非常有必要的;处于稳定期的企业,涉及的法律问题相对固定,管理层对其可能遇到的法律问题也较为熟悉,日常的法律事务已逐渐成为一种常规的工作。对这些企业来说,外聘律师主要会应对一些诉讼处理场合。

企业遇到一些例外或紧急问题,可能会迫使企业聘请外部律师。例外问题对于法务部来说,是新的法律问题,对于管理层来说,也可能是新的业务问题。这都需要有曾从事该问题的相关外部律师来协助完成。因为对这个企业属于例外问题,对其他企业可能是常规问题。而律师同时为多个企业服务,可以把其他企业的经验纳入为本企业提供的法律服务内容当中。法务部人员也可以从律师的相关经验中获益。

法务部需聘用外部律师的另一种情况是,外部律师掌握企业所需要的特定资源,特别是人际关系方面的。与某些特定的官员或机构打过交道,往往是一些企业聘用外部律师的原因。

还有更多的情况是,出于法律、法规或第三方的要求,企业必须聘请某一领域的专门律师。如企业对外公开发行公司债,根据监管部门的要求,必须提交一份由独立的律师事务所出具的法律意见书。这时,即必须聘请外部律师来制作该法律意见书。另外,在某些场合,第三方要求企业聘请特定领域的律师,该律师的参与可使参与交易方更放心。这也导致了外部律师的聘用。

以上是聘请律师的一些时机,要注意的是,不能拖到形势严峻时才决定聘用外部律师,也不应限定只有紧急情况下才聘用外部律师。如果要聘请外部律师,那么越早聘请越好。尽可能早地引入外部律师,便于外部律师提前筹划安排,预防和避免危机发生,从整体上讲,也能节省一笔律师费用。

三、聘用外部律师的考虑因素

无论是对于企业,还是企业法务部,聘请外部律师都是一项重大决定,在选择外部律师时都应谨慎。在选择外部律师事务所时,应关注该律师事务所律师的素质、律师事务所的策略和方法、收费是否具有竞争力;对于律师的选择,则应根据其工作的有效性、工作经验等进行判断。没有一个普遍适用的方案可供法务部选择,以挑选出各方面都合适的律师事务所及律师。但存在以下几个排在前面的因素,可供法务总监参考:

1. 该律师的专业经验与业务需求的匹配程度。企业是在内部法律顾问无法完成或完成成本高于外包的情况才聘请外部律师的。术业有专攻,每位律师都有其相对专业的法律服务领域。选外部律师时,首先要考虑的是该律师的专业技能与技巧是否符合特定业务的需要,是否能将特定业务法律问题"搞定"。需求的满足是第一位的,否则便丧失了外包的意义。如在一场复杂商业交易中聘请一位擅长诉讼的律师,可能成为这场交易的灾难。因为这种类型的律师,会提出各种几乎不可能发生的或概率极小的事件,并会要求双方就此进行无休止的讨论。这与商业交易所要求的快速、高效,是截然相反的。弄不好的话,将使得双方谈判崩裂,交易终止。

2. 收费是否合理。最贵的不一定是最好的,然而最便宜的也不一定是最好的。虽然说企业要控制外部律师费用预算,但是在该花钱时一定要舍得花。这里的误区之一是,很多企业是根据律师的名气做选择的,认为律师收费高,名气大,那么所起的作用也大。其实,这种观念是不恰当的,名气大的律师,虽然收费高,但不一定就是对企业法律业务擅长的律师。误区之二是,企业迫于预算压力,仅聘请报价最低的律师,期望以较小的代价让律师提供更多的服务。这也是不符合价值规律的,在法律服务领域,没有打折的律师,只有打折的服务。

3. 律师服务的响应速度。为什么律师对需求的反馈时间会成为聘用外部律师应考虑的重要因素之一呢?是因为随着市场竞争激烈程度的加剧,法律服务作为业务运作中的重要一环,必须紧紧跟随业务。法务总监在企业内部要求法务人员必须对企业的业务事项进行快速反馈,对于外部律师也应有类似要求,以保证法务部提供内部法律服务的一致性。

4. 考虑能注重解决问题的律师,而不是能研究问题的律师。[1] 很多法务总监总结,在解决商业争端中看重实效的律师,比那些单纯的法律专家更受企业的欢迎。法律专家在解决商业问题中不一定能发挥多大的作用。这一点在诉讼中显得尤其必要。因为诉讼争议一般都源于重大的商业交易,需要一名理解商业交易过程的律师提出策略性的解决方案,该方案应考虑商业交易的现实情况和未来情况,必须提出针对商业的解决办法,而不仅仅是法律的分析或法律的"解决办法"。事实上,如果不能与商业交易结合的话,单纯的法律方案几乎解决不了任何问题。

---

〔1〕 参见[美]Mary Ann Altman,Robert I. Weil:《律师事务所管理》,冯蕊、刘斌等译,社会科学文献出版社 2006 年版,第 97 页。

5. 选择外部律师事务所有个“家”数的问题。是选择一家,还是同时数家?一家律师事务所,可能是家综合性的、大型的律师事务所;数家律师事务所,可能是专业型的中小律师事务所或当地律师事务所。两种方式各有优缺点。大型律师事务所能一站式满足大型集团公司全方位的法律需求,但报价可能较高,响应速度不如其他较小律师事务所。专项的小型律师事务所因为竞争激烈,能间接促进其提高服务质量,降低服务价格,且对某一细分领域能有独到的研究和服务。

综上所述,企业应通过考虑各种因素,择优选择。最佳方式是只购买每个律师事务所及律师所提供的最好的业务,避免为无足轻重的律师服务付费。

四、外部律师的聘用途径

法务总监的挑战是如何为每项需要外包的任务找到合适的外部律师。这靠“临时抱佛脚”肯定是不够的。在平时的工作中,法务总监就必须积累能寻找到合适律师的途径,并保持这些途径能得到及时的更新。事实上,这些途径基本会覆盖律师的市场营销渠道,不过方向是相反的。一个是买方在寻找合适的卖方,另一个是卖方在搭建促进买方购买的渠道。外部律师的聘用途径如下:

1. 通过朋友、同学、老乡以及其他人员的介绍。在中国,人际纽带的中心仍是亲情、友情、师生情、乡情。人们在这些情感因素的基础上建立生活的联系,也建立工作的联系。尽管法务人员、律师都是专业人士,都具有理性的思维,但他们处于这个大环境当中,仍摆脱不了各种以“人情”为名义的干预。各种亲情、友情等,能快速把人与人之间的距离拉近,快速在律师与委托人之间建立信任关系,从而形成委托。

2. 私人的认可和熟悉。也许某企业老板在一个场合无意之中正好认识了某位律师,随着后期交往,老板逐渐熟悉该律师,那么他们的委托关系很自然地就形成了。尽管这位老板的企业有法务部门,在企业有需要时,还是会第一时间想到委托该律师作为外部律师。

3. 法务总监出席会议或参加某次讲座。法务总监在活动上认识了某位正在台前演讲的律师,对其专业能力与经验都深为感触,那么这种情况下,也很容易达成未来的委托关系。这正是现在越来越被广大律师所认可的演讲推广方式。通过不断地就某个主题进行演讲,律师很容易形成一定的专业上的声望,并能转化为律师眼中的“案源”。

4. 律师自身撰写的文章、编著的书籍、发送的法律简讯、网上的介绍等。律师的这些作品被法务总监读到、搜索到后,认为正好与企业的法律需求相吻合,这种情况也容易形成委托关系。但要注意的是,由律师自己推送的信息显然都是为他们自己服务的,对于是否真的反映了该律师的实战水平,还需要企业的亲自检验。

5. 行业协会的推荐、律师协会名录、法学院联系。通过这种方式,法务总监认识了被推荐的律师,进行商谈后,发现该律师水平确实高,符合企业的法律服务需要,这种方式也能形成委托或聘用关系。

6. 企业主动建立起的律师目录。在目录上会记载该律师事务所及律师办理过的案件、项目,以及企业与该律所及律师的合作过程,企业不断充实和更新该目录内容,并最后使其成为一个数据库。当企业决定要聘请外部律师时,就会从该律师数据库中挑选出合适的律师。

7. 依靠律师事务所的品牌、律师的名声等来选择外部律师。律师是提供专业服务的,名声和品牌对他(她)来说,就是生命。品牌越强,不安定和怀疑就越少。[1] 品牌是有意识的市场营销的结果。品牌能帮助买卖双方迅速建立信任关系。有时,企业就希望聘请一位知名的大律师作为自己的代理人或辩护人。如在公司员工侵犯商业秘密案件中,企业往往倾向于聘请一个曾处理过多例类似案件,且经常在媒体上发表演讲的律师,因为这个律师届时也可能利用其影响力来获得广泛的公众关注,而这有时是企业希望看到的。

8. 通过其他来源。有时,刻意去寻找合适的律师,反而不容易找到。但往往在一些偶然的场合,却会发现最适合担任某个项目或某件事项的外聘律师。那时,就不要犹豫或拘泥于一定要通过什么固定的途径去寻找外部律师。只要是合适的,可以不问来源。

在法务部挑选外部律师时,由于各种相关信息充斥于周围,法务人员可能无法选到合适的律师以获得满意的服务。那么在这种情况下,就选出次优的律师事务所及律师,与律师保持紧密的沟通,要求他们承诺积极主动地代表企业去争取利益并完成所委托的事项。当然,承诺是双向的。为获得所期望的服务水平,企业也必须愿意付给外部律师合理的报酬。

---

〔1〕 参见[美]Mike Schultz、John E. Doerr:《专业服务营销——世界顶级服务型公司的成功之道》,屈云波、冯海译,企业管理出版社 2010 年版,第 14 页。

典型示例 23

▶ 某集团外聘律师管理办法

第一章　一 般 规 定

第一条　为加强对集团及下属公司(以下简称集团或公司)外聘律师工作的管理,确保外聘律师为集团的经营管理提供高效、优质的法律服务,特制定本管理办法。

第二条　公司应按照本办法规定聘请律师事务所的律师担任常年法律顾问和单项法律服务顾问。

第三条　聘请常年法律顾问是指公司(以下又称签约单位)与律师事务所签订常年法律顾问合同,由律师事务所指派执业律师在一定期限内为公司提供法律服务。

第四条　聘请单项法律服务顾问是指公司与律师事务所签订单项法律服务合同,由律师事务所指派执业律师为公司提供包括案件代理、非诉讼项目及其他专业法律服务。

第二章　聘 用 条 件

第五条　律师事务所应同时具备以下基本条件:

(一)经司法行政部门依法批准成立 3 年以上;

(二)最近 3 年内没有受到行政处罚或行业处分;

(三)信誉良好、价格合理,具备较强的风险承受能力;

(四)在全国或本地区综合实力或单项专业实力排名靠前;

(五)在公司制定的优选律师事务所名单内。

上述优选律师事务所名单,由集团法务部就公司所涉及业务领域内的专业律师进行市场调查,并对相应领域的优秀律师进行排名,形成优选名单,报公司领导审批后,以该名单内律师事务所作为优选律师事务所。

第六条　律师应同时具备以下基本条件:

(一)具有律师执业证并已按时办理年检手续;

(二)在业内具有良好的个人声誉,无不良执业记录;

(三)具有较强的业务能力、协调沟通能力和良好的社会关系;

(四)具有所委托事项的相关专业经验、成功案例等。

在聘请律师担任诉讼或仲裁案件代理人时,承办律师与办案机关的人脉关系作为聘用条件之一。

第三章　常年法律顾问

第七条　公司就日常经营性事务可聘用律师事务所提供常年法律顾问服务。分公司及职能中心不得聘请常年法律顾问。

第八条　常年法律顾问的工作内容:

(一)就合同等法律文件出具法律意见;

(二)参与重大项目的合同起草、合同谈判;

(三)就日常经营问题提供法律咨询;

(四)参与重大风险事件的处置或提供法律意见;

(五)其他需要常年法律顾问承担的工作。

第九条　外聘律师从事法律顾问工作应当签订法律服务合同。该合同必须详细列明法律顾问的职责、费用及支付方式、合同期限、考核方式、保密条款、违约责任及争议解决方式等。常年法律顾问聘用期限原则为一年。

第十条　常年法律顾问费用一般采取定额付费方式。定额付费指根据法律服务合同,公司向律师事务所按照约定的固定金额支付律师费的付款方式。

第十一条　采取定额付款聘请律师,首付款比例一般不得大于40%,且原则上应在签订顾问合同起一个月之后支付。

第十二条　对于经我方评价不能有效完成常年法律顾问服务的,应当通过合同约定我方有权酌情减少支付法律服务费用,具体以法律服务合同为准。

第四章　单项法律服务

第十三条　公司有下列情形的,可聘用律师事务所提供单项法律顾问服务:

(一)IPO上市、债务融资,资产证券化、大型项目投标等重大事项,法律规定或交易对方要求必须以律师事务所的法律意见书作为要件的;

(二)重大法律纠纷必须通过诉讼、仲裁解决,且内部法务人员无法单独完成或外聘律师完成效果更好的;

(三)重大投资项目或海外项目的尽职调查、合同拟定等需要借助律师的特有经验或技能的;

(四)其他根据需要单项法律服务顾问承办的事项。

第十四条　单项法律顾问费用可采取定额付费、风险代理付费等方式。风险代理付费指根据法律服务合同,公司根据律师工作的结果支付律师费的付款方式。

第十五条　对于本办法第十三条第(一)、(三)、(四)款所列情形,原则上采取定额付费方式;对于本办法第十三条第(二)款所列情形且同时符合以下条件之一的,原则上采取风险代理付费方式:

(一)案情复杂,争议较大,没有可供参考的先例判决的案件;

(二)一审处理效果不佳,上诉阶段欲更换代理律师的案件;

(三)再审案件;

(四)其他采用风险代理对公司更为有利的案件。

第十六条　采取风险代理聘请律师,风险代理费比例不得大于争议标的额的30%,且必须在达成约定的法律服务工作结果之后支付。对于没有达成约定结果的,一律不得支付律师代理费,但可根据约定支付一定的工作费用。

第五章　外聘律师考核

第十七条　集团法务部为外聘律师的管理部门,负责律师的选用、监督和评价。

第十八条　集团各职能中心及下属公司应按"谁使用,谁签合同"的原则聘请律师。签订法律服务合同之前,上述单位应按公司授权流程,应将以下第十九条所规定的材料报集团法务部审核。经公司授权领导批准后,上述单位方可签订法律服务合同。

第十九条　拟签约单位应上报以下材料:

(一)该法律事务事项的基本情况和相关资料。

(二)签约单位对该法律事务的分析处理意见。

(三)拟聘律师及所在律师事务所的基本情况及相关材料。

(四)法律服务外聘方案及拟签订的法律服务合同。外聘方案应写明法律服务范围、律师费计费方式及其理由等。法律服务合同应按本办法规定的条件予以起草。

(五)公司要求提供的其他材料。

第二十条　集团法务部按本办法规定对律师工作进行评价,作为律师选用、更换和续聘的依据。评价分为季度评价、半年评价和期终评价。三种评价方式对常年法律顾问均适用;季度评价、期终评价适用于单项法律顾问。

第二十一条　评价适用百分制,满分为 100 分,分四个等级。60 分以下为不合格,60 ~ 75 分为合格,75 ~ 90 分为良好,90 分以上为优秀。

第二十二条　对于季度评价得分为不合格的律师,签约单位应当根据法律服务合同要求其所在律师事务所更换律师。对于更换三次律师,在后期评价中仍不合格的,签约单位应当更换律师事务所。

第二十三条　对于半年度评价得分为不合格的律师,签约单位应当根据法律服务合同要求其所在律师事务所更换律师,同时减免一定的律师费用或者提前解除该法律服务合同。

第二十四条　对于期终评价得分为不合格的律师,签约单位应根据法律服务合同要求律师事务所减免律师费,并将该律师事务所从备选律师库中剔除,今后不得再与其进行任何形式的合作。

第二十五条　集团法务部应按下列时限对外聘律师工作情况进行评价:

(一)对于季度评价,应于每季度期满之后 5 日内完成评价;

(二)对于半年评价,应于半年期满之后 10 日内完成评价;

(三)对于期终评价,应于服务期满之后 15 日内完成评价。

第二十六条　集团法务部或签约单位应要求律师于第二十五条规定的期限,向公司提交律师工作报告。律师工作报告应详细记录律师具体工作事项及工作成效。签约单位收到律师工作报告后三日内应连同签约单位自身对律师的评价意见一起上报集团法务部。法务部结合律师工作报告及签约单位意见等,给出最终评价意见。

第二十七条　签约单位应当依据本办法规定,特别是对律师及律师事务所的考核规定,与律师事务所签订法律服务合同,以加强对外聘律师的管理。

第六章　奖　　惩

第二十八条　对于严格执行本办法规定,在聘任外部律师的过程中,对律师及律师事务所的工作进行有效监督,完善对外聘律师的管理机制,防范公司风险或减少公司损失的,对相关部门和人员予以行政加分和物质奖励。

第二十九条　对于违反本办法规定,未按本办法签订法律服务合同的,或履行法律服务合同过程中,未对外聘律师进行有效监督管理的,或未尽职责疏于管理给公司造成损失的,对相关责任人给予行政罚分和经济处罚,情节严重的,予以解雇;造成公司经济损失的,同时追究相关人员的经济赔偿责任。

第七章　附　　则

第三十条　本办法适用于集团各职能中心、各下属公司。

第三十一条　本办法由集团法务部负责解释。

第三十二条　本办法自下发之日起施行。

第三节　外部律师的考核

企业一旦与律师事务所签订正式的聘用协议,就应考虑如何对律师的具体工作进行管理和考核了。鉴于企业与律所是平等的委托服务合同关系,本节所说的管理和考核,是指法务总监通过合同来对外聘律师的服务内容、服务态度、服务质量进行考核、评价。因此,此处的管理和考核,与法务总监对内部法务人员的管理和考核不是一回事。

法务总监通过制定相应的政策,并将这些政策要求内化到与律所、律师的服务合同条款中,促使律师的行为能够满足企业在委托事项上的目标。法务总监通过明示或默认的工作规则,界定内部法务人员与外部律师的各自工作任务,明确各自责任。更重要的是,在企业最为重视的成本和质量方面,采取有效措施来保证外聘律师的运用能够恰得其所。

一、任务边界

对于大多数企业法律事务,法务人员与外部律师均有能力处理。但对于有些特殊的企业法律事务，法务人员与外部律师的处理成本与效益是不一样的。这就要求对法务人员与外部律师进行合理分工，以便发挥各自优势，从整体上节约企业成本，提高企业收益。

适合内部法务人员处理的任务有如下几个特点：[1]（1）任务要求对企业的运营及人员有全面的认知，而这些信息从企业外部无法轻易获得。这种情况下，无论是出于信息再披露的成本因素，还是出于反馈速度考虑，由法务人员处理相关事务显然优于外包。（2）任务重复出现。如对企业的常规采购合同的审核等工作任务，交由经培训的法务人员承担，其成本肯定会比外包要低。（3）从地理位置来说，任务可以在法务部附近完成。这也是外部律师无法替代法务人员的原因之一。尽管现在法律服务越来越依赖互联网技术，但有些事，当面沟通起到的效果是邮件沟通永远无法达到的。法务人员与业务人员在一处办公，有事即可召开会议讨论，而如果是外部律师，是不可能随时随刻召开会议讨论的。（4）任务涉及预防性法律工作。如企业法律风险管理中的风险识别工作，需要从企业业务流程与制度中找到可能存在法律风险的地方，其前提是要熟悉企业及企业各岗位的职责。这方面的工作，显然也是由法务人员来完成比较合适。（5）任务涉及非法律工作，而由企业内部支撑人员和服务设施（IT 支持、文字处理、证据复印等）来完成这些工作更为有效且花费更少。（6）任务可以在企业内部及时有效地得到处理而无须竭尽法务部资源。（7）任务可以为企业法务人员带来重要的培训机会。（8）任务涉及公司重要的政策因素，由法务人员解决最为有效。（9）任务可以在内部完成，无须其他意见。

适合外部律师处理的任务有如下几个特点：[2]（1）任务涉及的公司运营和人员的信息很容易获得，法务人员处理本类事务无先天的优势。（2）任务的性质不是重复出现的，如某集团公司发行公司债券，可能该类法律事务一年或数年内也就出现一回。（3）任务要求的专业技能只能从外部律师那里获得。如企业新进入行业领域的并购事项，法务人员对该领域的政策、法规、惯例均不熟悉，那么只能借助外部律师的力量。（4）任务所在的地理位置对法务部来说相对不方便，对外部律师来说很便利。（5）任务量太大，仅由内部资源无法在相应时间内完成。（6）任务涉及敏感问题，在第三方看来，更为独立的外部律师处理

---

〔1〕 参见［美］卡罗尔·巴斯里等：《公司法律部》，本书译委会译，法律出版社 2010 年版，第 266 页。

〔2〕 参见［美］卡罗尔·巴斯里等：《公司法律部》，本书译委会译，法律出版社 2010 年版，第 266 页。

显得比较可靠客观。(7)交易的第三方、监管部门等要求使用外部律师,如IPO上市、发起设立金融机构等,法律或法规明确规定该类事务必须有律师事务所出具的《法律意见书》。(8)任务需要第三方对法务意见的再判断。内部法务虽能处理,但公司管理层认为有必要多方核实确认,因此会再行委托外部律师出具独立意见。

法务人员与外部律师的任务边界只是相对而言的。具体情况不同,具体任务不同,可能选择的结果也会不同。多数情况下,即便交给外部律师办理的法律事务,法务总监作为企业的法务负责人,仍须就该事务的处理结果向企业管理层承担起责任。

二、责任划分

法务总监统一安排法务人员与外部律师的任务分工,并最后由法务总监向企业承担责任,这一点是没有疑问的。但毕竟外部律师是职业人士,有权根据自身职业判断,对受托事务独立作出决定。这样就会导致法务总监进行外部律师管理时发生冲突。一方面,法务总监须对全部法律事务处理行为承担责任,无论是内部法务人员作出的,还是外部律师作出的;另一方面,如由外部律师作出,法务总监对其的掌控却是有限的。

因此,在一件委托事项当中,法务总监有必要对内部法务人员(包括法务总监自己)及外部律师各自的角色、职责做出划分,以协调和解决可能产生的冲突。

包括法务总监在内的企业法务人员,在委托事项中的责任至少包括:[1](1)确定在此次代理或委托事项中所要达到的目标;(2)详细列出外部律师的角色和职责;(3)为预期外部法律费用高昂的事件制定策略和预算;(4)监控策略执行情况和开支状况;(5)审批策略和预算的重大变化;(6)让外边律师及时了解公司内部进展;(7)向管理层报告事件的进展;(8)协调公司内部人员与外部律师之间的联络;(9)及时完成法务人员的分内工作。

外部律师在委托事项中的责任至少包括:[2](1)要求法务部明确界定要达成的目标;(2)对自身的角色有清晰的理解;(3)参与企业法务部所要求的关于

---

〔1〕 参见[美]卡罗尔·巴斯里等:《公司法律部》,本书译委会译,法律出版社2010年版,第272页。

〔2〕 参见[美]卡罗尔·巴斯里等:《公司法律部》,本书译委会译,法律出版社2010年版,第273页。

策略或预算的研究；(4)将重大进展及时告知企业法务；(5)有权核实研究结果，尤其当需要提供法律意见时；(6)按企业财务的要求提供收款凭证及遵守企业内部付款流程。

法务人员与外部律师之间的责任划分是必要的，但不是最终目的。通过内部法务人员与外部律师的合理分工，以最低的成本寻求企业法律事务的最佳解决方案，才是最终目标。为达到这个目标，法务总监会对外部律师提出一些要求，会指示外部律师以其最高的职业与道德标准提供最适合的法律服务，会确定一些明显可归于外部律师的工作范围。

如同任务边界不是固定的一样，责任划分也不是一成不变的。只有从具体的委托事项的商业目的及商业形势出发，我们才能看出这件委托事项交由谁承担是更有效益的，最后责任应归属于哪个主体方才是合理的。

三、费用控制

近年来，几乎所有的企业都开始对不断增长的律师费表示担忧。许多公司也开始采取措施对该支出进行统一管理。有些企业在处理小规模诉讼和简单类型的诉讼时，更多地使用内部法务或者雇佣一些相对经验较少但收费较低的律师来处理。[1]

对律师费用的控制，逐渐成为法务总监应考虑的问题。用更少的支出办同样的事，无疑会受到管理者的青睐。一些律师可能存在的过度收费的问题逐渐受到关注，相应地，费用控制措施在企业当中逐渐被运用起来。

法务总监应关注律师事务所或律师存在的以下问题：(1)过度研究。在计时收费中，律师对某一问题过度地收集资料、过度地把时间放到研究方面。与企业所要求的目标相去甚远，结果是律师抬高了收费，企业并未得到任何实效。(2)重复计费、不当计费。同样的，在计时收费中，多个律师同时参与提供咨询，或同时进行法律调研，导致律师费过高，但企业未同时受益。还有的律师将路途时间、基本法规查找时间等都全部放到应计律师费用的时间内，这是不恰当的，特别是在未主动向法务人员披露的情况下。(3)律师内部人员调整，企业需要为第二个或第三个律师熟悉情况的过程“埋单”。这一点，有时是很隐蔽的，

---

〔1〕 参见[美]Mary Ann Altman，Robert I. Weil：《律师事务所管理》，冯蕊、刘斌等译，社会科学文献出版社2006年版，第107页。

必须由法务人员明确指出来。（4）对收费的法律意见书进行不必要的文饰或修饰语言、铺垫的话太多。（5）利用公司项目培训初级律师，即指派不具备足够经验的律师来应付企业。这其实是变相地浪费企业资源，抬高企业应付的律师费用。

律师费用控制的措施可从以下几个方面来进行管理：

1. 是否要将某事项委托给外部律师。企业已越来越多地将工作交给法务部。如果必须交给外部律师处理，那么也是把其中的核心部分交出来，常规性的、辅助性的工作可由法务人员去完成。如法务部将前期研究工作的成果建库存档，并提供给外部律师。外部律师可在法务部研究的基础上开展工作。

2. 当企业发生争议需要解决时，尽量选择成本较低的解决方式，更多地运用调解和仲裁等替代争议解决机制（Alternative Dispute Resolution，ADR），而不是到法院起诉。

3. 降低外部律师费率或提高外部律师的使用效率。如限制在某些项目上的费用，要求律所详细列出账单明细。

4. 运用风险代理收费模式。律师按企业收到的裁判金额的一定比例收费，其收费金额与其工作成果挂钩。如果败诉，则律师拿不到钱。风险代理同时能避免律师的道德风险，起到股权激励的效果。

5. 与律师约定绩效考核费用。绩效考核类似风险代理，律师最后能得到的费用与其工作绩效相关联。通过约定绩效考核标准，企业能提高外部律师的工作效率，增大外部律师的工作成果。但此措施执行的难点之一就是难以制定合理的绩效考核制度。对外部律师工作绩效能否进行合理的评价，也是个难点。

6. 制定案件或项目的律师费用预算。预算尽可能地细致，包含全部的费用，并按一定阶段罗列。如某阶段出现超该阶段预算一定比例的情况，则在下一阶段必须得到弥补或本阶段超预算的部分将延迟支付。这种预算规则，将使得法务人员和外部律师都会对所应花费的律师费精打细算。

四、质量控制

尽管成本是一个重要的问题且会影响到最后结果，但法务总监必须更加关注外部律师的实际工作成果。也就是说，工作质量其实是更为敏感的问题。企业聘请外部律师的目的就是寄希望于他们高标准地完成企业所委托的法律事项，帮助企业达成商业目标。如果服务仅仅是走过场，对于企业毫无贡献，那么这种聘请就不该发生。

外部律师服务的工作质量，是指企业以及法务人员作为律师的客户，律师按行业公认标准以及客户的要求提供服务后满足客户需求的程度。虽然对律师工作质量的评价具有一定的主观性，但建立一套可操作的质量控制措施，仍是法务总监进行外部律师管理工作中最为重要的一环。

首先，外部律师提供的服务，是无形的，其“生产”和“消费”同时进行，导致服务的可感知性较差。因此，为保障律师服务的产品——体现为某份法律意见书或某交易方案或某案件开庭思路等——合乎行业标准，并能达到企业要求，法务总监有必要亲自复核律师的工作成果。在必要时，也可交由另一家律师事务所的律师进行交叉复核。通过多个行业内的不同专业人士对同一问题的反复论证，应能探测出该律师的服务质量是否真的如其所述。当然，最好的复核是等待该事项完毕之后的项目评估。这样的工作，固然会增加律师费用，但从控制服务质量，检测律师水平的角度考虑，也是值得的。

其次，通过多次复核之后，如发现律师的服务质量存在缺陷，则有必要要求律师事务所及时更换律师。二至三次更换后仍不符合要求的，则应立即解除与该律师事务所的聘用关系。这样的保护机制，应一开始就体现在与外部律师事务所的《聘用协议》的相关条款上。为加强对律师服务质量的控制，提高律师对服务质量的主动把控意识，在《聘用协议》中甚至可以增加索赔或降低服务费的约定。在符合一定前提的情况下，如有的企业的律师服务合同中约定，如法务部发现律师提供的法律文本存在三处以上文字错误的，或经法务人员提出修改意见而未改且又未做说明的，每发现一次，企业可以要求降低10%的律师费；发现三次的，企业可以要求解除聘用协议并追究律师的违约责任。这种约定，看上去甚为严厉，其目的有两个：一是对律师形成一种威慑，使其勤勉、敬业，注重工作质量；二是排除一些不良律师事务所或律师进入企业的供应商名单。

再次，在聘用条款上，对外部律师形成一种督促其提高自身工作质量的趋向，在服务态度和心态上，也有必要加以影响。积极的服务心态、良好的沟通，能保证提供服务时的“服务性质量”。律师不应简单地出具一份文书，就算工作结束。更高水平的律师，在提供文书时会花一定时间进行讲解，甚至培训。这有利于法务人员的成长，也是法务总监可以要求律师额外提供的服务。

最后，对服务质量的控制，还体现在对服务的响应和反馈时间的要求上。让客户等待，特别是无原因的等待，会对服务质量感知造成不必要的消极影响。

在律师服务传递的过程中,法务人员等候的时间是个关系法务人员的感觉、印象以及顾客满意度的重要因素。法务总监应明确规定律师的响应时间,就像规定法务人员在企业内部法律服务时的工作时限一样。如对于合同审核,外部律师应当在交办之日起 2 ~3 个工作日内即给出修改意见。如果有特殊情况超出时限的,应电话或邮件说明原因。外部律师如能经常超出法务的期望,那么其服务必将大大受到欢迎,而其聘用关系也将一直持续下去。

第四节　沟通与协作

法务部对外部律师的管理与考核,其实并不是最终目的,而是构建双方之间良好沟通的手段。法务部只有和外部律师齐心协力,共同推进企业法律事项的完成,并从法律角度促进企业的安全经营、效率经营,才能显现其价值。良好的沟通与协作,离不开双方的相互理解、相互认知。

一、法务对律师的期望

法务部在选择外部律师时,其法律知识与技能固然很重要,但具有专业知识与经验的律师很多,真正被客户大为赞许的却很少。这是因为,很多外聘律师不了解企业的运转,不熟悉法务部的工作特点,不熟悉法务总监的职业特点,仅会从法律角度提出问题。要获得法务人员的认可,必须知道法务人员到底希望律师做什么,怎么做,何时做。那么,法务人员对律师的期望有哪些呢?

1. 希望外部律师了解企业所处的行业及商业模式。如前所述,法务人员进行知识管理工作时,即应了解自己所在企业的商业模式、行业特点。认识商业模式、行业特点,能帮助法律人员提出体系性的风险防范或应对措施,而不是仅限于单个的委托事项。法务总监自己会尽力去理解企业,并认为这样做更能产生价值,他(她)当然也希望外部律师这样去做。因此,外部律师应主动花时间去学习行业知识,熟悉企业商业模式。

2. 理解委托事项的商业目标,立足解决具体问题。跟第一个期望类似,法务人员希望外部律师能主动理解企业所委托事项的目标,把解决问题放到第一思考顺位。了解行业和商业模式,是从宏观和长远的角度;理解商业目标,是从微观和当下的角度。这两方面，虽然都是法务人员自己的角度，但也应构成外部律师的角度。如在一个新型业务模式的法律架构的沟通会上，外部律师总是谈法律、谈政策监管、谈风险等对业务形成限制的话题，而不就这些限制到底会对业务产生什么样的影响进行分析，或者在限制下有无变通的办法等进行提示，那么这样的会谈肯定不会得到法务人员的认可，也不会受到业务部门的欢迎。

3. 快速出具工作成果并及时进行更新。一旦目标确定，法务人员就希望立即看到外部律师的工作成果。在对工作成果进行初步判断后，企业业务和法务提出修改意见，法务总监又希望能立即看到更新后的工作成果，而且希望律师能抱着开放性的思维来看待由企业提出的质疑。僵化的思维和呆板的法律意见，对于法务人员来说是难以接受的。有创造性的处理方式，同时也能满足商务需求的法律意见，才是法务总监希望看到的。

4. 在一些没有明确定论的场合，外部律师能出具独立的专业判断。外部律师必须要有自己的判断，不能告诉法务人员"既可能是这样，又可能是那样，但最后是什么样的，谁也不知道"这样的意见。因为这种意见让人无所适从，对于商业决策没有任何参考价值，只是在做法律理论分析。这是外部律师不愿承担责任的表现，通常会借口说"鉴于目前证据掌握不充分、信息不全面"等，目前的意见只能是这样。商业运营本就是永远处于信息不全面的基础之上的决策。法律实践，可以建立在一些假设之上，但必须给出一个独立的专业判断，而非模棱两可、似是而非、人云亦云的"大陆货"。另外，当企业高层对委托事项有不切实际的想法时，法务总监希望不仅由法务人员去进行劝说，更希望由作为外部专家的律师去说服高层改变想法。

5. 律师事务所能指派一名主要律师协调总体的法律服务。律师事务所在处理较烦琐的案子时，都会有数名律师组成一个办案小组来协同办理。此时的总体协调工作就显得很重要。法务总监希望律师事务所能对办案小组有严密的内部管理程序，并能指派一名主要律师进行协调。法务总监最不愿意看到的是因为律所没有协调好，而使企业为同一件工作重复付费。办案小组内部应保持有效的沟通，方可避免此种情况发生。

6. 外部律师能基于长期合作关系的考虑来进行合作。长期合作关系，能使双方的沟通更通畅，"噪声更少"。不能动辄提及律师费是否又超出约定了、这个或那个咨询又必须另行收费了，这些很让法务总监头疼。对于外部律师来说,收费固然重要。但一次项目的合作和长期的合作,其实会产生不同的工作心态。在保持长期合作关系下,外部律师能更遵守职业道德,更勤勉,而这正是法务总监希望看到的。

二、外部律师对法务的期望

法务部对外部律师来说,是客户,是买方。因此,大多数场合下的关注点都在于法务人员期望外部律师做什么。但事实上,了解外部律师对法务人员的期望也同样重要。

1. 希望法务人员能告诉律师企业委托的真实目的。外部律师掌握的信息明显不如企业内部人员,这在一定程度上会造成他们的困惑。为应对这种情况,律师会经常用假设来作为他们提出法律意见的前提。这不利于委托事项的解决。因此,法务总监有必要告诉外部律师企业所委托事项的商业意图和企业作为合同一方想要争取的利益底线。

2. 希望法务人员能完成一些基础工作和辅助工作之后再来咨询外部律师。法务人员希望外部律师工作高效,反之亦然。外部律师希望法务人员能收集、整理委托事项的全部相关资料,并能建立完善的工作档案,避免不必要的报告和会议。对于一些冗长而无序的会议,即便企业支付了相应的律师费,可能却依然得不到外部律师的认同。因为律师总希望做一些有成就感的事,无效的沟通会导致律师产生挫败感。法务人员应尽量避免此种情况发生。

3. 希望法务人员能利用企业资源提供支持。当需要召开跨区域的沟通会时,外部律师希望企业能有相关技术资源予以无条件支持。当复杂诉讼需要证据收集、固定或保全时,外部律师也希望企业派出得力干将,甚至是企业高层,给予其充分的人力、技术等支持,以方便律师把主要精力集中在问题的法律解决方案上。如召开视频会或电话会,或者建立项目小组网络工作群等,这类IT信息技术的运用,为律师节省了在途的时间,肯定会受到外部律师的欢迎。

4. 希望法务人员能将其最期望知悉的新的法律动态和司法判例告知外部律师。一般来说,外部律师总是可以比法务人员获得更广泛和更及时的专业信息。外部律师是法务人员持续教育的一个重要来源。司法判例以及真实的案件审理过程,更是法务人员期待了解的。因此,外部律师想促进与法务人员之间的交流,帮助法务人员成长,总是会希望法务人员能告知他们自己期望学习的知识领域。

5. 如同法务人员对外部律师的期望，外部律师也希望法务人员能向他们及时反馈委托事项的进展以及法律意见的实施效果。如果外部律师根据经验和法律规定向企业出具了法律意见或法律方案之后，在很长一段时间内得不到企业的任何反馈，直至某一天律师主动问起来，企业却回答此事已经不做了或者改方案了——这种情况下，外部律师会感到失落，觉得虽然企业向其支付了律师费，但其劳动成果却没有得到尊重。类似情况会造成双方沟通的障碍。因此，企业法务人员应将任务的进展情况定期向外部律师汇报，并可根据项目进展向律师咨询是否还有新的意见或办法。会得到外部律师真诚的回答。

三、法务与律师的沟通

明白了各自的期望，理解了各自的需求，法务与律师之间的沟通也就具备了通畅的条件。可以说，法务作为企业内部法律人士，律师作为企业外部法律人士，两者间的沟通，是在目标一致的情况下进行的专业上的对话、经验上的交流、技巧上的补充。

法务与律师的沟通，是法律专业人士之间的一种交流。共同的知识基础、共同的事项目标是他们之间沟通的有利条件；不同的工作地位、不同的事业特点，是他们之间沟通的障碍根源。一般来说，法务与律师之间的日常沟通，可能有如下三种模式。

第一种，法务占主导的模式。在这样的企业里，法务部无论对企业的熟悉程度、对信息的掌握广度，还是对管理者预期的了解深度，都是外部律师所无法比拟的。企业的法律决策最后都是由法务总监作出的，外部律师的意见只是作为参考或者作为法务总监意见的一部分。这种由法务总监占主导地位的沟通，效率高、成本低。然而，它要求具备一定的前提——法务总监本人较为强势，得到企业管理层的充分信任和支持。

第二种，外部律师占主导的模式。由于某些历史原因或法务部力量薄弱，外部律师在提供法律服务的过程中，得到了企业老板或管理高层的信任，他们认为外部律师比法务更加令人信服。对于重大事项，高层以外部律师意见为准。这会使得法务人员的身份变得尴尬。在这种局面下，法务与外部律师的沟通，有可能变得困难重重。法务总监无法支配外部律师的法律服务活动，外部律师无须向法务部这个客户负责。其实，这种情况并不少见，提示法务总监还有很多事情需要做，如提升法务人员在管理层心目中的地位、要求企业高层授权法务统一管理外部律师。

第三种,以任务为中心,法务与律师平行合作的模式。在这样的沟通环境下,法务与律师的关注点不再是以谁为中心的问题,而是共同面向任务,以解决问题为中心。如前所述,在定位上,法务人员是律师的客户,法务应是信息的发布者、行动的指示者、意见的决策者。但在实践中,外部律师由于主、客观的因素,可能在沟通中处于强势,变成了信息与行动的主管者。这种模式下的沟通,是法务总监不愿意看到的。于是,转为以任务为中心,平等对话,就成为法务总监的必然之选。因为,唯有如此,才能体现法务价值,促进法务与律师的有效沟通。

法务总监要实现外部律师管理目标,促使律师工作按企业法务部的要求有条不紊地开展,就必须改变外部律师占主导的态势,转为法务占主导或以任务为中心的沟通模式。

四、法务与律师的协作

在本章第三节中,我们分析了法务与律师的任务边界,总结了法务与律师分别应承担的工作的特点。在不同的企业中,这些工作最后的承担主体会依法务与律师的关系不同而有所不同。以任务为中心的沟通模式,最为体现法务与律师的协作关系。法务总监要克服某些情况下的律师主导模式的缺陷,以协作的心态保持与律师的平等合作。

协作,是当今所有人都在讨论的主题,体现协作方相互配合、相互制约的特征。法务人员与外部律师的协作,是弥补双方沟通不足或缺陷,提高双方为企业提供法律服务水平的需要。为达到这一共同的目标,法务与律师的协作方式可包括以下几种:

1. 联合培养法律人员。法务总监可与律师事务所的责任律师沟通,向律师事务所提供一定时期、一定范围内的人才培养。让律师完全深入企业,熟悉企业运作,熟悉企业法务部日常工作。对于律师来说,这是不可多得的观察机会,必会引起他们的兴趣。相应地,律师事务所也为企业的法务人员提供了环境和接触机会,让法务人员到律师事务所内熟悉律师的日常工作,熟悉律师的办案思维。这对于法务人员来说,同样是有吸引力的。因为,无论是律师,还是法务人员,目前的职业环境只允许他们选择一种身份,除非从该身份辞职,他们才可以去担任另一种身份。联合培养法律人员,能激发法务和律师的积极性,提高他们的综合法律服务能力，同时降低他们学习这种能力的成本，无疑会大大促进双方的沟通。

2. 在各自擅长的领域，发挥各自优势，并定期进行交流。法务人员属于企业一员，站在企业战略实施的角度思考问题，能参与企业高层的重大决策，对企业法律风险以事前防范为主，擅长预防性和日常性的法律工作。外部律师不参与企业管理，更多情况下充当“消防员”的角色，对企业法律风险以事后救济为主，擅长应急性和例外性的法律工作。法务与律师的任务分工原则上按其各自擅长领域进行，但为提高双方的沟通效果，可让外部律师向法务人员就诉讼案件、危机处理、特殊领域内的并购等主题进行知识普及；法务人员可向外部律师提供企业合同审核、流程管理、战略实施等方面的讲解和培训。这无疑会促进双方的协作，达到双方均能提高法律服务水平的作用。

第八章

法务的现在与未来

第一节 法务的核心竞争力

一般认为,企业的管理系统由低到高可分为三个层次,即任务控制、战略实施(管理控制)、战略制定。[1] 任务控制是具体业务或单个项目层面的管理系统;战略实施是企业内部整体管理系统;战略制定是连接企业与外部环境的价值增殖过程的管理系统。三个层次的工作,对企业来说,缺一不可。但论重要性的话,则应该是层次越往上的越重要。也就是说,战略制定工作在企业框架下,应赋予其更大的话语权,战略实施(管理控制)次之,任务控制最后。

本书认为,大多数法务作为企业的一员,在任务控制层面正在发挥积极的作用,但在第二个、第三个层次,目前做得不够。未来的法务人员,特别是作为法务负责人的法务总监,应积极参与企业的管理控制层面的工作,甚至是战略制定层面的工作,以最大化地实现法务价值。这是法务提升核心竞争力的方向。

一、提供有广度的法律支持

从任务控制层面来说,法务人员一直在协助企业解决某个合同、交易或诉讼事宜。该类型的工作,要求法务总监拥有足够的法律知识和法律经验,着眼于具体问题的解决。从企业整体角度考虑,合同、项目、诉讼等问题的解决,对

---

〔1〕 参见[美]罗伯特·安东尼、维杰伊·戈文达拉扬:《管理控制系统》,刘霄仑、朱晓辉译,人民邮电出版社 2011 年版,第 6 页。

于企业的发展固然很重要,但并非根本性的影响因素。

如果企业法务总监把绝大部分精力用于这些单个法律问题的解决,而未从更广的角度去思考企业问题,那么这种做法正如大多数人所评述的那样,干的只是"企业工匠"的苦力活,仅仅着眼于一砖一瓦一墙的建设,而未看到整个房子的建造,这种布局或安排,不利于法务成为企业的"中坚力量"。

法务提供法律支持,一定要站在企业整体的角度、企业业务发展的角度来进行设计和实施。

二、提供体系性的风险防范

法务人员不仅要解决企业涉及的单个法律问题,还要支持高层管理者进行企业整体的风险防范安排。从风险处理的角度来看,企业的工作可分为两种:一是利用风险,获取增量的收益,体现为企业的投资、并购、生产、营销等活动;二是防范风险,稳固存量的收益,体现为企业的合规、审计、企业文化等活动。这两种工作对应的企业管理类型,可分为"获取利益型"与"风险防范型"。法务人员与企业投资或营销等业务部门人员的不同之处,在于法务人员的思维和工作习惯的强项就是"防范风险,减少损失,稳固已有的企业利益"。因此,法务人员可天然地作为企业风险防范的最佳管理者。

法务人员应站在企业整体角度,而非法务部门角度,应站在体系性角度,而非零散的措施角度向高层管理者,特别是 CEO 提出有关企业的风险预防与风险应对措施方案。其最终目的在于预测、判断企业风险的发生,分析风险的大小以及对于企业的实际影响,在此基础上设计、采取适当的措施规避风险、转嫁风险或承受风险。

任何企业都无法回避风险。法务人员提供体系性的风险防范措施时的重要手段包括以下几种:

1. 健全制度。风险皆由行为而来,要预防和应对风险,必须对行为有所了解和规范。制度是书面化的行为规则,是企业行之有效的风险控制措施。制度是规定企业人员权利义务的书面化规则,类似于法律条文。由于"制度"的布局与结构和法务人员的工作习惯与思维习惯的吻合度都较高,因此法务人员具有起草制度、落实制度的先天优势。这也是很多企业将内部规章制度的拟定工作,均交给法务部门的原因。

2. 优化流程。法务人员和法务总监可在企业 CEO 的支持下,对企业业务运营中的风险点进行汇总，并依情况和需要设置风险管控点，落实到企业各岗位职责当中。

3. 参与决策。对于企业重大的一些事项，法务总监应在第一时间即参与事项的讨论、事项的分析，并站在企业全局角度，提出独立性的意见，其过程应类似于董事会成员对某件重大事项的决策。随着法务总监逐渐进入公司董事会或高层决策委员会，这一点已经可以实现。法务总监需要做的就是如何提出全局性的、可操作性的，与业务实际相结合的企业决策观点，并说服董事会其他成员同意实施。

4. 合规督导。在企业内部建立制度和优化流程，关键还得执行到位。督导和检查，离不开法律视野，因此由法务总监来履行这一管理职能，是很多企业的选择，也是体现法务总监支持管理的一个重要领域。

本书认为，法务工作更高一层次的目标，在于提供有效的管理支持，尤其是体系性风险防范措施。对法律的熟知，只是法务人员和法务总监提供支持的一个基础。要注意的是，法务人员应将法律知识与技能的运用作为提供管理支持的优势，而不应停留在固化的法律思维之上。这样反而会受限于法律，而不利于管理支持活动的提供。

三、提供独特的价值增值

如前所述，企业的活动围绕获取增量收益以及预防存量减损两方面展开。法务人员在辅佐增量收益（法律支持）以及预防存量减损（管理支持）等方面均能发挥作用，同时在企业独立增量收益（战略支持）方面，仍可进行探讨。

法务人员通过自身工作，为企业提供价值增值的独特路径有：

1. 法务工作本身即带来收益，如税务筹划带来的节税收入、专利申请带来的许可收入、商标运用带来的授权收入等。这种直接产生收入的法务工作并不多见。毕竟，法律工作只是辅助性的工作，没有实际的产品可供销售，所提供的服务在企业内部是不予计价的。

2. 法务人员通过提出比同行业法务人员所提出的对企业战略制定与实施更有效的方案，来获得企业整体收益的提高。这种收入是一种间接性的收入，是法务人员对企业战略施加正面影响之后的结果。

如法务人员在进行知识产权管理工作时，立足于企业实际情况，描绘企业所在行业专利分布地图，指出本企业应在哪些领域以哪种方式去获取、运用相关知识产权并从知识产权运用中获利。

又如在以投资并购为主营业务的公司当中,法务总监主导建立一套快速筛选目标公司的十大内部风控指标,公司根据这十大指标,在快速变化的并购市场中屡占先机,最终取得了大大超越竞争对手的增长佳绩。

通过具体工作带动企业价值实现增值,是法务人员工作的最高目标。这种工作理念,不仅要求法务人员必须做好单项业务的法律工作以及企业管理的支持性工作,还必须思考企业与外部环境的关系,在企业制订战略计划时即参与进去,将法务的理念体现到企业的战略当中。战略可以让企业能够更加明确自己的客户是谁,哪些事情能做,哪些事情不可以做,评估什么样的选择对企业长期有益,什么选择对现实收益有益。法务人员的思维方式,在判断哪些事情不可以做,哪些选择是长期还是短期有益等方面,可谓得心应手。

在法治经济深入发展的时代,法务总监个人的工作思维和工作能力,也可以成为企业的核心竞争力。如果一家企业,具有前瞻性的法务人才以及综合性的法务管理理念,那么在激烈的竞争中,这家企业会比对手更安全、更稳妥地达成目标。

四、提供性价比高于律师的内部服务

与执业律师不同的是,法务是企业的一员,其工作绩效依赖于企业内部高层管理者的评价。该评价并非市场化的,夹杂了企业老板、管理者的主观与客观的看法。而执业律师身处企业之外,其工作绩效依赖于律师服务的多家企业的评价,该评价是市场化的。企业聘请法务,必定是因为法务可提供不同于律师的内部服务,否则使用市场化的律师服务即可。

对法务人员的评价机制,决定了企业法务人员的工作动力。法务人员处于企业组织环境内,与上级、同事、下级一起,共同致力于企业目标的实现。企业目标越明确,对法务工作要求越具体,评价机制越符合法务人员的特点,法务工作价值就越能发挥出来。如果企业高层无力对法务部工作提出明确要求,那么该企业的法务工作就会停留在把审核合同、案件处理当作例行公事的阶段。因为没有期望,没有绩效标准,所以这样的法务工作也就无所谓好坏,而可惜的是身处其中的法务人员仍尚未察觉。这一点,执业律师有不同的动力机制。委托人的认可,是律师工作的动力来源。

企业的业务扩张推动了法务人员的成长。在一家快速成长的企业里,法务

工作尤其显得重要。多种类型的商业实践,对于法务工作提出了挑战。乐于投身其中的法务人员,能从中学到外部律师难以体会的法律实践与商业意图之结合的感觉。此时,法务工作本身充满了创新和机遇。纵观世界500强企业,很多公司的CEO、副总裁都是从法务出身,跟随企业共同成长的。这也是他们不同于执业律师的地方。单纯的律师,不管是诉讼律师,还是交易律师,如果没有在企业里历练数年,是很难被企业高层直接委于重任的。即便是从事多年法律工作的法官、检察官,如果到企业里来从事法务工作,也是需要很长一段熟悉和适应的过程。

企业最高层的重视决定了法务人员工作价值的大小。这一点也不同于执业律师。律师的工作价值是得到委托人的认可,最终体现为律师创收的多少、律师名声的大小,但法务人员的工作必须得到企业领导的支持和信任。在企业组织环境下,任何工作的开展都必须得到管理层的承诺和支持,法务工作也不例外。法务人员寻求高层的帮助,便是判断法务总监是否摸清法务工作规律的一个标准。

综上所述,法务人员要时刻记得自己并非一名执业律师,并非只需完成法律任务即可。法务人员务必深入企业各部门,与各人员进行沟通与交流,将自己置身于其中,如此提出的法律意见、法律方案才会真正符合企业的需要,也才能在企业中真正被别人尊重,由此产生的竞争力才是执业律师不可被取代的关键所在。

第二节　从法律支持到法律监督

如本书第二章第二节所述,公司法务部的工作分为专业性工作、管理性工作、行政性工作。其中,专业性工作又分为合同、合规、诉讼、投融资等。随着经济发展和企业兴衰,法务部的工作会有哪些变化? 显然,在不同环境和不同发展阶段,一家企业的法务工作内容的表现形态和操作边界是不同的。总结各企业法务发展情况,结合法务人才市场和政府监管部门对法务部的最新要求,我们可看到法务部的工作范围和理念的变化趋势。

法务部的工作范围其实一直在变化或调整。这种变化或调整,不是后面的取代前面的,而是后面的在前面的基础上增加,前面的工作并没有消失。例如合同审查,自始至终都是法务部的基本工作。按照这种思路,本书将某时期增加了某类较为重大或重要的法务工作,视为一种“进化”。这样的“进化”,本书认为有四次。至今,现行法务部的工作包含了四次“进化”的成果,且这四次“进化”同时并存,从法务 1.0 到法务 4.0。要强调的是,法务“进化”时不仅是增加了法务工作内容,而且已存在的某项法务工作,其操作方式和理念可能也会发生变化或得到优化。

一、法务 1.0:法律支持为主

法务 1.0,是指法务部的基本工作范围。包括合同审查、诉讼仲裁、法律咨询、法律培训等传统意义上的企业内部法律顾问的工作内容。法务 1.0 是企业对法律的一般需求,发端于企业法律顾问制度之初。

1. 合同审查。狭义上指合同或协议的起草、修改,审核等,广义上还包括合同或协议签订流程的发起与审批、合同履行、合同监督等管理方面的内容。在工作理念上,现在的合同审查,不再是简单的一次文本审核。法务在执行合同工作时,还必须关注合同所述交易的经济性、合法性、合规性。这要求将单项的合同工作放到企业的整体交易管理中看待,由此对法务的合同审查深度、广度提出了新要求。这也正是法务的合同审查不同于律师的合同审查之处。

2. 诉讼仲裁。这也是法务的传统工作。只要有交易,如次数和数量超过一定级别,总是会产生争议。争议发生后,向司法机关和仲裁机构寻求法律救济,是每一家企业的权利。正因法律赋予和保障了企业这样的权利,整个社会才构建起可信赖的商业环境,企业也才能放心地与其他主体进行交易。企业处理争议所积累的经验,从企业管理角度也是一种竞争力的体现。这种竞争力的强弱,与法务工作绩效有很大的正相关关系。现在的法务处理诉讼或仲裁事项的理念,同样要“升维”。不仅要解决某次争议,更重要的是,可否从中发现企业的业务运行漏洞或风险管控机制的缺失。

3. 法律咨询。法律咨询所包含的问题,是企业各部门、各岗位人员遇到的任何与法律相关或不相关的问题。从部门法角度看,可能是劳动法、知识产权法、财税法、环境保护法、行政处罚法以及刑法等问题,由法务人员用口头或书面的方式予以解答。法律咨询是一项高频法务工作,法务在其中充当的是专业知识工作者的角色。最为常见的法律咨询内容包括企业劳动用工方面的、企业知识产权方面的、企业工商注册登记方面的等。

4. 法律培训。法律培训也是一项常见的法务基本工作。培训的内容和方式依企业的需要而定。新出现的法律与政策、新的风险案例，以及一般的法律意识和法律文化，都可纳入法律培训内容。法务既可以自己做讲师，也可聘请外部专家和律师作为讲师。为加强法务部在公司的影响力，普及企业法治文化，定期的法律培训还是非常有必要的。现在的法务部，在制定年度部门工作计划时，已越来越重视培训费用的预算列支。

二、法务2.0：支持范围扩大

随着企业对法律需求的进一步扩大，法务部的工作范围开始增加。法务1.0主要是面向企业常发的事项提供法律支持。法务2.0则把提供支持的范围放大到企业重大事项和企业整体事项，如投资并购法务、公司治理法务。同时，法务2.0提供法律支持的深度也在加大，如形成专项的人力资源法务、知识产权运营法务、税收筹划法务、竞争法务等。一次性的法律咨询互动也在同步转变为系统的法律谈判、法律方案的设计与实施等。

1. 投资并购法务。其实这也是传统的企业法务工作。之前可能更多是由外部律师来承接，现很大一部分的并购法律工作已逐步移交给法务自己来做了。原因之一是，法务参与更能体现"成本优势"；原因之二是，法务参与更能深入并购交易，拿出更符合企业战略和业务需求的方案，而不仅是一份旁观者心态的法律方案或风险提示。投资并购法务事项，具体包括尽职调查、交易结构设计、交易文件起草、交易法律谈判、工商变更、交易实体交割等。这些都需要法务部的支持。

2. 公司治理法务。是企业组织层所要求的法务参与事项。涉及公司章程、股东会议事规则、董事会议事规则、董事会召开与决议文件等法律有关内容，法务已不能置之身外。这些事项，无论企业内部是否明确规定属于法务部职责，法务都要积极参与。因为法务人员的专业属性，决定了公司治理相关设计与文件由法务部处理是最恰当的。这种状态下，除了上述重大的或全面的法律事项，一些原来属于外部律师提供的专项支持也转交了法务部，如以上提到的人力资源法律支持等。鉴于法务人员自身快速成长、一些资深律师转行做法务等原因，企业内部法律支持普遍得到深化。很多专业知识与技能不再由法律市场提供，而是由企业内部的专业部门和专业人员提供。内部人员对企业的法律支持,无论在广度上还是深度上,都越来越明显。

三、法务3.0:转型法律监督

法务2.0对企业的法律支持已基本覆盖了企业在交易完成方面的需求。这样的交易,包括并购、采购、销售、研发、服务等。随着竞争加剧、不确定性增加,企业面临的内外部风险逐渐变大。这要求企业的管理体系不仅要保证可以完成交易,还要同时控制由交易带来的风险和由管理本身带来的风险。

法务3.0的出现,正是法务部适应企业经营与管理在加强风险管控方面的结果。企业现在不仅需要法务部提供支持,还需要法务部站在企业整体角度进行监督。典型的法律监督,即合规管理。合规管理,作为企业内某个部门的职责,之前不是没有,但现今的企业合规与过去所强调的合规工作,最重要的区别是企业管理层——无论是主动提倡,还是应监管的要求——把合规工作作为企业内一种新的管理体系在推动。合规管理是在企业内主动建立和实施一种有意识、成体系的管理机制。这种管理机制的目的是防范企业发生合规风险,其具体内容为制度制定、风险识别、合规审查、风险应对、责任追究、考核评价、合规培训等。可以看出,有不少工作内容与法律支持工作是类似的,只是放在了管理体系之中。

合规工作,广义上属于企业管理四大职能中的控制职能,大大地提升了法务部在企业中的地位。因为如果仅是支持,那么只需投入资源,法务部自身即可满足工作要求。但如果是控制或监督,则投入的资源和采取的手段,必须来自企业最高层或得到其明确授权,否则无法达到管理控制或监督的目的。通过合规管理工作,法务部的资源配置得到强化,地位自然也就上升了。法务3.0状态下,在提供法律支持的基础上,法务部增加了合规管理的工作。驱动这种变化的原因主要来自外部。在吸取相关经验教训后,企业的监管部门——主要是国有企业,出台了多个监管政策与法规,要求企业须高度重视合规工作,并给出了合规管理操作指引。另外,执法部门对于企业违法、违规行为的惩罚力度在快速提高,也是企业重视合规工作的一个很重要的原因。

法律监督工作,还包括规章制度审核、内部纪检监察等事项。法治,作为一种被证明是行之有效的治理手段,在现今企业中一直在被强调。法治在企业中的很重要的一项运用,便是“用制度管人”。规章制度是企业各部门以及管理层参与管理、经营,划定权利、义务责任的书面依据。规章制度分为几个层级或领域：一是公司治理与决策文件相关的，这类制度的制定或审查工作，难度相对较大；二是业务层面的管理制度与流程；三是法务部自身管理制度，如案件管理办法、合同管理办法。内部纪检监察，在企业内有独立的职能或部门承担该类监督工作，一般是非法务部门。但鉴于法务人员的独特专业知识，大量的纪检或监察工作，是需要法务部协助的。这也是法务部发挥法律监督职责的一大体现。

四、法务4.0：监督范围扩大

与法律支持类似，法律监督自身的范围也在不断“进化”。近期一个比较明显的变化是企业内部控制、全面风险管理等正式成为法务部的一项“新晋”工作内容。内控、风控或风险管理，本质与合规管理是类似的，都聚焦于风险预防、控制，性质上也都属于管理控制。只不过，之前是由专门的部门来主导或负责，现在转为法务部的一项重要职责了。

之所以法务部“再纳一子”，原因在于企业内关于风险控制、风险管理的职责、岗位的规定似乎过多了，出于管理效率考虑，需要整合。法务人员的专有知识结构和思维方式，与风险控制所需要的知识和思维，正好最为吻合。因此，很多与风险控制的相关职责，逐渐转移到法务部。内部控制，是一套已较为成熟的管理控制体系，其基本目标是合理保证企业合规、信息和报告可靠、资产安全等；基本要素包括控制环境、风险评估、控制活动、信息与沟通、内部监督等；基本手段是在治理结构、机构设置及权责分配、业务流程等方面形成相互制约、相互监督的局面，从而促成内控目标实现。

内部控制事宜进入法务部工作范围，标志着法务进入4.0时代。法务工作，由法律支持等纯粹专业服务内容，转向了管理服务、管理控制，管理监督等综合内容。一个以风险管理为导向的新型法务管理体系，在这种转型过程中逐渐形成。法务4.0不仅是法务工作范围的再次扩大，也是法务管理理念的再次升华。法务管理，现在须同时满足法律支持和法律监督的职能。法律支持以追求效率为导向，法律监督以底线管控为导向，两者在某种程度上是有一定冲突之处的。如何平衡效率与管控，是法务4.0时代所有法务必须考虑的问题。本书认为，最终，在企业内，法务部应当推动一种“有原则的绩效”的企业法治价值观。[1]

---

〔1〕 参见北京慧点科技有限公司编著：《有原则绩效之路——GRC理论与实践初探》，清华大学出版社2016年版，第4页。

五、从法律支持到法律监督

从法务1.0到法务4.0,只是区别描述法务工作范围内重点工作的一个比较形象的说法。正如本书第二章所述,法务清单已基本把法务1.0到4.0的内容涵盖在内。在现今实际的公司法务部工作过程中并没有严格的区分。无论法务1.0所指的合同审查、诉讼仲裁,还是法务4.0所指的内部控制、风险管理,都是法务部的工作内容。本书之所以用一种"进化"的语言来描述法务部的不同工作内容,是想强调法务适应企业法律需求的不同价值理念。法务1.0是以法律支持为主,强调服务业务,效率优先。法务2.0强调服务细分,法律与商业的结合更加紧密。法务3.0以监督和控制为主,强调站在企业整体防控风险,特别是合规风险。法务4.0则强调通过建立综合的管控体系来切实地预防和控制企业各类风险,并将之与业务绩效结合起来。

法务部在四次"进化"过程中,专业性和综合性逐渐得到强化,重要性也逐步得以提升。这个趋势,相信是很多法务人员愿意看到的。这正是法治进步的表现。企业从战略层面重视法务管理,是一个必然的趋势。只是目前大多数企业的法务管理能力、水平和业绩还不能适应这种趋势和要求而已。[1] 法务的工作范围,其实也是一个不断变化的概念。企业的战略和业务流程不同,法务工作的重点不同。企业管理层的要求不同,法务工作的重点也不同。最后,也是最重要的,企业对法治的需求的深度和广度在变化,则法务的工作重点也应当随之变化。

企业对法治的需求,可从三个层面来考察。一是具体业务层面,企业希望法务可以积极参与具体业务的推动和执行,以帮助业务部门完成既定业务目标。在这个层面,法务部是一个服务部门,是一个应当讲究效率和效益的部门。这就需要法务部主动出击,加强对法律问题的前瞻性研究,以业务需求为核心,提出解决方案,为企业制定最佳决策提供有效帮助。如很多通信行业企业的法务部未雨绸缪,积极研究《通用数据保护条例》(General Data Protection Regulation,GDPR)及国内的《个人信息保护法》,为业务部门提供前沿的法律研究报告。

二是整体业务层面。法务部是一个职能部门,其目标是为业务部门提供支

[1] 参见李志勇:《国企法律顾问路在何方》,知识产权出版社2017年版,第47页。

撑。要取得良好的支撑效果,除了了解单个业务部门的需求以外,还需要从宏观上了解企业整体的业务需求。法务部不仅要向企业日常业务决策提供法律支撑,还要向企业重大经营活动提供法律支撑,包括企业分立合并、海外投资、融资担保、国有资产处置、股权交易、企业改制、资产重组等。最近几年提出的国企混合所有制改革、股权激励等,也是一个法务部可深度参与的重要领域。这些工作都需要法务部发展出相应的知识和技能体系,再进行合理的外包管理,才能更好地满足企业需求。

三是企业战略层面。前两个层面,对于法务部来说,本质上还是提供一种法律专业服务。第三个层面则已超越了法律专业服务,变成了企业战略执行不可或缺的管理布局。现今企业越来越重视愿景、使命与价值观。没有清晰战略的企业,在现在的竞争环境下,将难有持续发展的可能。价值观与战略的很大一部分,是如何看待风险。对风险的准则与方针,是企业战略制定的一部分;对风险的管控举措,则是企业战略实施的重要安排。也就是说,时下先行的国企法务部以及未来的国企法务部,将成为承担企业风险管理、优化内控体系、完善管理制度,健全监督评价体系的重要部门。法务的核心价值观,也将由支持为主转向支持与监督并行。

第三节 法务文化

每个企业,实际上应该说是每个组织,都有自己的文化。[1] 在有些企业中,它显得支离破碎,局外人很难理解;但有些企业的文化强而有力,企业员工深受企业文化影响。企业文化的表现形式是多样的,具体到企业中的每个部门的情况也是不一样的。那么,在法务部门企业文化意味着什么?是否存在一种“法务文化”?如果存在,其价值何在?企业应该如何建设和管理法务文化。

一、法务文化的含义

企业所处的环境是企业文化形成和发展极为重要的因素。环境不同,必然

〔1〕 参见[美]特伦斯·迪尔、艾伦·肯尼迪:《企业文化——企业生活中的礼仪与仪式》,李原、孙健敏译,中国人民大学出版社2008年版,第4页。

会产生不同的文化。对于企业中的某个部门也是如此。如销售部门,其追求短期内销售额的迅速提高,希望企业不断地提供新产品以抢占市场。生产部门考虑的是,如果生产新产品,将不得不改变现有的生产体系,购置新的生产设备,他们则会对新产品的上线保持谨慎的态度。法务部门则希望公司管理层和员工能够完全依据法律规定、公司制度,对外签订合同及进行交易。

部门作为一个群体,拥有自己的利益,各自的想法不完全一致,代表着企业的不同方面。因此,所有公司都存在亚文化。[1] 本书所谓法务文化,正是从公司亚文化这个角度来阐述的。

亚文化是基于企业各部门的职能差异、工作思维习惯、教育背景等因素而产生的。作为亚文化的法务文化,是指企业法务人员一致清楚和遵循的行为准则和价值体系。其含义有以下几点:

1. 法务文化是被全部法务人员以及公司高层所认可和支持的法务工作理念。之所以说是工作理念,而不是价值观,是因为价值观这个概念太广,如果落实不好,则很虚。法务文化中的工作理念应当是强调法务部门作为企业的专业支持部门,同样根基于企业的利润追求目的。这样的说法才能促使法务人员以辅助经营为衡量工作的尺度,也才会与企业其他亚文化在大方向上吻合。

2. 法务文化必须有个强有力的带头人。按照著名的企业文化研究专家,美国的特伦斯·迪尔和艾伦·肯尼迪的观点,企业文化的一个重要构成要素便是存在"英雄人物",这些人物本身体现着企业文化,为员工提供有形的榜样。在法务文化中,这个"英雄人物"显然是指法务总监。如果带头人法务总监存在强有力的且可观察得到的行动理念,那么这个法务团队必然会被说成是某某的团队。团队成员的表现可从法务总监身上得到预期。法务总监在法务部门内提供了榜样,树立了绩效标准;在部门外作为部门象征,发挥部门的魅力,并进而影响企业的行为。

3. 法务文化是企业日常工作中非正式的法务方面的惯例。文化向来是非正式化的,写在纸上的规章要是没有得到法务人员及其他人员的承认,并内化为工作方式,是没有任何意义的。企业文化其实是通过文化网络起作用的。但企业内部真正的沟通网络,其实是在一些小团体、消息传播者、讲故事的人等隐

---

〔1〕 参见[美]特伦斯·迪尔、艾伦·肯尼迪:《企业文化——企业生活中的礼仪与仪式》,李原、孙健敏译,中国人民大学出版社 2008 年版,第 150 页。

蔽的但真正起桥梁作用的群体和个体中进行的。这种沟通形成了企业内部的惯例,任何企业成员或身处其中而不知,或虽知却无法置身事外。由此,法务文化也应当是非正式的,所谓正式的规章制度只能作为法务文化的一个参数。

二、法务文化的价值

法务文化本身是中性的,是企业法务部门一种现存的状态。它是一个沉淀的过程,既不会短时间内形成,也不会短时间内消除。事实上,大多数的法务文化仅是弱性的,即它本身是自然养成,对法务部门和法务成员没有任何有益之处,也没什么大的负面影响。如果不是有意识地建设强法务文化,那现实中存在的法务文化是没有什么作用的。那么,所谓强法务文化或有效的法务文化到底价值何在?我们的企业在哪些方面借由法务文化而受益?

首先,有效的法务文化能创造高业绩。有关企业文化与经营绩效的关系的研究一直是企业文化研究的热点。法务文化的重要功能之一是强化企业的法治观念,使得企业高层和其他人员能在法律框架范围内思维业务问题,降低企业因违反法律规定而遭受损失的风险。在处理交易性法律事项的过程中,有效的法务文化能快速反应,从商业角度出发来处理问题。法务文化的另一核心功能便是消除法务部门内的不确定性,使得全部的法务人员知道在什么时间内该做什么事。一名法务人员,在没有法务总监分配任务时,在企业里不知道做什么,甚至在为自己应该做什么以及怎样做上花费了大量时间。这种法务文化就是低效的弱性文化。注意力和智力被浪费在无目标的等待中,这样的法务无法创造整体的高业绩。相反,提供了明确的工作方向,给出员工在大部分时间里应该如何行为的信号的法务部门,肯定能集中全部力量在服务质量与业务培训上。这样的法务文化,不仅法务人员受益,企业也受益。

其次,有效的法务文化能树立部门名声。名声或品牌,是服务对象通过对服务的感知后形成的对法务部门好的评价。名声是无形资产,其价值要远大于法务部门的有形资产。在有多个部门的企业里,CEO 的关注重点会更多地集中在能直接带来经济利润的部门,如营销部门、生产部门等。要想让 CEO 保持对法务部门的关注,在有任何问题时首先想到的是法务部门,需要树立法务部门的“品牌”。有效的法务文化本质上就是一种持久的影响方式。通过法务文化的外化和延伸,企业 CEO 对法务的服务方式和理念产生越来越强的信任感,这样法务的品牌由此树立。

最后,有效的法务文化能留住好法务人员。现在,法务人员的流动性非常大。在一个散漫的、没有凝聚力的法务部门,法务人员当然会频繁流动。单纯依靠高薪控制,在无法进一步满足法务的全面发展时,也会有法务的流动。法务文化提供了明确的行动方针、令人舒适的工作信念,甚至工作之外的与生活的平衡,这些能吸引法务为维护这种文化而做出努力。当然,如果确实不喜欢这种环境,而对另一种,如高强度的工作时间以及高收入的法务文化感兴趣,也可投身该家企业法务。也就是说,有效的法务文化本身也是多样的,它能吸引合适的法务人员留下。

三、法务文化的构建

法务文化能在朝夕间就建立吗?有效的法务文化能模仿吗?这些问题恐怕要打个问号。事实上,正如没有完全一样的企业文化,同样也没有完全一致的法务文化。成功的法务文化是无法复制的。法务文化的建设应当是因地制宜的。那些强调法务文化建设的共性研究,必然造成其构建方案缺乏可操作性。事实上,法务文化的构建,必须建立在每一家企业、每一个法务人员的个性之上,而且强调理念、程序比强调建设方案更有实际意义。

首先,法务文化的构建必须先诊断法务文化。法务文化的形成不是一朝一夕完成的,也不是由哪个人单独造就的。对法务文化进行外部观察和内部反省是法务文化构建的首要程序。法务部门所处企业的企业文化、法务总监对法务文化的认知和看法、法务人员如何对待业务人员的法律需求,以及法务人员最为关注的事是什么等因素可以引导我们去诊断法务文化。剖析这些因素,可以看出现有法务文化的构成。

其次,法务文化的构建应以企业整体利益为基点。法务文化的构建最主要的目标之一是提供绩效,所以其构建原则应当是以企业的整体利益为重。但在现实中,很多法务管理者把法务文化的构建放在法务制度、法务管理规则、法务人才培养等角度。这是混淆了法务文化与法务管理的区别。法务文化的构建结果,要使得企业在遇到问题时,首先是以法务人员的一般思维来处理该问题,然后想到应当求助于法务部门。法务管理是法务部门内部建设的一种书面化、制度化的规定,与企业整体绩效并无直接关联。

再次,法务文化的构建应有一个有力的推动者。这里的推动者,法务总监是最为合适的。在法务部门内,法务总监提倡法务人员遵循适当的专业服务理念,以提供快速、高效的法律服务为法务部门之根本。在法务部门之外,法务总监与高层管理者、其他部门人员交流时,法务总监宣讲法务部是一个与企业、与其他部门共同致力于企业事业的服务部门,以提高企业整体绩效及经营业绩为工作方向的部门。此处的有力,并非要法务总监为人泼辣、强势,而是要法务总监根据个人特性,在企业中有序推行内部法律服务的理念,并以自身行动展现出来。

最后,避免与其他亚文化相冲突。法务文化作为企业中存在的一种亚文化,可能会与其他亚文化碰撞、冲突。如研发部门所体现的冒险文化、慢反馈文化,就可能与法务部门的低风险、快反馈发生冲突。在整体企业文化较弱的时候,冲突就变得更为明显。这表面上是部门冲突,实质上是亚文化之间的冲突。法务总监在构建法务文化时,应保持与企业整体文化的一致,避免与其他亚文化发生冲突。如果确实有很大差距,则建议提交高层给予明确的处断,并给予公开的承诺。

四、法务文化与依法治企

当今经营环境随时在发生快速变化,企业管理层对此逐渐只能被动反应,而无力给出清晰的整体企业文化的答案。亚文化因此而繁荣起来。[1] 亚文化比管理更加持久,而且不断为其成员提供意义。企业也在鼓励和释放亚文化的力量。一旦独立的亚文化获得企业的赞扬,受到 CEO 和其他管理者的尊重,亚文化就会对企业战略和形象产生重大的影响。依法治企便是法务文化上升为企业文化的一种典型表现。

依法治企在中国有不同的解读维度。从法治国家的高度来看,依法治企是依法治国精神在企业,特别是国有企业的必然之举。运用法治思维与法治方式深化国有企业改革,健全国有资产保护体制与机制,推动国有企业治理体系与治理能力的现代化,是依法治国的应有之义。从法治本身的角度来看,依法治企是企业的组织结构和行为方式,要根据法治价值来建设和发展企业,而法治本身是以法律制度为主导的有序化模式,[2] 是人们对社会的一种制度设计和安排。法人制度、所有权制度、契约制度、商标制度、专利制度等,都是这种制度设计

〔1〕 参见[美]特伦斯·E. 迪尔、艾伦·A. 肯尼迪:《新企业文化——重获工作场所的活力》,孙健敏、黄小勇、李原译,中国人民大学出版社 2009 年版,第 218 页。

〔2〕 参见王人博、程燎原:《法治论》,广西师范大学出版社 2014 年版,第 209 页。

和安排的实例。从企业文化的角度来看,依法治企是法务文化在企业战略层面的升级。将合规、合法,风险控制与利润获取全面平衡的工作理念从法务部门扩展到企业战略制定与实施、公司治理、员工关系等,是依法治企的核心思想。

将亚文化上升为企业文化,不是每一家企业都必须在短时间内就要完成的。根据企业发展阶段和企业实际情况,如果法务文化本身即为弱文化,管理层和企业人员的法治思维仍处于薄弱阶段,那么其倡导依法治企显然缺乏基础。在这种企业里面,先推行法务文化这个亚文化会来得更实际。在一些大型企业、成熟型企业以及金融行业企业里,法务文化正在发挥作用,推行依法治企,其难度会比前一种企业要小,但效果却相对更好。在这些企业中,这一阶段可能要持续几年。企业的全部员工,包括高层管理者都应加入进来,围绕企业事先拟定的信念体系方案,构建一致意见。企业的内部沟通应该经常提到正在形成的依法治企的一致意见。企业也可以主动奖励认可这一理念的人。在整个实施过程中,法务部门将发挥最大的价值,主管法务部门的人最好是决策层的成员之一。

第四节　法务战略与战略法务

法务文化从企业的亚文化上升到企业整体文化时,法务战略的问题便产生了。法务部不仅在本企业内发挥价值,而且还要与同行法务部进行竞争,要更加高效,对业务的帮助要更大、更有价值。对法务部门的最佳运用可促使企业在某方面胜过竞争对手,这便是法务战略。再进一步想象法务部门的价值——在互联网经济时代,是否可以跳出法务看法务,不仅是要设计和实施法务战略,而且将法务本身上升到企业战略管理的角度,探讨一下战略法务的可能。

一、法务战略的崛起

当今经济环境下的企业竞争是全方位的竞争。从经营竞争到管理竞争,从模式竞争到人才竞争,从观念竞争到行动竞争。竞争充斥于每一家企业,直到企业中的每一个人。企业要在如此激烈竞争的环境下立足,必须有核心竞争力。

战略就是用来发展核心竞争力,获得竞争优势的一系列综合的、协调性的约定和行动。[1] 快速发展的技术、不断增加的知识密度,都要求企业不仅要制定整体企业战略,连企业各部门,如营销部、生产部、财务部,甚至是人力资源部,都要求有能与竞争对手类似部门相抗衡的部门战略。这便是职能战略。

职能战略描述了在执行企业战略的过程中,企业中的每一职能部门所采用的方法和手段。一般可分为营销战略、人事战略、财务战略、生产战略、研究与开发战略、公关战略等。职能战略是为企业战略服务的,必须与企业战略相配合。如企业战略确立了差异化的发展方向,要培养创新的核心能力。企业的人力资源战略就必须体现对创新的鼓励;要重视培训,鼓励学习;把创新贡献纳入考核指标体系;在薪酬方面加强对各种创新的奖励等。

不同的经济时代,对于职能战略的侧重点也是不同的。在市场经济早期,因生产能力受限,供应不足,企业侧重于生产职能。生产部门颇受企业高层重视。

随着工业化发展,大规模生产已不是问题,但需求相对供应来说,已显得不够,必须刺激消费,于是企业便侧重于营销职能。营销部门颇受企业高层重视。

后来,随着企业规模扩大,企业间投资并购增加,资本运作的能力需要加强,企业侧重于财务职能。财务部门颇受企业高层重视。

现在进入新的经济发展阶段,环境变得异常复杂,不确定性也持续扩大,企业趋向于全方位、多职能的竞争。在一些已发展了几十年甚至上百年的大型企业中,如何减少风险、降低存量资产的损耗,成为其在当今企业多职能竞争时代的核心。于是,法务与风控部门逐渐受到高层重视,法务战略作为一个职能战略应运而生。

当今市场环境急剧变化,企业竞争不断加剧,风险因素不断增加,法务部门所擅长的风险识别、风险分析、风险应对等工作思维,正好符合企业竞争的需要。同时,在心理层面,对重大事项的风险防范意识也日益在企业高层和普通员工中流行起来。这些正是法务战略崛起的背景和原因。

所谓法务战略,是指将法务工作理念强化,进行适当改造之后,运用到整个企业活动当中的职能战略。它表现为企业高层高度重视企业法务部工作,赋予

---

[1] 参见[美]迈克尔·A. 希特、R. 杜安·爱尔兰、罗伯特·E. 霍斯基森:《战略管理——概念与案例》,刘刚、吕文静、雷云等译,中国人民大学出版社 2012 年版,第 4 页。

法务人员更高的职权和职责,在企业整体运营中将风险防范和谋求利润并重,以应对当前经济环境对合法、合规、合理的切实需求。

法务战略是为企业战略服务的,是法务部发挥最大价值的表现,也是企业战略的一种具体运作方式。法务战略可促使企业战略更加完善、安全、明朗,并检验企业战略的可行性。因此,近年来,法务战略也颇受高层重视。法务人员,特别是法务总监,应抓住此历史性的机遇,改善工作理念和沟通方式,加大内部支持力度并逐步过渡到主导地位,宣传法务战略价值。

二、法务战略的实施

随着法务战略的崛起,如何实施有效的、适当的法务战略便成为困扰企业法务部和更高层管理者的难题。法务战略不像其他职能战略,可以列出具体的衡量指标和考核标准。法务战略的实施,依赖于法务人员,特别是法务总监的日常工作,包括本书所述的部门管理、工具管理、业务管理、客户关系管理、知识管理等。

首先,实施法务战略的第一步,是对法务部所处内外环境进行扫描。在法务部内部,关注现有法务人员的能力结构、知识结构、人员结构、发展意愿;在法务部外部,关注法务在企业中的地位、CEO 及其他高管的法务意识及其对法务部给予承诺支持的力度等。另外,对同行业竞争对手的法务部进行观察,也是实施法务战略环境扫描必不可少的一步。通过扫描,企业可以及时发现环境中的潜在变化的信号,以及那些正在发生的环境变化。[1] 环境扫描,可以发现启动法务战略的最佳时机,也可以发现法务战略实施时可能存在的困难,还可以找到同行间的最佳做法。

其次,争取高层对法务战略的充分支持。战略的实施都必须经历很长一段时间才能见到效果。在开始阶段或过程当中,都离不开最高管理者的承诺和支持。其实,企业面临的危险并非来自缺乏明确的法务战略,相反,更大的风险来自法务战略得不到 CEO 及高层领导的持续信任和支持。往往开始时大家雄心勃勃,在一段时间之后,未见明显效果,会有人对法务战略的必要性产生怀疑,那时高层的理解对能否继续实施则显得尤为重要。

---

〔1〕 参见[美]迈克尔·A. 希特、R. 杜安·爱尔兰、罗伯特·E. 霍斯基森:《战略管理——概念与案例》,刘刚、吕文静、雷云等译,中国人民大学出版社 2012 年版,第 33 页。

再次,以某件或某类事件为“抓手”,集中力量突破。如以建立整个企业的风险事件库为法务战略实施的一个重要环节。通过在企业内部持续宣讲风险事件的类型,让全部员工都知晓公司可能会遇到的风险,并且知道如何应对该风险。当风险库在全部核心员工的头脑中变得清晰时,类似的风险实际发生的概率将会大大减少。聚焦于某一点,向来是战略成功的原因。不同于营销战略、财务战略,其成功标准可以用指标来衡量,法务战略的效果可以借由参与人员的思想或行动的变化予以体现。

最后,不断地反思、学习,动态调整法务战略。成功战略的本质就在于战略的动态匹配,要获得持续竞争优势,必须对资源进行组合、整理和再整理。[1] 法律本身在随经济发展而不断进行调整,法务实践作为专业性极强的工作,亦需要不断地学习,才能跟上经济和法律的发展。

也许,法务战略在这种动态且不可预测的环境下,根本无法形成一个稳定的模式。这种情况下,最好采用更加灵活的应对策略。不断地反思、学习、调整法务战略的具体内容,成为能处理各种变化问题的唯一方法。

三、战略法务的含义

法务战略是将法务工作理念强化,并运用到整个企业活动当中的职能性战略。法务战略的目的是获取法务领域内的战略优势,以形成企业独特的核心竞争力。凭借比竞争对手更持续有效的法务活动,企业可以减少风险事件的发生,从而降低成本。在奉行领先战略的企业里,这无疑会促进企业战略目标的实现。如同法务文化可以从公司亚文化上升到企业整体文化一样,在一些企业中,能否尝试将法务战略从职能战略上升到公司层战略?如果可以,那么这便是战略法务。

所谓战略法务,是相对于以往行业模式,企业的收入与利润很大一部分源于法律实践体系的商业运用。

具体来说,会有两种情况。一是企业所处行业的性质决定了该企业是必须建立在合法、合规及风险管理的基础之上,而且企业的运营直接取决于合法、合规和风险管理工作的效率与效果。比如,新型互联网金融行业中的 P2P 借贷企

---

〔1〕 参见[加拿大]亨利·明茨伯格、布鲁斯·阿尔斯特兰德、约瑟夫·兰佩尔:《战略历程——穿越战略管理旷野的指南》,魏江译,机械工业出版社 2012 年版,第 167 页。

业,它们的经营业绩直接源于对投、融双方信用的管理,评价及风险的控制、利用等。二是在一些企业当中,通过某些法律手段的合理运用,可以比同行业竞争对手处于更加有利的竞争地位。如在创新型技术企业里,通过专利的布局、行业标准的制定,企业可以站在行业价值链最高端的位置,而这一切是受法律保护的。其他企业要撼动该位置,必须付出法律代价,这显然是一种极佳的战略方式。

综上可以看出,战略法务是有一定的适用范围和适用前提的,不是所有行业的企业都可以仅依靠法律实践体系的运用便赚得真金白银。这种企业的法务便不再是业务支持部门,而是直接的盈利部门。营销、财务反而成了法务部门的支持部门。在这里,法律不再是企业的约束条件,而是企业可以利用的商业机遇。当然,这里所说不是指类似律师事务所等法律咨询机构。

战略法务的本质是跳出法务看法务,跳出法律看法律。身处企业当中的法务人员,特别是法务总监,均应当具备这个思维。企业的目的在于创造顾客,创造利润。没有顾客,没有利润,其他无从谈起。企业中的各个部门,也是服务于企业这个目的的,否则也没有存在的必要。只是现代企业规模越来越大,分工越来越细,员工个人所掌握的知识也越来越专业,导致企业部门、企业员工忘掉了他们存在的本来目的。因此,战略法务的原理是真正找到靠法律即可制胜的行业,并以战略的高度加以运用。

四、战略法务的可能

战略法务理念下的企业,视法律的主动运用为一种排他性的工具,一种与客户沟通的交流系统。如前所述,战略法务依靠法律实践体系的运用而直接获得收入。在现在互联网经济环境下,这种可能性是存在的。

例如,现在的互联网创业企业实行平台战略,真正的付款方可能不是买方,而卖方也能享受由第三方提供的补贴。买方、卖方的界线不再清晰。这全是由平台战略的商业模式决定的。对于这种新的交易结构,相关的法律并没有明确的规定,很多行为在当下甚至被界定为违法或违规。这种情况下,若依靠传统的法务观点,必定是合规优先、合法是底线,必然导致很多行业无法继续操作下去。但风险越大,收益可能越高。一些创业者、冒险者敢于“第一个吃螃蟹”,在他们的观念中,这种行为只能说是因为法律规定本身不完善或落后于经济发展造成的。他们甘愿冒这种看似与法律相冲突的风险。作为这种创业企业的法